学前教育专业应用型人才培养规划教材
2018年广西中青年教师提升项目"广西儿童民间游戏的现状与传承研究"（2018KY1093）

幼儿游戏活动指导

主　审　邓素林
主　编　廖　俐　石　媛
副主编　叶　璐　潘艺艺　苏　玲
参　编　邓栩毅　吕　凌　陈倩倩　覃家诚

西南交通大学出版社
·成　都·

图书在版编目（CIP）数据

幼儿游戏活动指导 / 廖俐，石媛主编. —成都：西南交通大学出版社，2019.1（2022.7 重印）
学前教育专业应用型人才培养规划教材
ISBN 978-7-5643-6629-2

Ⅰ. ①幼… Ⅱ. ①廖… ②石… Ⅲ. ①学前教育－游戏课－高等学校－教材 Ⅳ. ①G613.7

中国版本图书馆 CIP 数据核字（2018）第 269649 号

学前教育专业应用型人才培养规划教材

幼儿游戏活动指导

主编　廖俐　石媛

责任编辑	罗小红
助理编辑	吴启威
封面设计	原谋书装
出版发行	西南交通大学出版社
	（四川省成都市金牛区二环路北一段 111 号
	西南交通大学创新大厦 21 楼）
邮政编码	610031
发行部电话	028-87600564　　028-87600533
网址	http://www.xnjdcbs.com
印刷	四川煤田地质制图印刷厂
成品尺寸	185 mm×260 mm
印张	13
字数	315 千
版次	2019 年 1 月第 1 版
印次	2022 年 7 月第 3 次
书号	ISBN 978-7-5643-6629-2
定价	35.00 元

课件咨询电话：028-87600533
图书如有印装质量问题　本社负责退换
版权所有　盗版必究　举报电话：028-87600562

前言

　　游戏是幼儿园课程的主干，是幼儿园课程活动开展的主要组织形式，对幼儿的身心发展具有十分重要的意义。"幼儿游戏活动指导"课程是高等职业院校学前教育专业一门专业理论课程。它全面、系统、科学地阐述了幼儿游戏的基本理论、幼儿园游戏教育活动的主要内容、基本方法和基本技能，主要涉及角色游戏、艺术游戏、结构游戏、体育游戏、语言游戏等内容。它既可以为学生进一步学习幼儿教育活动设计等专业课程打下基础，又可以使学生对幼儿园的游戏教育教学活动有一个全面的认识。随着《幼儿园教师专业标准（试行）》的出台，以"学前游戏"为主要内容的教材势必要更适应前线教学与教学实践的需要。

　　本教材为广西工业职业技术学院教育与艺术设计系学前教育专业与贵港市普罗旺斯幼儿园等多所幼儿园通力合作的校企合作开发教材，在结构和内容上呈现如下特点：

　　1. 内容创新。以《幼儿园教师专业标准（试行）》和《3—6岁幼儿学习与发展指南》为依据，以提升职业教育层次学生的专业能力为目标，融入广西特色民间游戏幼教传承项目，培养学前教育学生继承与发展民间非物质文化遗产的能力与意识。

　　2. 形式创新。实现线下线上教学尝试，通过"二维码扫描区域"为学生提供网络互动与100分钟时长的微课教学，实现教学知识点线下线上无盲点。

　　3. 重视校企合作，产教融合。书中较多案例来自幼儿园一线教师原创作品，缩短教学与实践之间的差距，实现"教学做用"一体。

　　本书的编写小组由8人组成。廖俐副教授担任主编，主要负责编写第六章和第九章；石媛老师承担汇编审核工作，主要负责编写第二、三章；邓栩毅负责编写第一、四章；潘艺艺负责编写第七章；叶璐负责编写第十章；陈倩倩负责编写第八章；覃家诚负责编写第五章。另外，微课教学工作由吕凌、廖俐和叶璐三位老师负责，校企合作案例由苏玲园长审核提供。由于编写时间仓促以及水平有限，书中的缺点、错误在所难免，殷切期望广大读者批评、指正。

编者
2018 年 8 月

第一章 游戏的基本理论 ········ 001
第一节 游戏概说 ········ 002
第二节 游戏与幼儿的发展 ········ 008

第二章 幼儿社会性游戏 ········ 017
第一节 幼儿社会性游戏概述 ········ 017
第二节 幼儿角色游戏案例分析 ········ 022

第三章 幼儿结构游戏 ········ 030
第一节 幼儿结构游戏概述 ········ 031
第二节 幼儿结构游戏案例分析 ········ 037

第四章 幼儿科学游戏 ········ 047
第一节 幼儿科学游戏概述 ········ 047
第二节 幼儿科学游戏案例分析 ········ 053

第五章 幼儿体育游戏 ········ 065
第一节 幼儿体育游戏概述 ········ 066
第二节 幼儿体育游戏案例分析 ········ 074

第六章 幼儿语言游戏 ········ 083
第一节 幼儿语言游戏概述 ········ 083
第二节 幼儿语言游戏案例分析 ········ 091

第七章　幼儿艺术领域游戏 ········· 099

第一节　幼儿音乐游戏概述 ········· 099
第二节　幼儿音乐游戏案例分析 ········· 109
第三节　幼儿美术游戏概述 ········· 118
第四节　幼儿美术游戏案例分析与指导 ········· 125
第五节　幼儿表演游戏概述与案例分析 ········· 130

第八章　幼儿健康教育游戏 ········· 146

第一节　幼儿健康教育游戏概述 ········· 146
第二节　幼儿健康教育游戏案例分析 ········· 152

第九章　幼儿民间特色游戏 ········· 161

第一节　幼儿民间游戏概述 ········· 161
第二节　幼儿民间游戏指导与应用 ········· 165

第十章　民间游戏仿编创作 ········· 185

参考文献 ········· 201

第一章 游戏的基本理论

【目标导航】

能力目标：用科学的游戏理论分析幼儿游戏过程中出现的现象。
知识目标：掌握游戏的基本含义、游戏的基本种类及各类游戏的特点。
素质目标：体验游戏带来的愉悦感，重视游戏在幼儿发展中的重要性。

【问题导入】

关于民间游戏的起源

民间游戏的起源一般可以分为直接发生和间接发生两大类。所谓直接发生的民间游戏，一般是人们为了娱乐、消遣、竞赛或教育等原因而有意识创造出来的，其历史一般来说较短；而间接发生则是指从生产和生活方式、信仰崇拜仪式等演变发生的民间游戏。本文重点探讨间接发生的民间游戏。

（一）我国各个民族丰富多彩的民间游戏，明显可以看出其与各种类型的早期物质生产方式有着密切的关系。例如赛马、赛牦牛、赛骆驼、斗牛、斗羊、斗鸡等民间游戏与家畜家禽的驯化和畜牧业的发生与发展有着密切的渊源关系。另鞭春牛、舞春牛、扭秧歌等则来自农业劳作过程，投掷类、射击类竞技以及赛海马、拉海龟、鹿棋等与渔猎业有关，木偶、皮影则与手工业相通，它们的发生与发展，与当时当地的物质生产方式都有着直接或间接的关系。

（二）许多原始宗教信仰仪式是传统游戏活动的起源。万物有灵观念是形成原始宗教信仰的思想基础，图腾崇拜、自然崇拜及原始巫术等就是在这一基础上发生的。首先是图腾崇拜。据记载，我国上古时曾有鸟、蛙、蛇、熊、虎、牛、狗、龙、羊等多种图腾。赛龙舟、舞龙灯等游戏活动就是在龙图腾崇拜仪式基础上发生的。龙图腾崇拜的遗存形式在我国各地的民间游戏中到处可见，例如幼儿玩的竹节龙、纸龙等民间玩具等。秦汉之际流行于冀州民间名为"蚩尤戏"的角力竞技活动，则是牛图腾崇拜的变异形式。其次是自然崇拜。自然崇拜在原始社会很盛行，其对象主要是与他们生活息息相关的自然界和自然物，如日、月、星、云等。进入文明时代后，自然崇拜的影响还继续存在，并且是许多传统游戏的起源。例如，月崇拜在我国上古时很盛行，月中蟾蜍(即蛙）应是蟾蜍图腾崇拜与月崇拜相融合的产物。后来在民间就形成了祭月拜月的习俗，我国民间中秋赏月、妇女走月亮等游戏活动，即由此发生。再次是原始巫术。许多民间游戏的起源与之有关，例如打秋千意指收成好，放断线风筝意指带走病根等。

（三）民间游戏的起源与历史传说和军事战争有关。比如放风筝的游戏，其最早的起源就与军事战争有关。风筝的前身是一种叫作"飞鹊"或"木鸢"的工具，在春秋战国诸侯争霸时期，它们是用来刺探军情的。再如中国古代的蹴鞠、围棋、象棋等游戏活动，从其渊源来说，也大都与军事战争有关。另外，还有许多民间游戏与神话传说有关，各族人民以此进行历史追忆。例如角抵与纪念蚩尤，竿球与高山族人纪念消灭恶鸟，射箭与后羿射日的神话，赛龙舟与祭祀屈原或伍子胥等传说有关。

——节选陈育梅《民间游戏与文化传承》

图1-1　古代幼儿在嬉戏

思考与讨论：人类游戏是如何起源的？游戏对于人类的生活有何意义？

第一节　游戏概说

一、关于游戏的定义

游戏是一种广泛存在的社会生活现象，有了人类就有了游戏，游戏随着人类社会的持续进步而不断发展。人们从不同的角度关注着幼儿游戏的行为，许多心理学家和教育学家都提出了自己的游戏理论。他们由于研究的角度和对象不同，因此对游戏的本质作了种种不同的解释。又由于他们所处的时代和心理学发展水平不同,因而形成了各种不同学派的游戏理论。关于游戏的确切定义,目前学界尚没有统一的意见。下面,我们简单介绍学界几种主要的观点。

《辞海》对游戏是这样解释的:体育的重要手段之一,文化娱乐的一种。有智力性游戏(如下棋、积木、填字等)、活动性游戏(如捉迷藏、搬运接力等)、竞技性游戏(如足球、乒乓球等)。游戏一般都有规则,对发展智力和体力有一定作用。

德国的沃尔夫冈·克莱默则认为:"游戏是一种由道具和规则构建而成的,由人主动参与,有明确目标,在进行过程中包含竞争且富于变化的,以娱乐为目的的活动。它与现实世界既相互联系又相互独立,能够体现人们之间的共同经验,能够体现平等与自由的精神。"

荷兰学者胡伊青加在《人:游戏者》中对游戏的定义为:游戏是一种自愿的活动或者消遣,这种活动或消遣是在某一固定的时空范围内进行的,其规则是游戏者自由接受,但又有绝对的约束力,游戏以自身为目的而又伴有一种紧张、愉快的情感以及对它"不同于日常生活"的意识。

席勒认为:只有当人充分是人的时候,他才游戏;只有当人游戏的时候,他才完全是人。英国哲学家赫伯特·斯宾塞从生物学的角度对席勒的本能说做了进一步补充,提出了游戏的剩余能量说,认为:生物体最基本的活动是谋生活动,但在实际生活中,个体的精力和时间并没有完全被用于谋生,在谋生之余,尚有剩余能量存在。因此,游戏就是在谋生之余的闲暇时间里,由剩余能量所推动的看似无用的机能运动。游戏表面看似无用,实质上游戏可以通过练习的方式保持和增进生物体自身的能力,从而间接地有利于谋生任务的完成。如果说谋生活动是一种"真正活动",那么游戏就是一种对谋生活动的"模仿"。

从不同学者的研究结果看,我们可以认为游戏是由个体主动参与的,以获得愉悦感为主要目的的活动。

图 1-2　游戏中的幼儿

二、幼儿游戏主要理论

（1）我国幼儿教育一贯主张"寓教于乐"，如孔子幼时玩学习礼节的游戏，孟子幼时玩市场买卖的游戏等。清朝末年，维新派代表人物康有为提出胎教和幼稚教育设想，并指出游戏对幼儿身心发展的有益性。

（2）德国的福禄贝尔（F. Frnobel，1782—1852）是教育史上系统研究游戏并第一个尝试创建游戏实践体系的教育家。他认为，游戏是幼儿内部存在的自我活动的表现，是一种本能性的活动，要遵循幼儿的自然本性。他将游戏的本质归结为生物性。

（3）苏联心理学家维果斯基认为游戏是社会性活动，是在真实的实践情况之外，在行动上再造某种生活现象。游戏的本质是以物代物进行活动，在这种活动中，凭借语言的功能，以角色为中介，了解、学习和掌握人与人之间基本的社会关系。

（4）以奥地利著名精神病学家、精神分析学派的创始人弗洛伊德为代表的精神分析学派提出"游戏发泄论""游戏补偿论"，认为人的欲望常受压抑不能随意表现，游戏则可促使幼儿发泄他内心的压抑和不健康的情感，从而发展自我力量，以应付现实环境，补偿现实生活中不能满足的欲望和要求，最终形成良好的品格，正常发展。

（5）瑞士著名幼儿心理学家皮亚杰认为，游戏是指不断重复一些行为，并从中得到快乐。他认为幼儿游戏主要趋于两种情况：一是顺应大于同化，表现为主体忠实地重复范型（人或物）的动作，即模仿；二是同化大于顺应，表现为主体完全不考虑事物的客观特性，只是为了满足自我的愿望与需要去改变现实。

三、游戏的基本特征

（一）游戏是自愿的、个人参与的活动

"自愿"属于动机的范畴。动机是推动人活动的心理力量，是人活动的目的。游戏是一种自愿的行动，即游戏的动机是内部动机，是游戏者内在的一种需要。同时，游戏是人类以自身为媒介参与的行为，必须是个体参与性的活动。例如：幼儿在一旁观看游戏，虽然很开心，但并不属于游戏行为。

图 1-3　幼儿在进行积木游戏

（二）游戏是日常生活的表征

游戏是社会的产物。游戏的内容、种类和玩法，都受到社会、地理、文化、习俗的影响。所有的游戏在某种意义上都表征着社会生活，但游戏本身却不是日常生活。对于幼儿来说，游戏仍然是其"象征性的生活"而非吃饭睡觉等真实生活。

游戏的虚拟性或非真实性在幼儿的游戏中尤为明显。真正的游戏也是在幼儿能够将真实的情景当成想象的情景时产生的。同时，幼儿以物代物、以人代人的象征思维能力也是在游戏中逐渐提高的。

（三）游戏包含着丰富的快乐体验

乐趣是游戏必须具备的品质，是游戏的元功能。快乐体验是游戏真正的魅力所在。

游戏的乐趣体验有以下几种成分：

① 兴趣性体验。这是一种为外界刺激物所捕捉和占据的体验，是一种情不自禁地被卷入、被吸引的心理状态。

② 自主性体验。这是一种由游戏活动能够自由选择、自主决定的性质引起的主观体验，即"我想玩就玩，不想玩就不玩"或"我想怎么玩就怎么玩"的体验。

③ 愉悦性体验。这是在轻松的活动过程中由嬉戏、玩笑引起的心理快感。

④ 活动性体验。这是游戏者在游戏中获得的生理快感，主要是由于身体活动的需要和中枢神经系统维持最佳唤醒水平的需要得到满足之后产生的。例如，外出活动可以有效地解除我们因长时间坐着不动而产生的精神困顿，获得来自本体的活动快感。

⑤ 成就感或胜任感体验。这是一种验证自己能力的乐趣体验，具有较强的影响力，可以增强游戏者的信心和继续挑战的意愿。成就感体验往往伴随着紧张的心理，好的游戏总是把游戏者置于失败的危险中却不让他失败。

（四）游戏是有规则的活动

游戏规则是游戏者在游戏中关于动作和语言的顺序，以及在游戏中被允许和被禁止的各种行为的规定。

规则游戏是游戏的高级形式，必须建立在一定的社会化基础上。婴幼儿最初的感觉运动游戏主要通过重复简单动作或运动获得快感。这种初级阶段的游戏并无规则可言。幼儿游戏的规则性水平是伴随着其认知能力的发展逐步具备的，随着年龄的增长，幼儿对规则游戏的兴趣将逐渐增长，并稳定在较高水平上。规则游戏也将从此伴随人的一生。

四、游戏的种类

由于研究目的、依据理论和侧重点的不同，游戏就会有不同的分类。总的来说，游戏的分类依据主要有以下三类。

(一) 以游戏组织形式为依据的分类

依据幼儿在游戏中的游戏组织形式可将游戏分为以下四类。

1. 独自游戏

幼儿专注地自己玩自己的游戏而无视他人的存在,如幼儿自己玩玩具,或做"奥特曼"动作模仿奥特曼等。

2. 平行游戏

幼儿玩着和身边幼儿相同的玩具,可模仿他人,但却不和他人进行交流,如幼儿自言自语当"妈妈"、当"老师"等。

3. 联合游戏

幼儿和其他幼儿一起玩,进行相似却不一定相同的活动,重要的是幼儿之间没有明确的分工与合作,只按照自己的意愿和兴趣进行。

4. 合作游戏

两个以上的幼儿围绕某个共同的主题一起进行游戏,有明确的目标和分工,是幼儿社会性逐步发展成熟的表现。

图 1-4　幼儿在游戏中

(二) 以游戏材料为依据的分类

不同幼儿会借助不同对象或材料开展游戏活动,由此获得不同的游戏体验与感受。

（1）物质材料游戏，指幼儿反复摆弄实物的游戏，表现为反复做某些动作摆弄玩具而取乐，如幼儿反复摆弄布娃娃的手脚而获得愉悦的体验感受。

（2）语言游戏，指以声音、节律、词汇、语法等各种语言要素构成的娱乐性语言游戏，如童谣、绕口令、猜谜语等。

（3）社会生活角色游戏，指幼儿以现实生活经验为主要内容而开展的扮演社会角色的游戏，如"过家家"、扮"警察"等。

（4）身体运动游戏，指感知觉与运动器官的联合活动，主要以幼儿的小肌肉群和大肌肉群为游戏的对象，如手指操等游戏。

（三）以活动形式为依据的分类

（1）运动性游戏，指以肢体运动为活动方式的游戏，如走、跑、跳、爬、投等基本动作构成的身体运动，可有效培养幼儿的动作协调性、肌肉的控制力、肢体的平衡性和耐力等。

（2）智力性游戏，指运用脑力来进行的游戏，可有效促进幼儿思维活动。

（3）表演性游戏，指以现实生活中或文学作品中各种人物形象的动作、语言、表情或情节等为模仿的对象，对其进行模拟演绎的游戏。

（4）操作性游戏，指幼儿根据自己的想象，通过小肌肉群灵活操作不同的材料，创造出作品。

（5）接受性游戏，指通过看电视、听音乐、阅读画册等方式使幼儿获得感官的愉悦的活动。

五、幼儿游戏分类的构建

结合幼儿教育五大领域，遵照幼儿身心发展规律和幼儿教育教学实际，我们将幼儿游戏分为体能类、情感类、益智类和社会类四大类型。

（一）体能类游戏

根据幼儿身体发育特点，我们将体能类游戏分为规则性体能游戏、娱乐性体能游戏和创新性体能游戏。体能类游戏是幼儿游戏的主要内容，以幼儿身体发展为主要内容，以培养幼儿体能为主要目标，如赛跑、小型器械操、投球、跳远及模仿动物跑、跳、爬等。

（二）艺术类游戏

艺术类游戏是关系幼儿艺术才能发展的一项重要游戏，也是幼儿游戏活动的主要内容，以培养幼儿的艺术修养为主要目标。艺术类游戏主要分为美术游戏、音乐游戏和表演游戏。

（三）益智类游戏

从增长幼儿知识、培养幼儿敏锐思维的角度，我们将益智类游戏分为语言游戏、数学游戏、科学游戏、建构游戏等。益智类游戏内容丰富、形式多样，主要通过生动、新颖、有趣的游戏形式，使幼儿在轻松愉快的活动中增进知识，锻炼思维能力，以促进幼儿智力发展，使幼儿的观察力、注意力、思维力、记忆力、言语能力等得到全面发展。

（四）社会类游戏

从有效促进幼儿的社会性发展角度出发，我们将幼儿游戏分为价值游戏、意志游戏、角色游戏等。社会类游戏可以让幼儿从游戏中学习到生活的原则和规则，学会与人友好相处，学会分享、助人和合作等社会性技能。

第二节　游戏与幼儿的发展

一、游戏对于幼儿身心发展的价值

（一）在幼儿身体发展中的作用

游戏对促进幼儿身体健康发展起着重要作用，在游戏时（特别是体育游戏），幼儿能很好地运用走、跑、钻、爬、跳、投掷、攀登等基本动作，使身体各个器官处于积极活动状态。这些游戏活动不但促进了幼儿的神经、呼吸、消化、心脏、骨骼、肌肉系统等的发育，还发展了幼儿的基本动作，增强了动作的协调性与灵活性。例如玩"跳马"游戏锻炼幼儿弹跳能力和平衡力，促进了其大肌肉群的发展；手指操游戏则锻炼了幼儿手指小肌肉群的发展；绕口令、童谣游戏则促进了幼儿左脑语言神经的发展等。

（二）在幼儿认知发展中的作用

1. 游戏促进幼儿感知能力的提高

感知觉是幼儿认识外界事物、增长知识的主要途径。处于直觉动作思维阶段的幼儿是用形象、声音、色彩以及动作来进行思考的，不能指望通过阅读图书、通过成人讲述就可以对事物有深刻的认识。游戏就是一种通过操作物体来感知事物的过程。例如幼儿园小班"蔬菜奶奶过生日"这一主题活动中，教师通过创设蔬菜奶奶过生日、宴请蔬菜宝宝们的情境，展开幼儿对各种蔬菜的长短、颜色、大小及数的认知活动。可见，游戏是幼儿认知发展的动力，是幼儿获取社会经验的一种独特的方式。

2. 游戏发展幼儿的思维能力

思维在不断解决问题的过程中得以发展。积极参与游戏的幼儿要不断地思考，其思维一直处于解决问题的活跃状态。幼儿在游戏的过程中实验、比较、操作、判断、思考，充满了变通性，有助于幼儿灵活地解决问题。同时，游戏可以巩固和丰富幼儿的知识，促进其语言的发展。幼儿语言发展的关键在于使幼儿有机会以各种方式练习，而游戏恰恰就为幼儿语言的实践提供了机会，巩固、加深他们的知识，并且在游戏中形成自己的口头语言，锻炼其语言组织及表达能力。

3. 游戏促进幼儿想象力的提高

游戏具有象征性，以假想和想象为条件。幼儿比成人更富于想象是因为幼儿知识经验缺乏，其想象不受常理约束，不受事实规范，具有更大的随意性。辛格等人的研究发现，想象力丰富的幼儿似乎更有耐心，一般与父母有密切的感情。象征性游戏的"假装"和"好像"的性质，有力地促进了幼儿想象力的发展。

4. 游戏促进幼儿创新意识与潜能的萌发

在游戏特别是假想性游戏之中，幼儿的想象可以上天入地，无所不有，自由驰骋于假想与现实之间。在一次游戏中，幼儿用一个纸箱当烧烤箱，在游戏后幼师启发幼儿："这个纸箱还能玩什么游戏？"幼儿的思维活跃起来了，有的说："当衣柜，放在商店卖。"有的说："可以当自动柜员机。"有的说："可以当长途车上的VCD机。"还有的说："可以当的士。"……幼儿的想象力是丰富的，一个看似平常的纸箱，在幼儿的游戏中却发挥了一物多用的作用，打破了思维定势，不但提高了玩具的利用率，而且大大丰富了幼儿的作品内容，发展了思维的灵活性。

图1-3 打篮球的幼儿（插画）

5. 游戏培养了幼儿良好个性

（1）游戏有利于培养幼儿坚强的品质。游戏提供了一个幼儿展示自我的场所，一些胆怯害羞的幼儿在那些活泼大方幼儿的带动及教师的鼓励和引导下，逐渐加入游戏，由原来的害怕到勇敢地表现自己；幼儿在游戏过程中由怯弱变为坚强。完成游戏任务，欣然接受游戏失败，这是一个非常巨大的转变。

（2）游戏有利于培养幼儿的独立性和自信心。开展有趣味的游戏有利于逐步让幼儿产生独立活动的意识，从而培养幼儿的独立性及克服依赖的情绪；幼儿在游戏操作过程所获得的体验感与成就感则大大提升其对自身的信心。

（3）游戏有利于培养幼儿坚持不懈及克服困难的品质。通过游戏，幼儿持之以恒地把注意力集中到某个问题，并努力地去弄清楚问题，这是做任何事情取得成功的重要条件之一；通过游戏的过程幼儿既可学会利用线索与策略，动手动脑解决问题，又可克服困难，锻炼意志，还可以发现和了解自己的能力，产生胜任感与成就感，有利于幼儿自信心与进取心的培养。

6. 游戏促进了幼儿社会性的发展

游戏是幼儿由自然人走向社会人的一个良好的途径。幼儿在游戏过程中学会合作，学会共享玩具，象征性游戏则让幼儿认识社会角色的行为特点，幼儿通过模仿社会角色进入社会生活中的方方面面。这些游戏都极大地促进了幼儿社会性的发展。

二、幼儿教育以游戏为基本活动的时代意义

（一）幼儿游戏的进化根源

美国心理学家霍尔提出了"复演论"的游戏本质说，认为游戏是人类种族生物遗传的结果，游戏是幼儿重现祖先生物进化的过程，重现祖先进化过程中产生的动作和活动。游戏的发展阶段正是以不同的形式重现祖先的进化历史。人类个体从胚胎到个体身心成长的过程与人类作为一个群体的种族演化过程有着惊人的相似之处，这一点受到了人类学家、哲学家和心理学家的广泛关注，幼儿的成长发育是以更加简略的方式复演着人类的进化过程。

将幼儿个体发展与人类进化的过程联系起来给了我们一种广阔、宏大和深邃的眼光来看待幼儿的成长，这种眼光还让我们深刻地理解到幼儿进行游戏的必然性，正如刘晓东在《儿童文化与儿童教育》一书中所说："儿童的成长过程是生命进化历史的浓缩。这不仅使我们在儿童那里感受到生命进化的神奇，也使我们在儿童那里体悟到个体生命的绵远历史，这本身就会使我们成人对儿童的生命儿童的精神世界产生一种敬畏与赞美。"

（二）贯彻和落实学前教育政策和法规的需要

随着教育改革的深入开展，教育部于2001年颁布了《幼儿园教育指导纲要（试行）》（以下简称《纲要》）作为第十一次新课程改革的下位文件。《纲要》在第一部分"总则"的第五条提出："幼儿园教育应尊重幼儿的人格和权利，尊重幼儿身心发展的规律和学习特点，以游戏为基本活动，保教并重，关注个别差异，促进每个幼儿富有个性的发展。"

教育部于 2012 年颁布了更为具体、更具可操作性的《3—6 岁幼儿学习与发展指南》（以下简称《指南》）。《指南》中的目标提示家长和幼儿教师各个年龄阶段的幼儿应该学什么，《指南》的实施应以游戏为基本活动，游戏既是学前教育的专业特殊性所在，又是促进幼儿学习与发展的重要途径。幼儿教师对于学前教育的发展和学前教育质量的提高具有重要的作用，从某种意义上说，幼儿教师素质的高低可以决定幼儿能否健康地成长。2012 年 2 月，教育部颁布了《幼儿园教师专业标准（试行）》，在专业理念与师德的维度上提出"重视环境和游戏对幼儿发展的独特作用，将游戏作为幼儿的主要活动"，而在专业能力的维度上则把"游戏活动的支持与引导"作为一项基本的教育能力提了出来。

2016 年，教育部发布了《幼儿园工作规程》（以下简称《规程》）。《规程》第二十五条提出："以游戏为基本活动，寓教育于各项活动之中。"

教育部颁布并实施的《幼儿园管理条例》和《幼儿园工作规程》明确规定：幼儿园应当以游戏为基本活动。同时，人们也早就发现了游戏对于幼儿教育的价值。游戏充盈于幼儿的身心，充盈于幼儿的思想、情感和身体中。游戏是幼儿主体性的活动，游戏过程是幼儿主动学习、主动建构自己经验的过程。在不同程度的游戏中，幼儿在学习和发展着。

（三）幼儿教育应遵循幼儿自身发展的需要

柏拉图认为，教育不应该是强制性的，而应该是"游戏"。他还强调说，"自由的人学任何东西都不应该像奴隶一样"。教育是一种灵魂的转向，压力下教出来的东西不会停留在灵魂之中。幼儿并不仅仅是知识的幼儿或智力的幼儿，他是一个智力、情感、社会性和身体等诸多方面融合在一起发展的存在。有时候，孩子的社交技能、动机情感、兴趣需要在他们成长的道路上更具有决定意义，为了保障幼儿身心的健康发展，我们必须秉持对未来负责的态度遵循幼儿发展规律，以游戏作为幼儿的基本活动。

三、幼儿园课程中游戏的地位

（一）国外幼儿园课程中游戏的地位

1. 欧文幼儿学校中的游戏

1816 年，英国欧文创办了新兰纳克幼儿学校——世界上最早的学前教育机构。欧文幼儿学校大量开展了幼儿的户外活动和游戏活动。幼儿学校的重要设施是游戏场，也是幼儿户外活动的主要场所。

2. 福禄培尔"幼儿园"中的游戏

德国福禄培尔认为，游戏能培养幼儿的自主性和创造性，游戏是组成幼儿生活的一个重要方面，也是幼儿教育中一种主要教育手段。1837 年，他创建了"幼儿活动学校"，1840 年改名"幼儿园",被认为是世界上第一所幼儿园。在福禄培尔创办的"幼儿园"中,教育内容主要包括游戏活动、作业活动等,他还制定了一个完整的游戏体系。

3. 欧美早期教育课程模式中的游戏

20世纪后,在欧美的一些早期教育模式或方案中,如瑞吉欧课程、海伊斯科普课程、班克街课程、凯米课程、发展适宜性教育实践等都引入了游戏,并重视游戏。

(二)我国幼儿园课程中游戏的地位

1. 武昌蒙养院中的游戏

1903年,我国创办第一所官办幼儿园——湖北幼稚园(创办人是张之洞、端方)——中国最早的幼稚园。1904年改名为武昌蒙养院。游戏是武昌蒙养院课程内容之一。

武昌蒙养院的课程表

行议	训话	幼稚园语	日语	手技	唱歌	游嬉

2. 鼓楼幼稚园中的游戏

我国著名教育家陈鹤琴的游戏观:游戏有利于幼儿的身体、智力、道德发展,游戏是休息;游戏就是幼儿的生活;幼儿教育要给幼儿充分的游戏机会;依据幼儿的年龄特点,给予游戏材料。1923年,陈鹤琴创办鼓楼幼稚园。游戏是此幼稚园一项重要课程内容。

3. 1932年《幼稚园课程标准》中的游戏

《幼稚园课程标准》(1932年)第二部分为课程范围,课程范围包括音乐、故事和儿歌、游戏、社会和常识、工作、静息、餐点共7项,把游戏正式定为幼儿园课程内容,并确定了游戏活动的教育目标、内容以及最低限度的要求。游戏的内容包括计数游戏、故事表演和唱歌表演的游戏、感觉游戏、模拟游戏、我国各地方固有的各种良好的游戏等。

4. 2016年《幼儿园工作规程》中的游戏

《幼儿园工作规程》(2016年)第二十五条规定:"以游戏为基本活动,寓教育于各项活动之中。"这是幼儿园教育工作原则之一。

第二十九条规定:"幼儿园应当将游戏作为对幼儿进行全面发展教育的重要形式。……幼儿园应当根据幼儿的年龄特点指导游戏,鼓励和支持幼儿根据自身兴趣、需要和经验水平,自主选择游戏内容、游戏材料和伙伴,使幼儿在游戏过程中获得积极的情绪情感,促进幼儿能力和个性的全面发展。"

理论和实践已经证明,"幼儿园以游戏为基本活动"的观点是符合现代学前教育的基本原理,是一个正确的、合乎规律的观点。"幼儿园以游戏为基本活动"强调了游戏在幼儿园课程以及一日生活中的基本地位。

四、游戏与幼儿园课程的关系

我国学者陈鹤琴认为,课程实施应采用整个教学法、游戏法、小组教学法等。他认为,游戏是幼儿生来喜欢的,幼儿以游戏为生活,使幼儿在游戏中、在活动中学习,往往会收到事半功倍的效果。

虞永平认为,"缺乏了游戏的学前课程是不完美的,游戏不进入课程是不合理的"。理由是"游戏蓄积了幼儿发展的价值,没有游戏,幼儿就不可能实现真正的全面发展"。同时,游戏并不是作为幼儿身心诸方面发展的途径才显示其重要性的,游戏本身是幼儿所需要的,幼儿的发展、幼儿的生活不能没有游戏。

这样,游戏作为内容和途径的双重身份进入了学前课程之中。游戏既可以是课程内容,还可以是课程实施的途径。游戏作为幼儿园课程的内容,能完善和丰富课程内容,促进幼儿认知、情感、社会性等方面的发展,较好地完成课程目标。游戏作为幼儿园课程实施的一种重要途径,能激发幼儿的直接兴趣,幼儿参与性高,教学效果好。例如:

> 小一班的幼儿已经学习了三角形、长方形、正方形、圆形,为了让幼儿巩固对这些形状的认识,黄老师设计了一个竞赛游戏"看谁贴得快又对"。
> 在竞赛游戏开始前,黄老师在每个幼儿的小凳子下放有四种几何图形(三角形、长方形、正方形、圆形)的卡片,在黑板上画(三角形、长方形、正方形、圆形)四种几何图形。游戏开始了,幼儿依次从自己小凳子下拿出卡片,并张贴到黑板上相应的图形中,比一比哪些幼儿做得又快又对。

五、游戏与课程的有机结合

范霍恩等人(1993)提出游戏和课程的结合有两种基本形式:由课程生成游戏、由游戏生成课程。

(一)由课程生成游戏

由课程生成游戏是指从课程出发生成游戏活动,教师通过提供给幼儿游戏的经验,使幼儿学习课程领域的知识和技能,包括读写、数学和科学等。例如:

> 美国幼儿教师玛丽琳根据本地区幼儿园数学课程的规定,将要教幼儿1~20的认数和计算。于是。她将教室的角色游戏中心转化为一家商店,并提供了一系列的材料:游戏中心原有的一杆天平称和一把老式的吊杆称,幼儿可以用它们来称商品的重量;一个带有数字的印章,幼儿能转动着来变换数字,标出商品的价格;几台手掀计算机及从三年级老师处借来的老式加法器,

幼儿可以进行商品价格的计算；可供出售的商品——几桶小物品，如尤尼菲克斯立方体积木等。她还提供了商店印刷的过期优惠券及本地超市发放的每周广告，利用上面的图片和数字，使顾客们更了解商店的信息。材料提供后，商店开业了。可就在开张那天，"营业员"和"顾客"发现，教师玛丽琳还忘记了一件重要的事情，那就是没有提供钱："顾客"需要钱才能来商店购物，"营业员"需要钱来找零。于是，一个制作纸币和硬币的小组操作项目生成了，孩子们运用原有的数字概念和经验制作起了钱，并投入商店。这样，商店游戏可以正式开始了。

在上面案例中，美国幼儿教师玛丽琳根据数学课程的规定，创设了游戏环境，提供了操作材料，让幼儿在商店游戏中学会认数和计算。再如：

中班语言活动"两只小羊"中，可选择让幼儿玩"两只小羊过河"的游戏，在玩此游戏时，应多注重"让一让"的环节。这样，此游戏不仅符合活动主题和目标，也能在游戏中快乐地学习"两只小羊"的儿歌，还培养了幼儿互相理解的意识，以及相互谦让的品质。

（二）由游戏生成课程

由游戏生成课程，是指根据幼儿在自由游戏中的表现所创造出的课程。

约翰逊（2006）曾举了一个银行街教育方案的例子，来说明教师如何运用游戏为幼儿构建了课程。学期中间，幼儿的游戏日渐固定，教师询问幼儿是否要参与他们从来没做过的游戏，希望游戏有新的发展。

案例1：

银行街教育方案的一个例子

老师：我在想，如果街区所有的地面都变成一条小河的话，会怎么样呢？

学生A：那么我们会做什么，一直在里面游泳吗？

学生B：你也可以钓鱼呀。

学生A：我不想钓鱼，我想造一所学校。

学生B：你可以这样做。

学生A：（做出难以相信的样子）在河上造一所学校？

学生C：等等！等等！我有一个主意，海洋，海洋，让所有的地面都变成海洋。

学生C的想法被老师和其他孩子接受了，他的想法慢慢引出了一个有关海岛生活、水上交通、飓风诞生和相关主题的游戏。

案例2：

结构游戏"搭积木"

在大班区域建构游戏中，王老师发现幼儿喜欢"搭桥"，但又搭不好，就开展了大班科学活动"搭桥"。在活动中，先让幼儿看一些桥的图片，并讨论桥的基本结构，教师总结桥的基本结构。然后把幼儿分成4人一组，从提供的材料中选择材料，再搭桥。搭桥完后，比一比哪组搭的桥最好，总结桥好和不好的原因。王老师针对幼儿在游戏中的兴趣和问题，及时开展相应的活动，增进了幼儿继续学习的兴趣。

案例3：

游戏："老狼、老狼，几点钟"

"老狼、老狼，几点钟"是一个传统的游戏，也是幼儿们非常喜欢的游戏。有一次，杨老师发现，当自己扮演的"老狼""凶狠"地扑向"小兔子"的时候，大部分"小兔子"四处逃散，但有几个"小兔子"一动不动，一副"我不怕你"的模样。杨老师继续"凶狠"地逼近，他们竟然"开枪"，部分躲在树后面的"小兔子"也效仿，冲老师"开枪"并逼近。"小兔子"居然不怕狼。

杨老师灵机一动，做出逃跑状："哎呀，遇到几只勇敢的兔子，我还是赶紧跑吧。""小兔子"们开心极了，纷纷过来追老师。杨老师能机智地应对新的游戏情节，并及时抓住幼儿的兴趣点进行讨论，既丰富了幼儿知识，又培养了幼儿的思维能力、创新意识。

【课后练习】

一、知识点识记练习

（一）单选题

1. 认为"游戏是为未来生活做准备"的游戏理论是（   ）。
   A. 预演说
   B. 剩余精力说
   C. 复演说
   D. 松弛消遣说

2. 幼儿可随自己的兴趣和力量进行游戏、停止游戏或变换游戏，这是因为游戏具有（   ）的特点。
   A. 自由性

B. 趣味性

C. 虚构性

D. 社会性

3. 幼儿游戏的基础与源泉是（　　）。

　　A. 生活经验

　　B. 教师引导

　　C. 同伴引导

　　D. 家长指导

4. 在幼儿进行的游戏活动中，动机和目的的关系是（　　）。

　　A. 直接一致的

　　B. 不一致的

　　C. 间接相关的

　　D. 毫无关系的

5. 游戏理论"生长说"的代表人物是（　　）。

　　A. 阿普利登

　　B. 格罗斯

　　C. 霍尔

　　D. 拜敦代克

（二）简答题

1. 简述幼儿游戏的特点。
2. 简述幼儿游戏的功能。
3. 简述游戏的含义。
4. 如何树立正确的游戏教育观？

二、材料分析题

中班的三个幼儿悦悦、琪琪和星星在玩结构游戏时，自主结成合作小组，悦悦为组长。通过商量，三人决定搭建游乐场中的旋转木马。具体分工为：悦悦搭旋转木马，星星负责拿积木，琪琪负责搭夜间照明的灯。

悦悦：星星你去拿绿色和黄色的百变积木，等会我们要用的。

星星将积木拿来后就开始无事可做。

琪琪不一会儿就把灯搭好了，东张西望了一会儿，就开始用蓝色百变积木搭另外一样东西。

教师走过来，问：琪琪在搭什么呀？

悦悦：她说她要搭机器人，但这不是我让她搭的。

教师：琪琪，你搭的机器人是放在哪里的？有什么作用呢？

琪琪低头不语。

问题：请你运用幼儿游戏活动的相关理论，对上述材料中存在的问题进行分析。

微课资源与习题答案

第二章　幼儿社会性游戏

【目标导航】

能力目标：组织和指导幼儿园不同年龄班的幼儿有效开展社会性游戏。
知识目标：了解幼儿社会性游戏的分类、基本类型及其基本特征。
素质目标：掌握不同年龄阶段社会性游戏的组织与指导策略。

【问题导入】

　　今天，老师给小朋友讲了"拔萝卜"的故事，小朋友都很喜欢，于是老师想趁机开展表演游戏，小朋友顿时兴奋起来。老师提示小朋友进行准备，但是小朋友不知道自己应该干什么，于是老师很快分配了小朋友的角色，并再次读了几遍故事并强调了每个小朋友的台词。

　　表演开始了，大多数小朋友都有点不知所措，老师一边督促小朋友上台，一边提醒小朋友应该要说的台词，但是小朋友们怎么也记不住自己的台词。对此，老师非常无奈，只能自己一边念台词，一边推拉着小朋友们做各种动作。在整个表演过程中，小朋友们并没有体会到一点点的快乐，反而都显得惶恐不安。

【讨论】案例中老师的做法合理吗？为什么？假如你是那位老师，你会怎么做？

第一节　幼儿社会性游戏概述

一、幼儿社会性游戏的概念

　　社会，是共同生活个体通过各种各样的关系连结起来的一个大集合。而在社会中，"关系"成为个体之间维系的关键部分。对于幼儿来说，日常生活中最频繁、最重要的关系主要来自父母、教师、同伴。而学会与他们交往是幼儿生活与发展的重要内容。

《幼儿园教育指导纲要(试行)》明确指出:幼儿园"以游戏为基本活动"。幼儿最喜欢游戏,每一个幼儿都离不开游戏,因此,通过游戏帮助幼儿理解社会关系、培养社会情感、了解社会规则是非常必要的。在游戏的分类中,以促进幼儿社会性发展为主要目标、以人际互动为特征的游戏,称为社会性游戏,包括角色游戏、合作游戏等。社会性游戏能帮助幼儿通过游戏学会与人相处、学会体验相应的情绪情感,学会分享、助人、合作等一系列社会化行为。

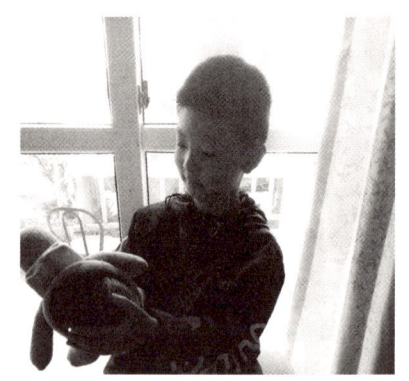

图 2-1 开心·游戏的幼儿

二、幼儿社会性游戏的意义和作用

(一)社会性游戏有利于幼儿身体机能的发展

首先,幼儿正处于身体发育快速发展的时期,对外界一切新鲜的事物充满好奇,总喜欢利用自己的感觉器官去探索各种事物:用手摸一摸,用嘴咬一咬,用脚踩一踩……社会性游戏在一定程度上满足了幼儿好奇好动的需要。幼儿在游戏过程中通过摆弄各种游戏材料以及各种游戏动作,锻炼了各个感觉器官之间的协调能力,例如手眼协调、手脚协调等能力。其次,幼儿由于神经系统发育尚未成熟,容易兴奋也容易疲惫。因此,幼儿不能长时间地进行过于剧烈的活动。而社会性游戏的运动量适中,既给予幼儿游戏的乐趣,又锻炼了幼儿的身体机能。

(二)社会性游戏有利于幼儿社会化的发展

社会化,是指个体形成适应社会生活的人格特征,并能按照社会约定俗成以及认可的行为方式生活的过程。社会化的发展是在人际交往过程中实现的,而幼儿期是个体社会化形成的关键时期。幼儿在社会游戏过程中,玩具与游戏兴趣促使原本互不熟悉的幼儿们聚在一起,形成共同游戏的状态。幼儿在游戏中要与其他小伙伴产生联系,这就要求幼儿既要学会如何与他人进行交流,又要学会理解他人的行为,需要彼此适应,服从共同的行为准则。与此同时,在满足交往需要的基础之上,幼儿还要学习、模仿社会特定角色进行游戏,例如,幼儿在扮演"医生"这一角色时,会按照先给"病人"检查才能开药方这一工作程序进行模仿游戏;扮演妈妈的幼儿会模仿如何照顾孩子……正是在这样的社会性游戏中,幼儿逐步克服以自我为中心的思维局限性,把自己放在另一个角色中去观察周围的人、事、物,逐渐掌握与他人相处的正确方式,了解社会规范的基本要求,更好地推动自身社会化的发展。

（三）社会性游戏有利于幼儿认知能力的发展

幼儿的认知能力主要是在与外在周围环境相互作用的过程中逐渐发展起来的。幼儿在社会游戏过程中，需要对周围事物进行观察，对玩具和游戏材料进行探索，从而锻炼和提高了注意力、观察力以及其他感知能力，为满足好奇心，积极探索新事物、新环境奠定了感知经验，从而拓宽活动范围和活动能力，学习到更多的知识。

（四）社会性游戏有利于幼儿个性的发展

在社会性游戏当中，幼儿可能会面临着各种各样的问题状况，例如在"蚂蚁回家"的角色扮演游戏中，面对突如其来的闪电暴雨，是应该继续冒雨前行还是另觅躲雨之处，这就需要幼儿开动脑筋去思考问题解决的办法，以及在困难和问题面前具备一定的承受能力和应对力，遇到挫折不胆怯、不放弃的意志品质。

社会性游戏一方面可以给幼儿充分的机会发展坚强的意志品质，另一方面也促进幼儿形成乐观向上、积极进取的个性品质。幼儿在解决问题、扮演相关角色的同时，认识了解并逐渐具备相关角色的良好品质，也能在游戏体验中接受教师的启发和引导，摒弃一些角色人物中存在的不良的品质。同时，在教师适时的引导和帮助下，一些原本性格比较内向、不善表达的幼儿在承担不同性格特点的游戏角色时，逐渐受到熏陶，慢慢开始转变为开朗、活泼、友善、好分享等良好的性格品质。

（五）社会性游戏能促进幼儿心理健康的发展

在社会性游戏当中，教师可以构建幼儿学习生活中容易产生矛盾、摩擦的情境。幼儿们起初总是能带着愉快的情绪去体验游戏，乐于参与游戏；随着游戏进程的展开，相应的矛盾摩擦出现时，在积极情绪状态中幼儿更容易接受教师所提出的建议，从而消除矛盾，掌握沟通和解的方法。教师通过观察幼儿在游戏过程中的种种表现，可以及时发现幼儿在认知观念上出现的偏差以及一些错误的行为模式，有利于在往后的教育过程中采取有针对性的措施。

总而言之，游戏是幼儿最喜欢的活动类型，它对于幼儿身心全方面的和谐发展具有不可替代的作用。

三、幼儿社会性游戏的类型

社会性游戏根据其目标和属性来划分，可以分为价值游戏、意志游戏、角色游戏。

价值游戏，主要是以帮助幼儿建立一定的社会价值观念以及掌握符合社会规范要求行为为目标而开展的游戏，主要以社会生活为游戏内容。例如春节将至，教师通过布置与春节相应的环境，来引导幼儿了解相应的节日习俗而开展的游戏；以及面对家人突然生病的情景，如何正确拨打急救电话等游戏，都是为了让幼儿掌握一定的社会技能，并在游戏的过程中培养幼儿基本的真善美的社会价值观念。

意志游戏，是以培养幼儿意志力为主要目标的游戏，让幼儿在游戏中养成持之以恒的习惯，面对困难时不畏惧的心理状态以及能够养成制定计划、按时完成任务的良好习惯。例如我们常见的"木头人"游戏，就要求幼儿在游戏中学会控制自己的行为，并能按照相应的规则行动，这就需要幼儿不断地督促和调整自己的行为，使之符合游戏规则的要求。

角色游戏，是指幼儿依据自己的兴趣和爱好，通过模仿和想象，创造性地反映现实生活环境、内容、体验的一种游戏。角色游戏是幼儿重要的游戏活动形式，有利于幼儿主动性、创造性的发挥，丰富了幼儿的想象力。下文将着重介绍角色游戏。

四、角色游戏的特点

（一）角色游戏来源于幼儿的社会生活经验

角色游戏的主题、角色、内容、情节、材料、道具等都来源于幼儿对自己所处现实生活环境的积极主动的模拟和再现，因此，幼儿社会生活的经验就决定了幼儿在角色游戏中的表现，社会生活经验越丰富，幼儿的见识面和理解程度越高，其在角色游戏里所呈现的内容与情节的丰富程度也就越高。幼儿对社会生活场景的模拟通常表现在两个方面：一是对日常生活场景的模仿，即幼儿通过模仿家庭中不同成员，再现生活场景中人物的动作和语言，体验日常生活中人、事、物之间的关系。例如，幼儿园经常玩的"娃娃家"，不同的幼儿在其中扮演不同的家庭成员——爸爸、妈妈等，幼儿可以从中领悟到人际相处的方式以及情感上的安慰。二是对职业角色的模仿，例如，扮演医生、理发师、邮递员、警察、教师等，这是幼儿对将来社会生活的预演，有利于幼儿理解相应职业的性质，也为幼儿学习社会知识、遵守社会规则、习得合理的行为方式提供了一个良好的平台。

（二）角色游戏有赖于幼儿的想象力

幼儿在角色游戏中，常以语言、动作来表现角色人物的特点，对于游戏场景、道具则需要想象力的支撑，通常是以"以物代物"的形式来呈现，一般可分为三种情况：一是游戏材料的替代，由于幼儿的思维以具体形象思维为主，所以幼儿在选择"替代物"时，常常还选择在外观上具有相似性的物体，如一根树枝，幼儿会把它想象成棍子、扫把、笔等；二是游戏角色的替代，有研究表明，男生倾向于扮演具有男性特征的角色，如爸爸、警察、解放军等，而女生更倾向于扮演妈妈、护士等常见的女性角色；三是游戏动作、场景的替代，幼儿通过概况、压缩的方式来呈现游戏场景的转换，如，以为病人打针、搀扶病人行走等动作来表现医院这一场景。幼儿自由地发挥想象力和创造性，是角色游戏得以进行和发展的重要支撑。

【知识拓展1】

《幼儿园教育指导纲要（试行）》对幼儿社会领域的相关要求

（一）目标

1．能主动地参与各项活动，有自信心。

2．乐意与人交往，学习互助、合作和分享，有同情心。

3．理解并遵守日常生活中基本的社会行为规则。

4．能努力做好力所能及的事，不怕困难，有初步的责任感。

5．爱父母长辈、老师和同伴，爱集体、爱家乡、爱祖国。

（二）内容与要求

1．引导幼儿参加各种集体活动，体验与教师、同伴等共同生活的乐趣，帮助他们正确认识自己和他人，养成对他人、社会亲近、合作的态度，学习初步的人际交往技能。

2．为每个幼儿提供表现自己长处和获得成功的机会，增强其自尊心和自信心。

3．提供自由活动的机会，支持幼儿自主地选择、计划活动，鼓励他们通过多方面的努力解决问题，不轻易放弃克服困难的尝试。

4．在共同的生活和活动中，以多种方式引导幼儿认识、体验并理解基本的社会行为规则，学习自律和尊重他人。

5．教育幼儿爱护玩具和其他物品，爱护公物和公共环境。

6．与家庭、社区合作，引导幼儿了解自己的亲人以及与自己生活有关的各行各业人们的劳动，培养其对劳动者的热爱和对劳动成果的尊重。

7．充分利用社会资源，引导幼儿实际感受祖国文化的丰富与优秀，感受家乡的变化和发展，激发幼儿爱家乡、爱祖国的情感。

8．适当向幼儿介绍我国各民族和世界其他国家、民族的文化，使其感知人类文化的多样性和差异性，培养理解、尊重、平等的态度。

（三）指导要点

1．社会领域的教育具有潜移默化的特点。幼儿社会态度和社会情感的培养尤应渗透在多种活动和一日生活的各个环节之中，要创设一个能使幼儿感受到接纳、关爱和支持的良好环境，避免单一呆板的言语说教。

2．幼儿与成人、同伴之间的共同生活、交往、探索、游戏等，是其社会学习的重要途径。应为幼儿提供人际间相互交往和共同活动的机会和条件，并加以指导。

3．社会学习是一个漫长的积累过程，需要幼儿园、家庭和社会密切合作，协调一致，共同促进幼儿良好社会性品质的形成。

第二节　幼儿角色游戏案例分析

在社会性游戏的三种分类中，角色游戏在幼儿园实际教学活动中运用较为广泛，因此在本节的案例分析中，主要以角色游戏在幼儿不同年龄段的组织与指导加以分析。

一、角色游戏的指导要点

（一）通过多种形式丰富幼儿的生活经验

角色游戏是幼儿对现实社会情境的再现，所以丰富幼儿的生活经验有助于幼儿更好地开展游戏，生活经验越丰富，游戏进行得越顺利，且具有新意。教师可以通过图片、视频、组织外出参观、与相关企业单位合作举办活动等多种方式，拓宽幼儿的认识视野，丰富幼儿的生活经验。如外出游览和参观时，引导幼儿观察交通警察是怎样指挥交通的，来往的车辆和行人如何遵守交通规则；引导幼儿留心观察售货员、理发师、医生等日常生活中常见职业角色的工作细节。幼儿只有在生活中观察得越细致，感性认识越丰富，在游戏中的反应及行为方式才会越逼真。相反的，如果幼儿缺乏相关经验，会阻碍角色游戏的进程，甚至没办法进行游戏。曾经有教师在小班进行"糕点厂"的角色游戏，幼儿总是在游戏中左顾右盼，没办法集中注意力在教师创设的游戏环境中，即使教师进行多方引导，但收效甚微。究其原因，是幼儿对糕点厂中的各个职业角色、操作环节不熟悉，缺乏相关生活经验，不知道应该从何下手进行游戏，最终导致游戏被取消。

（二）创设适宜的游戏环境

游戏环境的创设，直接影响着幼儿游戏开展的质量。角色游戏的环境主要包括游戏的材料和开展的场所两个方面。

游戏材料的可选择性及自选程度，直接影响着游戏的针对性、积极性。教师要提供丰富的材料，根据情况及时更换或更新材料。游戏材料的获得主要来源于两个方面：一是由教师提供操作性强、逼真的游戏材料或道具，如扮演医生时需要仿真的小婴儿、白大褂、听诊器、注射器等，扮演厨师时所使用的锅碗瓢盆等；二是由幼儿与教师共同合作制造玩具，教师可以提供一些材料或者半成品，鼓励、支持幼儿动手操作，自制道具，如教师提供一些大小不等的纸盒，让幼儿自行设计、制作成电话、烤箱、微波炉等，这不仅可以大大丰富游戏所需要的材料，及时更新不同类型的游戏材料，节约成本，还可以充分调动幼儿开展游戏的积极性和主动性，更好地促进幼儿创造力的发展。

角色游戏的场所需要的场地面积大小不一，而且场景需求多种多样，而现在普通幼儿园的活动场地有限，幼儿人数较多，所以因地制宜地设置相应的游戏场所就尤为重要。教师需要对拥有的活动室、寝室，甚至卫生间、走廊等场地进行合理的规划，来缓解场地有限的问题。例如充分利用寝室的床铺划分娃娃家、医院等区域，利用卫生间的水资源可以划分消防局、娃娃游泳馆等区域。教师还可以鼓励幼儿善于利用游戏场所、区域之间的特点，进行合理交叉使用，如把原先的阅读区域设置成角色游戏中的图书馆、咖啡厅等，把幼儿在手工、绘画活动中的作品展示区调整为礼品店、画廊等，既有效地利用幼儿园中可利用的资源，没有额外增加过多的教师工作量，又可以满足幼儿角色游戏的场所需要。

（三）科学合理地制定游戏规则

无规矩不成方圆。即使是在角色游戏这一富有创造性的活动中，依然需要科学合理的游戏规则来保证幼儿顺利地开展游戏。规则主要关注三个方面：首先，角色如何分配。幼儿喜欢玩角色游戏，是因为在游戏的过程中可以扮演各种他们感兴趣的角色和职业，但由于幼儿自身的特点以及人数的限制，游戏往往不能满足每一个幼儿的需求，可能会出现幼儿争抢角色，或某些角色无人扮演的情况。对此，教师应该教导幼儿面对这样的矛盾纠纷时处理问题的方法，比如可以通过自己报名、推选、轮流等方式分配角色，来培养幼儿应对矛盾的能力和责任感。其次，要注意保护幼儿安全。由于特殊角色和情节的需要，如警察抓小偷，幼儿之间难免出现身体接触。某些特殊场景需要一些材料，例如水，就需要提醒幼儿注意配合游戏情节正确使用，而不是嬉戏玩闹……这样类似的情况都需要教师在游戏开始前，与幼儿共同协商、制定，并约定游戏中的规则。当幼儿在游戏时做出严重违反规则或攻击性等危险行为时，如在游戏当中，幼儿因争抢玩具而发生打骂行为，教师应直接制止，加以引导。最后，在游戏过程中会发生无法预测的意外。所以教师和幼儿要在活动中讨论，边讨论边实施，边实施边修改，在大部分幼儿的认可下，教师归纳成规则。

（四）善于观察，有效介入

教师通过细致、全面的观察，不仅可以为后续游戏的发展做好经验的准备，了解幼儿的兴趣所在和经验发展，思考更新游戏材料的必要性，还可以针对游戏中出现的突发问题，进行及时有效的处理。教师可以采用语言提示、动作提示、角色身份等方式对幼儿进行指导。语言指导，主要是指教师通过语言与幼儿进行交谈、对话，让幼儿建立正确意识，纠正错误观念和行为；动作指导，则是利用动作、表情、眼神等身体语言对幼儿游戏行为作出反馈，比如通过点头、微笑等行为来表达对幼儿良好表现的肯定，摇头、摆手来提醒幼儿应该注意自己的言行举止；角色身份的介入，教师一般是通过扮演具有权威的角色来引导幼儿推动游戏的发展，例如教师扮演医院的院长来视察"医生"的工作，从而指出"医生"的正确示范以及错误行为。

总而言之，教师应该积极融入幼儿的角色游戏中，从幼儿身心发展和兴趣需要的角度出发，为幼儿创设适宜的游戏环境，提供可操作性和发展性的游戏内容，从而更好地激发幼儿游戏的主动性和自主性，获得社会性的提高。

二、不同年龄段的角色游戏案例分析

（一）小班（3—4岁）

1. 小班幼儿角色游戏的特点

小班幼儿社会交往能力有限，处于平行游戏的阶段，即偏好独自游戏，与其他同伴交往较少，主要是与玩具进行游戏。角色游戏的主题单一，情节简单，主要通过重复的动作、对话来推动游戏的发展，还没有形成整体的角色意识，更多是模仿成人的动作和语言。

2. 小班幼儿角色游戏的指导要点

首先，教师提供多种多样的游戏材料，减少幼儿因争抢玩具而发生的矛盾，满足他们进行平行游戏的特点；其次，教师要指导幼儿如何使用游戏材料，激发幼儿对材料的操作欲望。教师可以以游戏的角色身份介入游戏，帮助和引导幼儿建立角色意识和游戏规则，培养幼儿的独立性。

3. 小班幼儿角色游戏的案例

案例1：

我来做"爸爸和妈妈"

【活动目标】

1. 幼儿能在角色游戏中，模仿成人扮演娃娃的"爸爸"和"妈妈"，尝试做一些爸爸妈妈的日常工作。

2. 幼儿通过自己的亲身扮演，充分体验爸爸妈妈工作的辛苦，产生爱爸爸妈妈的美好情感。

【活动准备】

1. 爸爸妈妈逛街使用的小包包。
2. 发动幼儿收集自己家中的毛绒娃娃。
3. 电脑歌曲《让爱住我家》。

【活动过程】

回忆父母照顾自己的日常情节——谈一谈自己会做一个什么样的爸爸妈妈——幼儿自主扮演角色游戏——交流演示、评价——提升要求。

一、温馨谈话：我亲爱的爸爸妈妈

1. 教师："小朋友，你们爱自己的爸爸妈妈吗？为什么你会这么爱爸爸妈妈呢？把你的原因告诉我们大家。"

（幼儿回答）

2．教师小结："对呀，世界上的爸爸妈妈是最最爱护自己的孩子的。家里因为有了爸爸妈妈的爱，还有孩子的爱，才会充满笑声。现在，我们一起来唱一唱歌曲《让爱住我家》，把快乐的歌声也带到每个人的家里，好吗？"

（播放电脑歌曲，全体幼儿一起跟唱。）

二、角色畅想：你会做一个什么样的爸爸妈妈

1．教师："今天，我们需要自己做一做娃娃的爸爸妈妈。请你好好地思考一下，你会做一个什么样的爸爸妈妈呢？"

2．鼓励幼儿之间互相轻声地交流，获知他人的感想。

3．请个别幼儿在集体面前大胆讲述自己的想法，教师及时给予肯定和必要补充。

三、自主选择角色，开展角色游戏"迷你一条街"

1．（出示毛绒娃娃）教师："看！我们班来了这么多没有爸爸妈妈的娃娃，等会儿请你来做娃娃的爸爸妈妈，好好把你的爱送给娃娃，好吗？"

2．扮演顾客群的幼儿们自主选择自己喜欢的娃娃，成为娃娃的爸爸妈妈，开始进入角色游戏。

3．重点进行游戏进程中的有效指导。

具体方法：教师也以"妈妈"的身份抱着娃娃去用餐、看病、拍照、购物、理发，并随机观察其他"爸爸妈妈"的一些表现。还可以采用"攀谈"的方式，与"爸爸""妈妈"们成为搭档，一起去逛街。教师通过自身丰富的游戏语言、动作、内容，在平行、互动的氛围中让幼儿受到感染，从而提高幼儿的游戏水平。同时，教师也要随机关注幼儿的每一个亮点展示，并与其他幼儿一起分享成功"爸爸妈妈"的经验。

四、"爸爸妈妈"们的经验交流展示，评选出最优秀的"爸爸妈妈"

1．教师："现在的娃娃们好开心，因为他们的爸爸妈妈陪着他们度过了快乐的一天。那，哪个娃娃的爸爸妈妈来介绍一下你是怎么带着娃娃度过这一天的？"

2．个别幼儿抱着娃娃来用动作、语言与大家一起交流自己的玩法。教师颁奖。

五、提升再次游戏的要求

教师肯定所有"爸爸妈妈"的做法，并提出下次游戏的提升要求："娃娃有了爸爸，还想有一个妈妈。有妈妈的娃娃还想有一个爸爸，娃娃的愿望你们可以怎么来帮助他实现呢？"（男生与女生进行家庭组合，进行合作游戏。）

（二）中班（4—5岁）

1. 中班幼儿角色游戏的特点

中班幼儿由于生活经验不断积累，其角色游戏的主题、内容、情节也日益丰富、多元化，角色意识也有所增强，能够基本按照角色特点进行游戏。不同于小班幼儿的平行游戏，中班幼儿产

生与其他同伴进行社会交往的需要，但交往技能较弱，常常与他人发生争执。

2. 中班幼儿角色游戏的指导要点

对于中班幼儿角色游戏的指导重点是引导幼儿学会正确处理游戏中的矛盾。教师可借助幼儿现有的知识经验，帮助幼儿理解与人交往的规范，掌握基本的待人处事的方法，使他们更好地与同伴进行游戏、交往。同时，为丰富幼儿的游戏主题、材料，鼓励幼儿大胆创新，开发不同类型或相同类型不同玩法的角色游戏主题和材料。

3. 中班幼儿角色游戏的案例

案例2：

有趣的卫生间标记

【活动目标】

1. 了解卫生间标记的作用，知道它给我们生活带来的方便。
2. 尝试通过观察、分析辨认卫生间标记，感受其设计的不同风格和多样性。

【重点难点】

重点：通过观察辨别卫生间标识。

难点：能够寻找相同元素给男、女卫生间标记配对。

【活动准备】

各种卫生间标记、课件，红蓝方框、音乐《找朋友》。

【活动过程】

一、播放课件，引出卫生间标记作用

1. 提出问题："女孩妞妞今天去公园时遇到了什么问题？"
2. 幼儿讨论：在什么地方看到过这样分男女的卫生间。
3. 小结："医院、广场、公园、书店、饭店、电影院、车站等公共场所的卫生间一般都是分男女的，而且都有标记。我们要做文明宝宝，要先看清标记再进去。男孩子上男卫生间，女孩子进女卫生间，可千万不能走错哦。"

二、辨认不同的男女卫生间标记

1. 出示多个男女卫生间标记，幼儿凭借已有经验分一分男女卫生间标记，男卫生间标记贴到蓝色方框内，女卫生间标记放到红色方框内。
2. 讨论交流。

教师："我们一起来检查一下分得对不对？这样分你们同意吗，为什么？"

三、听音乐，找朋友

1. 解释游戏规则。

2. 小结：相同元素的标记，如：发型、服装、饰品、身体部位等特征可以区分男女性别。

3. 课件验证答案。

【延伸活动】

请幼儿们给班里的卫生间设计一组标记。

（作者：广西贵港市普罗旺斯幼儿园　陆俏媛）

（三）大班（5—6岁）

1. 大班幼儿角色游戏的特点

大班幼儿的角色游戏经验已非常丰富，而且会在游戏中更积极主动地再现生活中的场景，表现出来的内容以及人物关系较为复杂。大班幼儿处于合作游戏的阶段，更喜欢与同伴一起游戏，而且面对问题时，解决问题的能力逐渐提高。

2. 大班幼儿角色游戏的指导要点

教师对于大班幼儿的游戏指导更多是采用语言指导，进一步巩固他们游戏的独立性。可以通过游戏的分享会，提供给幼儿分享游戏经验、讨论问题、相互学习的交流平台，鼓励幼儿学习其他同伴的优点，取长补短，不断提高幼儿进行角色游戏的能力。

3. 大班幼儿角色游戏的案例

案例3：

快乐超市

【游戏目标】

1. 幼儿能积极参与角色游戏活动，明确自己所扮演角色的职责，并能坚守岗位。

2. 幼儿能自主选择角色，学会用协商的方法分配角色，学会分工合作，分享游戏的快乐，发展幼儿的交往能力。

3. 培养幼儿热爱生活、礼貌待人、遵守规则等良好的品德行为，培养幼儿在游戏中解决问题的能力。

4. 培养幼儿自觉地按要求归类、摆放和收拾游戏材料的意识和能力。

【游戏准备】

1. 经验准备：

（1）幼儿对超市购物有一定经验。

（2）让幼儿了解超市导购员和收银员以及保安等职员的工作。

2．物质准备：

（1）文具、图书、玩具、食品、服饰等超市摆放的有利于幼儿游戏用的物品。

（2）超市宣传单、导购员和收银员的服装及工作牌。

（3）"银行卡""钱""收银台""购物卡"等。

【活动过程】

一、通过谈话引出主题

前些天有小朋友说玩游戏的时候，有些需要的物品没有，要是有家超市就方便了。这几天通过大家的积极准备，今天我们的快乐超市就正式营业了！那么在营业之前我们要先进行培训，大家先来回答我的几个问题：

1．你看到超市有哪些工作人员？他们是怎么工作的？与人谈话时语气怎样，是什么样的态度？

2．有顾客来了怎么办？如果有的顾客买了东西觉得不满意，你会怎么做？

3．如果你是顾客该怎样做？

教师小结最佳顾客的标准。

二、幼儿商讨角色分配

收银员、导购员、售货员、播音员、保安等，不抢角色，可以协商轮流交换角色。

三、幼儿游戏，教师观察指导

1．游戏规则：

（1）游戏时应坚守岗位、不擅离职守。

（2）和同伴说话声音尽量轻，不在活动室内喧哗。

2．幼儿游戏，教师指导，重点帮助能力弱的幼儿。

（1）教师观察幼儿是否明确角色职责，并及时加以指导。

（2）指导幼儿有序摆放、排列物品，有礼貌地向大家问好、介绍商品。

3．教师以角色身份参与活动中。

比如："我想买饮料，你们这儿有些什么品种？"

"可以便宜一些吗？"

"我昨天在你们这儿买的点心，过期了，你们说该怎么办呢？可以换吗？"

4．引导幼儿加强各角色间的联系，丰富游戏的情节。

引导幼儿大胆想象进行游戏，加强各角色间的联系。

四、工作人员共同收拾整理活动场地，结束活动

五、讲评游戏

请幼儿自行评议游戏情况，师生共同小结活动情况。

1．请幼儿说一说，你在玩游戏时有什么开心的事与大家分享。你最喜欢谁，为什么？评选"最受欢迎的顾客""最佳营业员"。

2．说说在游戏中发现的问题，让幼儿想办法解决，为下一次游戏做好准备。

 幼儿游戏活动指导

【课后练习】

一、知识点识记练习

（一）单选题

1. 幼儿拿一根竹竿当马骑，竹竿在这个游戏中属于（　　）。
   A. 表演性符号
   B. 工具性符号
   C. 象征性符号
   D. 规则性符号

2. （　　）反映了2—3岁幼儿游戏的社会性交往状况。
   A. 交往游戏
   B. 平行游戏
   C. 教学游戏
   D. 规则性游戏

3. （　　）是幼儿后期出现的较高级的游戏形式，是一种有着共同需要、共同计划，需要共同协商完成的游戏活动。
   A. 独自游戏
   B. 平行游戏
   C. 联合游戏
   D. 合作游戏

4. （　　）指两个以上的幼儿以遵守某些共同规则为前提而开展的社会性游戏。
   A. 交往游戏
   B. 象征性游戏
   C. 结构游戏
   D. 规则性游戏

5. 幼儿园的"娃娃家"游戏属于（　　）。
   A. 结构游戏
   B. 表演游戏
   C. 角色游戏
   D. 智力游戏

（二）简答题

1. 什么是幼儿社会游戏？
2. 角色游戏的特点是什么？
3. 请联系实际谈谈，在组织幼儿进行角色游戏时应注意的要点。
4. 结合实际分析角色游戏的教育价值。

二、实践性练习

请你设计一节社会领域的活动，其中至少包含两种游戏类型。

微课资源与习题答案

第三章　幼儿结构游戏

【目标导航】

能力目标：组织和指导幼儿园不同年龄班的幼儿有效开展结构游戏。
知识目标：了解幼儿结构游戏的分类、基本类型及其基本特征。
素质目标：掌握不同年龄阶段结构游戏的组织与指导策略。

【问题导入】

区域活动开始了，幼儿们根据自己的喜好自由地选择了区域中的游戏，君君和小宇小朋友来到了建构区，这是他们俩第一次在建构区活动，所以两人显得十分开心，他们在建构区里开心地玩了起来。等我在教室中转了一圈回到建构区，发现里面的积木散落在垫子上，一间房子、一个城堡的影子都没有。于是我问他们："咦，你们搭了这么久积木，都搭了些什么呀？"君君小朋友摆摆手，小宇小朋友说："我刚刚搭了三个大房子。"我追问："那你的房子呢？"他笑着说："房子倒了。"接着他们俩都有些兴奋地说："轰隆隆！房子都倒了！"

幼儿并没有因为房子倒塌感到沮丧，反而表现出了兴奋，这是怎么回事呢？

结构游戏深受幼儿园各个年龄阶段幼儿的青睐，这一章我们将学习幼儿的结构游戏。

图 3-1　游戏中的幼儿

第一节 幼儿结构游戏概述

一、幼儿结构游戏的概念

结构游戏，又称为建构游戏，是幼儿根据自己的意愿构思，利用不同结构性材料或玩具（如积木、沙土石等）动手打造不同造型的游戏活动。幼儿的结构游戏是创造性游戏的一种，主要以动手操作不同材料，富有想象力地呈现现实生活中的场景和建筑物的一种游戏活动，在游戏过程中，凸显了幼儿与物体之间的协调性。

在游戏活动的众多种类之中，结构游戏对"物"具有较大的依赖性，种类繁多，质地丰富，可塑性多样。可利用性高的积木、泥沙、积塑以及生活中随处可见的废旧物品，都是幼儿进行结构游戏的素材。幼儿对素材进行搭建的过程中，充分满足其好奇心和想象力，实现构建自我心中"小世界"的愿望，因此，结构游戏一直深受不同年龄段幼儿的青睐和喜爱。

图 3-2 幼儿在进行结构游戏

二、幼儿结构游戏的特点

（一）操作性

幼儿的结构游戏是以表征思维为基础，通过建构材料为主要表征方式的象征性游戏活动。结构游戏中的造型反映出幼儿对日常生活的认识和体验，而造型的形成则需要幼儿亲自动手操作，并加以运用各种操作技能和技巧，理解空间位置关系等，从中体验和收获游戏的乐趣。动手操作是结构游戏比较突出的特点，需要注意的是，虽然结构游戏需要幼儿的动手操作，但不强调幼儿动手能力水平的高低。

（二）创造性

建构材料多种多样，玩法不一，这就给予幼儿极大的自由发挥的空间，在结构游戏中，使用何种材料，使用的方式、颜色、大小、形状，构建什么样的造型，完全由幼儿做主。主导幼儿发挥的则是想象力，幼儿的想象力与创造力天马行空，联想空间大，在构建的平台里充分表达自己对生活和世界的认识、体验和感受，真实地展现自己的想法。

（三）愉悦性

由于结构游戏的活动范围广、门槛低（构建材料随处可得，且对人数、场景要求不高），幼儿在游戏中能体验和享受到的愉悦感大大增加，不同年龄段、不同能力水平、不同兴趣爱好的幼儿都能在结构游戏中得到满足，并有良好的游戏体验，所以幼儿乐于积极投入结构游戏中。

三、幼儿结构游戏的意义和作用

结构游戏的可塑性和丰富性，在满足幼儿实现构建愿望的同时，对幼儿手眼协调能力的培养、生活经验的丰富、良好情感的培养以及想象力的发展都有着十分重要的推动作用。

（一）有助于推动幼儿手眼协调、动手操作能力的发展

手眼协调，即当眼睛看到物体后，通过中枢神经系统的接收、反应等一系列传递后，表现由手操作的运动来完成整个协调活动。对于幼儿来说，手眼协调能力相比婴儿期有了较大的发展，但其协调性仍有待提高。结构游戏的运用，给予幼儿发展手眼协调一个良好的发展平台，幼儿在利用各种材料搭建造型的过程中，需要将视觉信息与手部运动协调配合，才能把头脑中的造型重现出来，如积塑、雪花片、拼图等拼接性的材料，需要幼儿手部控制、对准眼睛所看到的拼接位置，才能将材料较好地拼接起来。

同样，结构游戏对于发展幼儿动作操作能力也具有重要的意义。根据幼儿身心发展的特点，幼儿小肌肉和精细动作的发展速度较慢，需要在日常的生活中多加练

图 3-3　幼儿在进行结构游戏

习和锻炼。在对积木、沙土等材料进行构建时，由于材料的物理特性（譬如大小、形状、材质、重量等），幼儿既要控制精细动作的力度和幅度，也要调整大小肌肉群之间的配合，比如在玩积木叠叠高的过程中，需要幼儿对准位置轻拿轻放，而搬动大型积木时，则加强幼儿大动作的训练。

（二）有助于丰富幼儿的知识经验

由于结构游戏材料的丰富性，各种材料的物理特性不尽相同，幼儿在接触游戏材料的同时，能熟悉材料的大小、颜色、形状、重量和质地特点等知识，从而激发对周围事物的探索意识，拓宽科学的视角。同时，幼儿在进行材料位置摆放的过程中，了解、掌握相关的位置空间关系以及对应的位置概念（上下、左右、前后），在一定程度上深化幼儿的空间知觉，促进幼儿知识经验的获得。

（三）有助于培养幼儿良好的情感、个性品质

结构游戏的玩法多样且不统一，搭建的造型可以多种多样，对幼儿的搭建、拼接等动手操作能力要求不高，可以满足不同类型不同能力水平的幼儿自由发挥的需要，这在一定程度上增强了幼儿发展的自信心，发挥了潜在的想象力。"罗马不是一天建成的"，一个造型或建筑的形成不仅仅是一个材料的独立呈现，而是需要多个材料的相互配合，因此在游戏的过程中，幼儿需要投入耐心，克服一定的困难，加以努力，既培养了幼儿的意志力，又加强了注意力的训练。结构游戏结束后，幼儿根据成人的要求，将众多材料进行分类、收拾，物归原处，形成做事有头有尾的良好生活习惯。

（四）有助于促进幼儿创造性思维的发展

积木、积塑、沙土等材料使用范围广，用途不固定，幼儿根据对材料的认识和了解，按照自身意愿和想法将材料有机地组织在一起，演变成不同的造型。材料的使用、造型的设计、结构的拼搭等方面都需要幼儿积极想象，同时也要联系实际生活经验，将日常所闻所见和头脑中的表象通过各种创造性的开发和动手操作变成现实，充分培养幼儿的观察力、记忆力、想象力等。

四、幼儿结构游戏的主要类型

结构游戏可以根据结构类型、结构游戏的创造程度以及结构游戏的材料类型来划分游戏种类。

（一）根据结构游戏的结构造型来分

根据结构造型来分，结构游戏可以分为两种：一是单一的结构（建筑）的造型，二是组合的结构（建筑）的造型。

1. 单一的结构（建筑）的造型

在使用功能和呈现方式上比较单一，比如火车、房子、桥梁等；或者进行一些较为简单的操作技能的游戏内容，比如积木叠高、积木平铺等。这一类型的结构游戏适合小班幼儿开展，主要

考虑小班幼儿的生活经验不足，认识和理解能力有限，一般采用简单重复性的操作动作。

2. 组合的结构（建筑）的造型

在艺术风格、使用范围、总体设计上都是多元组合的形式，由不同单一的结构（建筑）的造型组成一个完整的建筑群，且各个建筑之间有机结合、相互搭配，成为统一的整体。其搭建的组合一般有两个或以上的单一结构，比如，车、房子的组合，房子与桥梁的组合，不同功能房子之间的组合。这种游戏内容适合中班、大班的幼儿。

（二）根据结构游戏的创造程度来分

1. 自由建构

自由建构是不设置结构框架，不预设主题范围，不设计图纸和计划，完全由幼儿根据自己的意愿和兴趣，自由构建，是一种自发的游戏方式。

2. 模拟建构

模拟建构是幼儿根据参照物（图纸、图片、实际物体等），模仿学习一定的建构技巧和造型样式，从而进行的结构游戏。

3. 主题建构

主题建构是幼儿围绕一定的主题，来组织相应的建构材料而进行的结构游戏。游戏的主题主要来源于幼儿周围的生活环境以及其他的生活经验，例如"我的幼儿园""我心目中的小学"。这一类的游戏内容适合在中、大班开展。

（三）根据结构游戏的材料类型来分

结构游戏的材料非常丰富，有专为结构游戏所设置的积木、积塑、插塑等，也有自然环境中的材料，如木头、沙、土、泥、石、水、雪等，生活中的各种物品也可用作结构游戏的材料，如饮料瓶、纸制品、筷子等生活用具。结构游戏可根据游戏所使用的材料类型加以分类。

1. 积木游戏

积木游戏主要是利用各种大小、颜色的积木或者其他代用品作为游戏材料。积木的样式繁多：大、中、小型积木，形状各异（正方体、圆柱体等）的积木，特定主题（建筑类、动物类、大自然类、交通工具类等）的积木。这一类型的结构游戏在幼儿园开展的时间较早，普及范围广。

2. 积塑游戏

积塑游戏采用塑料为原材料制作成各种形状如片状的雪花片、块状的拼装积木等的建构部件，多用于拼接、连接、镶嵌成各种物体和结构造型。积塑与积木相比，具有轻巧耐用、颜色鲜艳、易于消毒、使用灵活等特点，非常受幼儿园欢迎。

图 3-4　积塑游戏

3. 金属构造游戏

金属构造游戏以金属片为主要构建材料，用螺丝加以固定来搭建造型。因其使用的材料对幼儿来说存在一定的安全隐患，所以幼儿园使用较少。

4. 拼棒游戏

拼棒游戏主要以塑料吸管、冰棒棍、火柴棍、筷子等作为游戏材料，根据各种需要拼凑或者加工。

图 3-5　拼棒游戏

5. 拼图游戏

拼图游戏是用木板、纸板、塑料等材料制成不同形成的片状或者薄状并按照一定的规则进行拼摆的一种游戏，中国民间游戏七巧板就属于这一类型。

图 3-6　拼图游戏

6. 沙土、水、雪等游戏

沙土、水、雪是一种不定型的结构材料，幼儿可以利用固体或液体进行随意操作，比如用沙土砌城堡，堆雪人，玩水等都是比较简单易行的结构游戏，就地取材，造型多变。随着城市化快速发展，幼儿在家进行这一类型的游戏，容易受到场地和材料的限制，幼儿园应因地制宜开辟适合游戏的场所。

图 3-7　沙土游戏

第二节 幼儿结构游戏案例分析

在结构游戏的过程中，材料准备、场地布置、主题设计、搭建技巧等方面都需要幼儿教师在旁参与指导。

一、幼儿结构游戏指导要点

根据结构游戏的开展顺序：游戏前、游戏中、游戏后三个过程，具体分析幼儿教师应该注意的指导要点。

（一）游戏开始前的指导要点

1. 丰富并深化幼儿对物体的认识水平以及相关的生活经验

（1）引导幼儿认识、了解建构材料的性质特点比如大小、形状、颜色、质地等，掌握材料的正确操作方法，扩宽幼儿使用材料范围。

（2）培养幼儿留心观察日常生活中以及大自然中各种物体的习惯。教师可以通过各种形式，如出游、实物举例、图片、视频、绘画等帮助幼儿丰富、加深对各种物体的印象，并在接触的过程中，有意引导幼儿注意、感知各物体的各种结构特点、物理特性，多样化增加幼儿的观察体验，在保证安全的前提之下，鼓励和支持幼儿多动手去摆弄、触摸，使之知识经验与动手能力同时提高。对于小班而言，应该培养的建构经验侧重于对材料的形状、名称的认识，以及学会简单重复的建构动作：堆叠、平铺、圈围等；中班应注重一些基本搭建技能（拼接、架空、对称、组合、按序排列等）的培养，继续拓宽对辅助构建材料的认识；大班主要是在中班的搭建技能发展的基础之上，深化技能的发展，比如旋转、侧堆或者多种动作技能的相互使用。

2. 为幼儿提供适宜的材料和场地以及足够的游戏时间

（1）适宜的材料和场地。

结构游戏得以顺利地开展和进行，主要依托游戏材料的准备。教师应充分利用幼儿园中现有的游戏条件和材料，变废为宝——将日常教学不需要的教具、玩具加以整合利用。游戏材料的适宜性是根据幼儿身心发展的年龄特点和不同能力水平来评价的。就身心发展的年龄特点而言，小班幼儿要提供相对简单的游戏材料，大中型积木、积塑、沙、土、水等都是比较受欢迎的建构材料，需要注意的是，同一种类的材料数量应准备充分，避免由于材料不足，幼儿发生争抢的情况；中、大班的材料要注重可塑性和变化性，可鼓励幼儿动手制作和发动幼儿收集，教师为了更好地激发幼儿的动手能力和游戏热情，可以提供半成品或者一些部件，由幼儿根据需要自行加工改造。

幼儿园在有条件的情况下，可以设置专门的游戏活动室或者固定游戏活动区域；如果活动条件有限，则可以考虑将几个不同类型的游戏区域加以整合，实现空间的优化分配。场地的空间要求明亮、整洁，地面平整，空间大小的衡量以是否能够投放相关游戏材料以及游戏人数为标准。室内游戏活动的墙饰应根据幼儿的游戏需要及时调整、更换、补充。

（2）足够的游戏时间。

由于思维发展的局限，幼儿思考的速度较慢，所以在创造性游戏中，给予幼儿充足的游戏时间同样是游戏顺利开展的重要保障。除了设置专门的结构游戏的时间外，教师可以利用自由活动的时间、放学等待家长接送的时间和不可控因素（如天气）适时地安排幼儿进行结构游戏。

3. 注重引导幼儿的游戏规则

建立必要的游戏规则是幼儿顺利进行游戏的重要保证。在结构游戏中，游戏规则包括建构材料的拿取、材料的整理、对待自己和他人的劳动成果等，需要教师在游戏开展前进行引导。对于小班，教师要引导幼儿拿取材料时轻拿轻放，需要多少就拿多少，不乱扔，游戏结束将材料放回原处，在与同伴游戏时，不争抢材料，先来后到，不随意干扰他人游戏，不乱碰他人的游戏成果等；对于中班，有意识地引导幼儿与他人合作共同搭建主题造型，尝试处理游戏过程中的矛盾；对于大班，应鼓励幼儿进行有组织的多人搭建活动，出现问题时，自己先思考解决，逐渐摆脱对教师的依赖。

（二）游戏进行时的指导要点

1. 激发幼儿游戏的兴趣

兴趣是最好的老师，幼儿游戏的开始往往都是由兴趣开始。如何让一堆不起眼的建构材料引发幼儿进行游戏的兴趣，教师应利用多种方式吸引幼儿的好奇心，激发幼儿尝试动作的意愿。

（1）教师示范。

通过教师示范将一个个建构材料组成各种各样、样式各异的造型或建筑呈现给幼儿，并充分调动幼儿的感觉器官去感受这些作品，激发他们对堆、叠、拼等操作产生兴趣，跃跃欲试。优美的作品吸引幼儿模仿学习，进而投入结构游戏当中。

（2）情境代入。

教师可以通过故事情节、图片欣赏、模型教具、平面设计等方式，为幼儿营造一个新鲜的游戏环境，以造型原型或语言描述的情境为任务导向，使幼儿产生游戏的愿望，并引导幼儿联系生活实际，鼓励其将头脑中的画面利用教师提供的各种材料展示出来，从而吸引幼儿进入结构游戏的状态中。

巡回观察，选择合适的时机和方式介入游戏进行指导。

教师介入游戏当中进行指导需要具有目的性、计划性和组织性，教师应该思考：为什么介入？何时介入？怎么介入？教师介入游戏不是为了"指挥"幼儿如何进行搭建，而是为了帮助幼儿获得更好的游戏体验和经验，从而推动游戏的进一步发展。一般而言，大致在这三种情况下，教师应找准时机，适时介入点拨：一是在游戏过程中幼儿自身情况发生变化的时候：幼儿情绪消极、幼儿出现厌烦的态度、幼儿的注意力不集中等；二是游戏内容出现变化时：堆叠的材料倒塌、被他人碰乱了摆放的材料时，幼儿建构造型获得成功时，面对游戏内容出现困难时等情形；三是外界环境发生变化，出现不安全因素时。上述情况发生时，教师应该敏感地觉察到游戏过程所产生的细微变化，积极响应，以支持、鼓励的方式指导幼儿进行结构游戏。

表 3-1 教师指导结构游戏的主要方式方法[1]

指导形式	指导方法	选用事项
间接指导	范例比较法	当幼儿意识不到自己的问题所在时，教师可在一旁搭建范例，引导幼儿发现自己的问题
	环境提示法	当幼儿遇到建构技能不足、违反设定的游戏规则等情况时，教师可通过周围环境，如墙饰、图片、标志的示范或提示加以引导
	图示引领法	包括两种类型：一是幼儿搭建含有一些特殊图形的结构时，例如五边形、椭圆形，教师可提供相应的图形的模板图示，方便幼儿进行参照模仿；二是以绘画的方式将建构步骤一一分解，供幼儿使用
	角色参与法	教师在游戏中扮演一个角色，如工程师、资料监督员、游戏伙伴等，以角色的语言给幼儿暗示和启发
直接指导	示范法	当幼儿不懂搭建或无目的搭建时，教师直接介入并帮助幼儿一起搭建
	游戏情境法	教师设计游戏情节，运用游戏的形式，激发幼儿参与搭建的兴趣，提高幼儿的建构技能
	问题情境法	教师通过设置"问题情境"，向幼儿提出新的挑战，引发幼儿解决新问题的需要，丰富幼儿的建构游戏内容
	语言引导法	当幼儿出现争执，或不会主动参与游戏时，教师用语言引导其调整自己的行为

【知识拓展 1】

案例 1：安安和易易用积木摆了一个又窄又长的长方形，然后把各种大小长短不一的积木都往里面放，教师一看到这样的情形，马上走过去制止，还要求不可以把不同类别的积木全放在一起。安安和易易听了老师的话后，乖乖地按照要求将积木进行分类摆放。摆放完毕后，安安和易易就离开了游戏区域……

点评：教师在发现情况后马上加以干预，并没有尝试理解和分析幼儿的游戏行为，而是把教师的想法直接强加给幼儿，导致幼儿丧失游戏兴趣。这位教师的介入不仅没有为幼儿的游戏提供帮助，反而产生了副作用。

案例 2：在确定"美猴王"的游戏主题后，乐乐、浩浩和轩轩在建构区想用积木搭建一座天宫，为了显示"天宫"高大，他们用大块的长方体积木竖着摆成一圈作为底座，上面再平铺一层扁平的积木，然后再继续往上搭出殿宇的形状。因为"天宫"很高，所以通向天宫的台阶也需要一些较长的积木，但是剩余的这些长积木都是比较薄的，竖着放特别容易倒，他们试了几次都

---

[1] 董旭花，王翠霞，闫莉. 幼儿园创造性游戏区域活动指导[M]. 北京：中国轻工业出版社，2014.

没有成功，有一次还差点把好不容易搭建起来的"天宫"碰倒了，他们虽不甘心，但又无能为力，心里打算放弃搭建台阶了。

这时，老师找出一些原来进行体育游戏时用过的硬纸盒放在他们身边，只见轩轩和乐乐一下子就像见到宝贝一样，他们马上用纸盒做台阶两端的基石，上面再搭一块薄积木，就这样又继续进行搭建，最终完成了"天宫"的建造。

点评：教师的介入，是建立在尊重幼儿的意愿以及不改变幼儿原本想法的基础之上，且在幼儿进行多次尝试无果的时机下而采取的间接方法。幼儿对于教师的指导欣然接受，使幼儿在教师的"无声"帮助下获得解决当前问题的方法，获得积极的游戏体验，推动了游戏的发展。

（三）游戏结束后的指导要点

1. 注重幼儿建构成果的展示和评价

经过幼儿一番努力而搭建的成果，自然需要同伴和教师的欣赏。《幼儿园教育指导纲要（试行）》指出："幼儿的创作过程和作品是他们表达自己的认识和情感的重要方式，应支持幼儿富有个性和创造性的表达，……"所以教师在游戏结束后，切忌草草结尾收场，应当给予幼儿作品展示的平台，让幼儿向全班介绍自己的作品，分享构建的意图想法以及过程中的搭建技巧，并组织其他幼儿一起参与讨论。分享的环节不仅能为幼儿提供一个自我展示的舞台，同时也能帮助教师更好地了解幼儿，走进幼儿的内心世界。

教师对于幼儿作品的评价可从材料使用、构建的创意、搭建的技巧、色彩的搭配、作品的用途等方面进行，对于幼儿的赞美与夸奖应该是包含有具体和详细的内容，切勿只单纯地用"好""棒"等词语一笔带过，应该采用"这个城堡门窗的颜色真好看""这座小桥搭得真好，这样老师就能常去你家做客了"等带有内容的表扬。

2. 注意提醒和引导幼儿养成收拾材料的习惯

在结构游戏中，会使用到各种各样不同类型的建构材料，教师应该在游戏结束后，提醒或者引导幼儿一起合作将材料根据类别进行划分收纳，让幼儿养成整理的好习惯，并组织幼儿有秩序地排队洗手，保持卫生整洁。

二、不同年龄段的结构游戏案例分析

（一）小　班

1. 小班幼儿结构游戏的特点

小班幼儿对结构游戏中的材料和操作动作感兴趣，喜欢将建构材料进行摆玩，叠高，然后推倒，再重复一次。可能在整个游戏过程中不断重复出现推倒重来的情形。在进行搭建的过程中，没有明确的目的性和计划性，即不会提前构思建构的造型，想到、看到什么材料就摆弄什么，且对大型的主题搭建没有耐心。手部动作的精确性较低，对穿、插、拼等操作不到位，比较随意，所以成品一般比较粗糙和简单。

2. 小班幼儿结构游戏的指导要点

（1）小班幼儿进行结构游戏的目的在于认识各种不同的构建材料，所以教师应该注重引导幼儿认识材料的特性，并利用一些示范模型训练幼儿如垒高、叠加、平铺等操作技能。

（2）游戏材料准备尽量充分，避免争抢。

（3）让幼儿初步熟悉结构游戏的规则，如轻拿轻放，不随意干扰、破坏他人的游戏成果。

（4）引导幼儿为自己的建构造型命名。

3. 小班结构游戏的案例

案例1：

小班结构游戏：电视机

【活动目的】

1. 根据图样在智力拼盘上拼插电视机，掌握拼插的技能。
2. 能大胆想象，使用之前掌握的技能来丰富电视的画面。
3. 积极动手操作，体验成功的喜悦。

【活动准备】

电视机图样，智力拼盘每人一盘。

【活动过程】

一、引导幼儿观察班级的电视机

教师："这是什么？它是什么样子的？"（重点引导幼儿认识大大的正方形以及天线。）

二、引导幼儿讨论用智力拼盘拼电视机的方法，教师用简易的图示帮助幼儿梳理步骤

1. 用小方块拼出正方形的电视机。
2. 用小方块拼出阶梯式的天线。
3. 用小方块在电视机里面拼出按钮。
4. 丰富电视画面的内容。

三、交代注意事项

1. 注意色彩的搭配尽量美观。
2. 边角的位置要衔接好。

3．拼出的图案让人一看就知道是电视机。

四、幼儿操作，教师巡回指导

1．对于能力弱的幼儿可以适当提出建议。

2．中间的图案鼓励幼儿发挥想象力，大胆拼插。

五、展示作品，引导幼儿欣赏评价

1．教师："你最喜欢谁的作品,为什么？说说你电视画面里的是什么图案？"

2．幼儿和自己的作品合影留念。

六、指导幼儿收拾整理游戏材料

（二）中　班

1. 中班幼儿结构游戏的特点

中班幼儿初步具备结构游戏的目的性，即知道自己要建造的造型，并基本按照原定的计划实施建构。幼儿不仅对建构的过程感兴趣，还十分关注建构的成品，所以具有比较好的耐心将结构游戏持续下去，直至建构出成品。在操作技巧上有了一些复杂的变化：如架空、对称性的组合、按序排列、简单拼插等，而且还会考虑整个造型结构的美观搭配，包括对颜色、图形的选择。

2. 中班幼儿结构游戏的指导要点

（1）教师有意识地在日常生活中，丰富幼儿的经验，拓宽幼儿对事物造型的认识程度。

（2）教师可以提供一些半成品材料或者简单的造型图纸，引导幼儿对材料的进一步开发，学会看懂简单的平面造型图。

（3）教师可以通过示范、引导的方式，深化、加强幼儿操作技能的发展。

（4）教师既鼓励幼儿可以独立进行创造性的结构游戏，锻炼幼儿的独立性；同时也支持幼儿可以与三四个同伴一起进行集体性的主题建构，培养幼儿友好合作的游戏意识。

（5）游戏结束后，鼓励幼儿大胆与全班幼儿分享自己的创造意图，以及发表看法，促进幼儿语言和思维能力的发展。

3. 中班结构游戏的案例

案例2：

中班结构游戏——船

【活动目标】

1．了解船的基本形状特征，丰富幼儿对船种类的知识。

2．能围绕主题进行拼插，自由选择游戏材料，激发幼儿大胆地发挥想象力和创造力以及培养幼儿的动手操作能力。

3．引导幼儿欣赏和评价自己和别人的作品，与同伴共同分享成功的喜悦。

【活动准备】

积塑、雪花片、图片等。

【活动过程】

一、提问环节

教师："小朋友们知道船舶有哪些种类吗？"

幼儿："……"

教师："现在让我们来看一看船都有哪些种类吧！"

二、教师出示船的图片

1．出示船的结构图，让幼儿了解船体各部分的名称，了解船的基本结构（教师重点指导幼儿认识"甲板、首舷、尾舷、船舱"）。

2．出示帆船的图片，提问："这是什么船？"；如果幼儿回答不出帆船的话，引导幼儿说出帆船。

3．出示客轮的图片，引导幼儿认识客轮。

4．出示航空母舰的图片，引导幼儿认识航空母舰。

5．出示潜水艇的图片，引导幼儿认识潜水艇。

6．教师小结。

教师："船有很多种类，小朋友们都认识哪些船啊？"

幼儿："……"

三、教师出示船模并进行讲解

1．教师手拿用雪花片搭好的船模，提问："小朋友们，这是什么呀？"

幼儿："……"

2．"这船的模型是什么样子的呀？"

幼儿："……"

3．"船的颜色是怎么搭配的？"

幼儿："……"

4．教师小结

"在搭建船的时候要注意颜色的搭配要对称，这样搭出来的船才漂亮。"

"要注意船的首舷与尾舷是斜斜的，小朋友要把斜斜的部分搭好。"

（教师手拿模型示范如何拼搭船体，重点指导如何拼搭首舷与尾舷。）

四、幼儿操作

教师分发材料，提示幼儿可按自己的想法进行搭建。

要求建构能力较弱的幼儿可与他人合作，一起建构。

五、作品欣赏与评价

教师将幼儿的一些作品摆在展示台上，让全班幼儿一起选出较为优秀的作品，并说出选出的作品好在哪里。

（三）大　班

1. 大班幼儿结构游戏的特点

大班幼儿对于结构游戏的目的性、计划性和持久性有了进一步的提高，能选取的游戏材料的范围更广，种类更丰富，且操作技能越发熟练，对大型主题式的结构游戏比较感兴趣，会对建构造型的创意和相似度要求更高。

2. 大班幼儿结构游戏的指导要点

（1）鼓励、指导幼儿在造型的表现上关注细节和特征，选择适合的材料加以修饰、美化。

（2）引导幼儿进行人数较多的结构游戏，围绕一个游戏主题，尝试合作制定建构计划、人员分工、建构规则等实施方案。

（3）让幼儿具备评价他人作品的能力，学会欣赏他人的作品，发现自己的优缺点，及时加以修正。

（4）教师提供适合大班进行结构游戏的材料，适当组织幼儿去寻找大自然、周围生活环境中可利用的材料，增强幼儿的探索和创造意识。

3. 大班结构游戏的案例

案例3：

大班结构游戏——农场里

【活动目标】

1. 学会借助辅助物建构沙柱的技能，区别干沙与湿沙的特性。
2. 能与同伴共同协商，体验合作的乐趣。
3. 鼓励大胆地建构、布置场景，创造性地进行建构。

【活动准备】

管状积木、沙土、橡皮泥、雪花片、编织积木、剪刀、胶水等。

【活动过程】

一、出示建构图纸，激发幼儿兴趣

教师："小朋友们，我们上次把农场搬进了我们的教室里，你们觉得哪些地方是比较成功的，我们给它贴上五角星（农场里的房子、池塘、树林）。"

二、幼儿分组搭建，教师巡回指导

1. 提出建构要求。

（1）搭建之前应先和同伴谈论商量怎么样合理地布局。爱护材料，不要破坏同伴的劳动成果。

（2）材料要轻拿轻放，要拿一个，搭一个，不能把材料归为己有。

（3）建构时不能大声讲话，要学会轻轻讲。

2．师幼互动，进行建构。

对建构好的幼儿及时表扬，帮助有困难的幼儿。

三、欣赏作品，评价总结

教师："呀，农场真美啊！"

1．小朋友你对今天自己建构的作品满意吗？（请两名幼儿分享。）

2．你们喜欢哪些地方？为什么？

3．农场好漂亮，我们去参观农场吧。

【课后练习】

一、知识点识记练习

（一）单选题

1．幼儿以积木、沙、雪等材料为道具来模仿周围现实生活的游戏是（　　）。

  A．表演游戏

  B．结构游戏

  C．角色游戏

  D．规则游戏

2．积木游戏属于（　　）。

  A．角色游戏

  B．结构游戏

  C．表演游戏

  D．音乐游戏

3．幼儿在结构游戏中，由独自搭建发展为能与同伴联合搭建，主要反映了游戏中幼儿（　　）的水平。

  A．运用材料

  B．建构形式发展

  C．社会性发展

  D．行为发展

4．幼儿通过运用各种材料进行建构或构造，从而创造性地反映现实生活的游戏是（　　）。

  A．规则游戏

  B．结构游戏

  D．表演游戏

  C．角色游戏

5．角色游戏的准备是游戏指导的前奏，其核心是（　　）。

  A．丰富幼儿的生活经验

B. 提供适合的场所、设备及丰富的玩具、游戏材料

C. 游戏情境的创设

D. 帮助幼儿选择适合的游戏主题

（二）简答题

1. 幼儿结构游戏的含义是什么？
2. 幼儿结构游戏的基本类型？
3. 幼儿结构游戏的特点是什么？
4. 教师指导结构游戏的主要方式、方法有哪些？

二、实践性练习

组织与实施一次幼儿园小班结构游戏活动，并撰写活动方案。

微课资源与习题答案

第四章 幼儿科学游戏

【目标导航】

能力目标：组织和指导幼儿园不同年龄班的幼儿有效开展科学游戏。
知识目标：了解幼儿科学游戏的分类、基本类型及其基本特征。
素质目标：掌握不同年龄阶段科学游戏的组织与指导策略。

【问题导入】

某园小班的几个孩子正围在一起观察母鸡，只见母鸡扑棱着翅膀跳起来。一男孩问其他几个孩子："你们说，这只鸡为什么飞不上天？"其他孩子都说不知道，该男孩得意地说："我知道！你们看它多胖啊，怎么能飞上天呢？"这时，老师在一旁纠正说："真正的原因是鸡的翅膀退化了才飞不上天的。"接着，老师带领几个孩子反复复述了几遍，孩子们都说懂了。但是，当老师再次提问那个男孩子时，他竟回答说"因为鸡的翅膀化掉了才……"

你认为该教师的做法合适吗？为什么？这反映了该教师什么样的教育观念？

第一节 幼儿科学游戏概述

一、幼儿科学教育及幼儿科学游戏的概念

2001年7月教育部颁布的《幼儿园教育指导纲要（试行）》中明确指出："幼儿的科学教育是科学启蒙教育，重在激发幼儿的认识兴趣和探究欲望。要尽量创造条件让幼儿实际参加探究活动，使他们感受科学探究的过程和方法，体验发现的乐趣。科学教育应密切联系幼儿的生活进行，利用身边的事物与现象作为科学探索的对象。"《纲要》为幼儿园在科学教育中指明了两个要求：

一是注重探索，改变重结果轻过程的做法；二是注重从日常生活中提炼科学教育，改变只重视有组织分组的教育活动。

幼儿科学教育是对幼儿的科学启蒙教育，是通过幼儿自身活动，对物质世界进行感知、观察，并通过动手操作、发现问题，逐渐获取科学知识，寻求答案的过程；是幼儿初步学会科学的方法和技能，培养科学态度的过程；是发展幼儿好奇心，激发学习兴趣，培养幼儿良好科学行为习惯的过程。科学教育活动对幼儿进行科学素质早期培养具有重要的意义。

幼儿科学游戏是在教师的指导下，能够借助外界器材，运用一定规则，通过玩的过程接受科学教育，让他们对科学现象和周围事物产生浓厚的兴趣，积极探索，丰富知识，提升能力。幼儿科学游戏是科学启蒙教育的有效方法。

二、幼儿科学游戏的特点

（一）探究性

游戏的探究性体现在目标设计中，注重培养幼儿对科学的兴趣，调动幼儿的好奇心和初步的探索欲望，让幼儿参与动手、动脑、讨论，运用观察、思考、尝试的方法寻求答案，在游戏过程中，满足幼儿探索知识和能力提升的需求，养成尊重科学、崇尚真理的价值观，提升幼儿的科学素养。

（二）安全性

科学游戏的安全性体现在科学游戏的设计注重心理安全和身体安全两个方面。教师在游戏活动中尊重幼儿、鼓励幼儿，让幼儿在游戏中感受到宽松、自由，关注幼儿的心理安全。同时在主题选取、环境创设、材料选择等方面注重安全、避免事故。

（三）生活性

科学游戏作为载体，所选择的内容要与幼儿日常生活经验密切相关，所用到的玩具和材料均取自生活并贴近幼儿生活。科学游戏不仅是对幼儿生活经验中涉及的科学知识的解读，更是帮助幼儿通过游戏体会生活中的科学规律，体现"科学来自生活"理念。

（四）趣味性

科学游戏的属性决定了其具有趣味性。科学游戏必须在形式上采用易于接受、气氛活跃的游戏活动，充满想象力的科学游戏要让幼儿享受到游戏的乐趣，才能引导幼儿主动去玩和探索，进而激发他们对科学的遐想。幼儿在轻松愉快的游戏活动中丰富科学经验，激发对科学现象的兴趣和欲望，发展科学知识和能力，并能在游戏中获得成功的喜悦和自我激励。

图 4-1　学习中的幼儿（插画）

三、幼儿科学游戏涵盖的内容

根据《3—6 岁幼儿学习与发展指南》（以下简称《指南》）规定，在"科学"领域，分为"科学探究"与"数学认知"两个内容，因此科学游戏的内容也相应分为两类。其中，科学探究包括常识教育、大自然科学现象、科学技术等；数学认识包括数量、空间、形状等。

（一）幼儿科学常识游戏

1. 幼儿科学常识游戏的概念

幼儿科学常识游戏，是以游戏的组织方式开展的常识教育教学活动，帮助幼儿在游戏规则环境中掌握自然界、人类自身的常识。

2. 幼儿科学常识游戏的活动目标

通过游戏，能探索及识别人体自身构造，认识人的基本构造，感受五觉（听觉、视觉、嗅觉、味觉、触摸觉）；知道人类有差异，有男女之别、人种之别；了解人体的成长，感受生命。同时认识其他动植物名称、种类和差异性，懂得不同动物、植物之间的构造不同，同样一种动物、植物也有不同，如高矮、大小等。同时，能够初步发现动植物生长规律，与人和谐共处的环境关系，如饲养、食用、观赏。

（二）大自然科学现象探索游戏

1. 大自然科学现象探索游戏的概念

大自然科学现象探索游戏是在常识游戏的基础上，通过幼儿对自然现象的好奇和兴趣，在科学实验的基础上产生游戏规则的幼儿动手操作游戏类型。

2. 大自然科学现象探索游戏的基本特征

强调在游戏设计、目标、过程、结果中体现科学现象,也就是尽量要强调游戏科学环境的完整构思。科学现象实验强调操作和结果,科学现象探索游戏强调操作过程,重在引起幼儿对科学的兴趣。

3. 大自然科学现象探索游戏的主要类型

(1) 物理现象。

① 探索声音。在我们的生活中有各种各样声音。有说话的声音、动物吼叫的声音、机器的声音、乐器发出的声音。这些声音都是由于碰撞产生。让幼儿感受不同东西碰撞出不同的声调。探索声音是通过什么方式传播,传播的载体都有哪些。

② 探索电。探索电的来源,电器使用的电是从发电厂输送过来的,电压很高,玩具使用的电是电池释放的,是低压电。幼儿使用电要注意安全,不能随意触摸插头。

③ 探索力。探索感受力的现象。力的表现方式是多种多样的,存在于日常生活中,物品的重力,幼儿之间玩耍的推力、拉力,物品放入水中的浮力,磁铁相互吸附与排斥的磁力。

④ 探索光。探索光的来源,有来自大自然的,也有来自人造的;发现光与影子的关系;探索光的传播、光的反射和折射现象。

图 4-2 幼儿与纸飞机(插画)

【知识拓展 1】

哈哈镜的原理

哈哈镜利用的是光学的原理,其本质是曲面镜引起的光线不规则的反射与聚焦,形成散乱的影像。用不平的玻璃(凹面镜或者是凸面镜)做成的镜子,能使人变短、变胖,或者使人变长、变大。哈哈镜是游乐场及商场常见的一种游乐设施，反映人像及物件的扭曲面貌，令人发笑，所以叫"哈哈镜"。

(2) 化学现象。

观察日常生活中安全、有趣、简单的化学现象，如苹果刚刚切出来的颜色与过一段时间的颜色是不一样的，这是因为苹果中含有的某种物质接触空气中的氧气产生氧化现象。

(3) 现代科学技术。

了解日常生活中使用的科技产品，如家用电器、现代交通工具、现代通信设备；能学会简单的科技小制作；知道中外有哪些著名的科学家；通过科学增强幼儿的环保意识。

(4) 数学。

探索数字的奥妙。对集合、数、量、形状、空间有初步概念。

4. 大自然科学现象探索游戏的目标

探索和了解自然界的物质和现象。水、沙、石、土、空气是常见的无机物，了解它们在日常生活中的不同形态，如水在不同条件下可以是液态的，也可以是固态的，还可以是气态的；了解它们相互之间作用的结果，石头是由沙子和土壤构成的，石头坚硬而锋利，沙子柔和细小，土壤黏腻具有丰富的养分，能种植农作物、树木、花草，而石头和沙子不适合植物的生长；了解有的东西即便是看不见摸不着，也存在于大自然中，如探索气体的流动、感受空气的重量。感受四季规律，观察风雨云的变化，知道每个季节的特征。

四、幼儿科学游戏的功能与作用

（一）科学游戏能促进幼儿认知的发展，提高其逻辑思维

科学游戏是思维、观察、探索、操作的过程，能满足幼儿的好奇心和兴趣，通过游戏，幼儿会发现各种各样有趣的事物，是幼儿求知、探索的需要，促使幼儿在探索过程中反复操作，适当推理，形成逻辑思维能力的初期表现。同时由于游戏来源自日常生活，是对现实生活的创造性反映，如玩乐高积木，准备一些基本的素材，就能让幼儿拼出日常生活所见的生物与非生物，还能拼出电视上、书本上不常见的其他事物，更进一步拼出想象中的事物；让幼儿在创造过程中得到身心的满足，促进创造力发展。

（二）科学游戏能提高幼儿对科学的热情，促进幼儿学习能力

科学游戏让幼儿成为游戏的主人，以自由自主、快乐、轻松的心态学习科学。幼儿游戏大多数存在规则，幼儿必须在遵守规则的前提下进行游戏，否则科学现象的发生、过程和结果就会被破坏。要让幼儿明白科学无处不在，但必须在一定前提之下才能发生科学现象。学在玩乐中是科学游戏的特点，幼儿认为新颖的科学材料有趣才去玩，认为玩乐中发生的现象有趣才能促进其自行摸索；同时，操作的反复性能使幼儿积累学习经验，不断探索新的科学行为。

五、幼儿科学游戏中常用的方法

（一）观察法

观察法是幼儿认识世界的基本方法，运用多种感官直接、生动、具体认识事物，了解事物的特性，提高幼儿感官的综合活动能力，为幼儿发展抽象思维能力提供丰富的感性体验。就类型来说观察具体分为直接观察和间接观察，直接观察是借助感觉器官对物体的直接感受；间接观察是通过显微镜、测量工具等方法间接对事物进行观察。

（二）实验法

实验法是比观察法更高一级的科学研究方法，通过人为模拟，对研究对象进行观察。因为实验方法是更为主动的科学行为，不仅为了验证某个现象或结论，更重要的是对假说进行检验。通常分为教师演示实验和幼儿操作实验两种。

（三）测量法

测量法是幼儿利用目测或借助简单的工具，对物品进行测量。测量长短、粗细、冷热、轻重、高矮等。

（四）讨论法

讨论法是指在教师指导下，幼儿根据学习内容、活动中发现的问题进行讨论或者辩论，以提高语言能力、思辨能力、逻辑思维能力的方法。

图 4-3　幼儿与铅笔（插画）

【知识拓展 2】

讨厌的废气

本活动以动手实验、观察的形式进行。幼儿在教师指导下，为蝗虫造一个家：透明密闭的箱子中（两组对比箱子），铺上小石子、木炭、湿土，种上绿色植物，浇上水，盖盖后放到有阳光的地方。几天后，箱子里的蝗虫没有死，植物叶子没有黄。在其中一个箱内充摩托车尾气，三天后箱子里的蝗虫死了，对比箱内植物绿油油，小蝗虫没有死。幼儿讨论：蝗虫活着需要什么？蝗虫的家有什么？为什么充气后蝗虫死了？进而引导到人类生存的环境。

第二节 幼儿科学游戏案例分析

一、小班幼儿科学游戏的目标及年龄特点（3—4岁）

（一）小班幼儿科学游戏的目标要求

根据《3—6岁幼儿学习与发展指南》（以下简称《指南》）规定，在"科学"领域，分为"科学探究"与"数学认知"两个内容，同时在每个年龄层次，对科学教育制定了根据年龄层次的不同目标。

1. 科学探究

亲近自然，喜欢探究	具有初步的探究能力	在探究中认识周围事物和现象
1. 喜欢接触大自然，对周围的很多事物和现象感兴趣。 2. 经常问各种问题，或好奇地摆弄物品	1. 对感兴趣的事物能仔细观察，发现其明显特征。 2. 能用多种感官或动作去探索物体，关注动作所产生的结果	1. 认识常见的动植物，能注意并发现周围的动植物是多种多样的。 2. 能感知和发现物体和材料的软硬、光滑和粗糙等特性。 3. 能感知和体验天气对自己生活和活动的影响。 4. 初步了解和体会动植物和人们生活的关系

2. 数学认知

初步感知生活中数学的有用和有趣	感知和理解数、量及数量关系	感知形状与空间关系
1. 感知和发现周围物体的形状是多种多样的，对不同的形状感兴趣。 2. 体验和发现生活中很多地方都用到数	1. 能感知和区分物体的大小、多少、高矮长短等量方面的特点，并能用相应的词表示。 2. 能通过一一对应的方法比较两组物体的多少。 3. 能手口一致地点数5个以内的物体，并能说出总数。能按数取物。 4. 能用数词描述事物或动作，如我有4本图书	1. 能注意物体较明显的形状特征，并能用自己的语言描述。 2. 能感知物体基本的空间位置与方位，理解上下、前后、里外等方位词

（二）小班幼儿科学游戏的年龄特点

小班幼儿对问题的思考多依赖于具体形象，对事物的关联性没有太大的关注，逻辑性较差；注意力容易分散，活动容易受到外界刺激，随意性较强，这就使得他们在科学游戏中表现出来以下几个特点。

1. 探究事物视角小，不懂得使用多种感官同时观察，并且习惯于单线联想

小班幼儿探究事物的方法单一，不懂主动运用多种感官来观察事物，在游戏过程中需要教师更多的介入才能观察到事物的更多性质。例如教师打开蛋，请幼儿观察蛋的内部，大部分幼儿只看了看，回答："有蛋黄；黏黏的；有黄黄的蛋；圆圆的蛋；有水。"教师继续引导："拿出小手，轻轻地摸一摸，看看有什么感觉？"幼儿回答："滑滑的、软软的、黏黏的。"而如果教师没继续提问，科学游戏有可能进行不顺利。

小班幼儿对事物变化的前后不会记录。比如教师用生熟鸡蛋做对比，请幼儿尝试分别说出观察到的蛋清和蛋黄的变化，幼儿的回答："蛋清煮完颜色变成白白的了。蛋黄变硬了、裂开了、像橡皮泥。"从幼儿的回答中，我们发现虽然教师一直在引导幼儿对蛋清和蛋黄煮过前后变化进行比较，可是幼儿只能说出当前看到的。说明小班幼儿对物体前后变化的比较感到困难。

2. 游戏方法多以操作过程反复为主，规则意识较差

小班幼儿在进行科学游戏中以无目的地动手、玩的成分多。小班幼儿在活动中常常以行动、动作为主，不会用语言和他人交流，提高幼儿注意力就要给幼儿一定的动手操作时间。同时由于小班的科学活动趣味性都比较强，幼儿的注意力也很容易受外界影响，这时教师的提问就非常重要，要简单且有针对性，能让幼儿的注意力跟随问题的节奏前进。

小班幼儿很多时候听不懂游戏规则，在游戏时常常是盲目随意的，所以游戏的趣味性非常重要。他们探索能力不够，不能对材料进行适当加工，只是在教师的指导下做游戏。幼儿在拿到一个新玩具时就喜欢摆弄它，但是对玩法的创新并不多，游戏时的兴趣时间也很短。对材料的操作大多停留在常规性的操作上，不断地重复，扩展性的操作较少出现，所以像智力游戏、结构游戏

等需要个人主动探索的游戏受幼儿喜爱的比例较低。

4. 注意力集中时间较短，精力容易分散，兴趣不稳定

小班幼儿稳定性差，无意识，容易受到其他事物干扰。一般来说，小班幼儿对自己日常喜欢、熟悉、可反复操作的事物更容易表现关注与探究的兴趣，如问小班幼儿会选择探究什么样的车和喂养哪种小动物时，他们一般都集中倾向于选择玩具车和故事与儿歌中出现频率较高的小白兔，可见小班幼儿对探究内容的选择具有较强的自我中心倾向，有着浓厚的主观情感色彩。另一方面，小班幼儿的选择常具有无意识性，极易受其他刺激的干扰，因此他们的探究兴趣通常是不稳定的。

（三）小班幼儿科学游戏指导要点

1. 鼓励小班幼儿大胆开展活动

教师应为他们创设一种能感受到的、有自由选择游戏权利的心理环境，鼓励他们自由地去选择自己感兴趣的游戏。在幼儿的每一次操作中，不要过多地干涉或评价，而是经常以一个微笑、一句肯定的话语、一个满意的点头，鼓励他们自主地操作、自主地思考、自主地解决问题。如"可以去玩你自己想玩的游戏""你再来一次会成功的"。这样，他们在每次活动中就会大胆而自主地开展活动，展现自我，发展个性。

2. 教师介入的针对性

教师作为"教育者"的角色，总会对幼儿的游戏进行不同程度的干预。教师在观察幼儿游戏的基础上，了解幼儿的兴趣需要，把握好游戏干预的时机和干预的方式，适时地为幼儿提供语言支持、材料支持或者是参与幼儿的游戏。教师会根据自己的教育价值观，有意无意之间，对幼儿的游戏施加影响。

3. 引导幼儿解决问题

小班幼儿的矛盾较多地表现为常规性、知识性和技能性问题，教师应分别采取有针对性的解决策略。对于常规性的问题，主要的解决办法是创设良好的游戏环境，明确游戏的规则，如减少空间的拥挤，讲清楚操作的程序；对于知识性的问题，应巧妙采用各种启发方式丰富幼儿的知识经验；对于技能性问题，则可以采用适当的讲解示范或平行参与活动的方法，给幼儿以技术上的支持。如动手区的幼儿由于没有掌握包糖果的方法，结果重复了多次也没有把糖果包住，教师就采用讲解示范的方式，使他很快地掌握了方法。

4. 促进幼儿间的交往

小班幼儿在区域活动中的交往是比较被动的、负面的，因此教师的引导和介入非常重要。一方面，教师在活动前应向他们提出交往的要求，使他们从无意识的交流逐步转向有意识的交流。另一方面，引导他们向同伴介绍自己的活动经验和发现，还可以提供能够激发他们共同兴趣的玩

具，让他们在共同玩耍的过程中进行互动交流。另外，教师应注意及时地解决他们在活动过程中出现的问题，以推动他们游戏和交往的顺利进行。

（四）小班科学游戏案例指导与分析

案例1：

科学探索、数学认知游戏——猜猜它是谁

【游戏目标】

1. 鼓励幼儿参与科学游戏，激发幼儿求知欲及对科学的探索精神。
2. 能从动物的局部判断出是哪种动物，并能合作将动物完整拼出来。
3. 愿意与同伴交流自己的发现，进一步了解动物的外形特征，激发幼儿喜爱动物的情感。

【游戏准备】

动物图片（长颈鹿、大象、兔子、猴子、斑马、狮子、熊猫）、拼图图片、相框（粘有双面胶的拼图板）。

【游戏玩法】

1. 幼儿说一说自己喜爱的动物。
2. 和动物玩捉迷藏游戏，请幼儿根据动物的身体特征找一找不见的动物。
3. 取出动物拼图猜猜是哪种动物，并将动物拼图送到相应的筐中。

【指导策略】

1. 教师要具备良好的观察力、洞察力，准确分析幼儿的兴趣走向。

本次游戏是数学认知和科学探索活动。在谈话中，在与幼儿一起游戏探索中，教师一定要具备良好的观察力。如说一说喜欢的动物、找一找喜欢的动物、猜一猜喜欢的动物，再到拼一拼喜欢的动物，是由浅入深、循序渐进的关系。要求教师要有敏锐的观察力，还要有很强的分析能力，才能更好把握游戏的走向，引导幼儿一步一步发展。

2. 教师要准确把握幼儿的已有经验。

幼儿思考问题的时候都是综合运用以前的经验进行迁移整合，因此在设计科学游戏时候，应该为幼儿提供一个任务让幼儿自己去完成。作为教师，一定要考虑到这个任务涉及哪些方面，幼儿是否有这方面的经验，如果没有，前期要进行铺垫，不要一下子布置难度很大的任务，幼儿的经验少，那么成功的概率就会很小。运用观察法，有目的、有计划地引导幼儿进行科学探索，通过"和动物捉迷藏游戏"，引导幼儿仔细观察，了解动物身体部分的特征，为接下来的拼图活动做准备。

3. 创设轻松自由的探索环境，尊重幼儿主体地位。

科学游戏需要有一个探索的过程，教师应尽量为幼儿创设轻松、自由的探索环境，允许幼儿自由寻找伙伴合作游戏。在游戏中教师可采取关注但不介入的指导方式，如当幼儿在操作过程中遇到一些困难时，教师没有立即介入指导，而是选择静观其变，给幼儿留出自由交流、讨论的空间，这样往往会出现意想不到的结果。

（作者：山东省济南二机床集团有限公司幼儿园　刘肇莹）

三、中班幼儿科学游戏的目标及年龄特点（4—5岁）

（一）中班幼儿科学游戏的目标要求

根据《指南》规定，中班幼儿的科学探究与数学认知的目标如下。

1. 科学探究

亲近自然，喜欢探究	具有初步的探究能力	在探究中认识周围事物和现象
1．喜欢接触新事物，经常问一些与新事物有关的问题。 2．常常动手动脑探索物体和材料，并乐在其中	1．能对事物或现象进行观察比较，发现其相同与不同。 2．能根据观察结果提出问题，并大胆猜测答案。 3．能通过简单的调查收集信息。 4．能用图画或其他符号进行记录	1．能感知和发现动植物的生长变化及其基本条件。 2．能感知和发现常见材料的溶解、传热等性质或用途。 3．能感知和发现简单物理现象，如物体形态或位置变化等。 4．能感知和发现不同季节的特点，体验季节对动植物和人的影响。 5．初步感知常用科技产品与自己生活的关系，知道科技产品有利也有弊

2. 数学认知

初步感知生活中数学的有用和有趣	感知和理解数、量及数量关系	感知形状与空间关系
1．在指导下，感知和体会有些事物可以用形状来描述。 2．在指导下，感知和体会有些事物可以用数来描述，对环境中各种数字的含义有进一步探究的兴趣	1．能感知和区分物体的粗细、厚薄、轻重等量方面的特点，并能用相应的词语描述。 2．能通过数数比较两组物体的多少。 3．能通过实际操作理解数与数之间的关系，如5比4多1；2和3合在一起是5。 4．会用数词描述事物的排列顺序和位置	1．能感知物体的形体结构特征，画出或拼搭出该物体的造型。 2．能感知和发现常见几何图形的基本特征，并能进行分类。 3．能使用上下、前后、里外、中间、旁边等方位词描述物体的位置和运动方向

（二）中班科学游戏的年龄特点

中班是一个过渡阶段，中班的幼儿仍然带有一些小班幼儿的心理特点，但是心理发展出现了较大的提升，他们比小班的幼儿更加积极活泼，自主性、主动性和动作能力逐渐增强，积极互动性也有了很大提高，可以自己安排一些游戏情节和内容。在玩游戏时，游戏内容及规则更多地倾向于满足他们自己的需要、愿望和兴趣。

1. 对不熟悉事物有强烈探究的欲望，探究视角和内容扩大

随着稳定性的提高，中班幼儿活动的目的性和主动性逐渐增强，更多倾向于满足个人需求、兴趣，喜欢接触新鲜事物，能运用其他感官感知事物，并能感知这些游戏所体现的科学现象的变化，与自己生活中所发生的事物相联系。

2. 探究角度多样化，联想意识增强，从单线联想到周围联想，具备初步的逻辑思维

中班的幼儿联想意识逐渐增强，基本能明确自己在游戏中要遵守的规则和所要完成的任务。并且对自己所探究的事物产生因果联系，如因为某镜子凹凸不平，所以事物照到镜子上产生变形。

3. 社会功能有所增强，喜欢结伴游戏

随着年龄增长，中班幼儿对周围的生活的认识越来越丰富，尤其是大人在生活中喜欢结伴生活、工作的模式会在游戏中表现出来。在这一年龄阶段，幼儿与同伴自由交往的愿望变得更为自觉、更加强烈，因此，在这一阶段，幼儿的语言能力和交往能力有了进一步发展。他们能在科学游戏的过程中寻求同伴一同完成，而非像小班幼儿多喜欢自己玩耍。

（三）中班科学游戏的指导要点

1. 创造力的培养，重点应放在投放的材料上

一方面投放的材料应与幼儿的生活紧密结合，以利于幼儿调动已有的生活经验，不断地变换方法和角度进行试验、探索和创造。另一方面投放的材料应体现开放性，如半成品材料，具备了多种组合和变通的可能，可促使幼儿通过自主的探索不断地创新玩法。随着幼儿创造力的发展，教师可以尝试阶段性、系列化的材料投放方式，即同一种材料，由易到难不断地提高操作难度，以引领幼儿不断地深入探索和创造。如夹食物材料，可以不断升级为暗箱夹物、管道夹物等，让不断出现的挑战去激发幼儿的创造热情。

2. 引导独立思考、培养解决问题的能力

幼儿在遇到困难时经常采用直接向教师求助的方式来解决，缺乏独立解决问题的意识和能力。为此，教师应当重点培养幼儿解决问题的意识和能力。当幼儿求助时，不妨与他们共同思考："为什么会出错？错在哪里？"并进一步与其讨论："怎样才能不出错？"帮助幼儿理清思路，初步

学习一些解决问题的方法。在解决问题的过程中,要使幼儿始终处于主动的地位,给予幼儿心理上的帮助,给予他们探索的信心。

3. 留出自主探索空间

幼儿在区域活动中的自主性、独立性日渐发展。教师应充分发挥区域环境的暗示性功能,为幼儿自主探索留出空间,尤其在涉及必要的技能学习时,可尝试运用图示、流程图等方法,为幼儿的自主学习提供可攀爬的阶梯,让幼儿通过自主探索获得必要的技能。

(四)中班科学游戏案例指导与分析

案例2:

数学认知游戏——做图形

【游戏目的】

1. 体验用多种方式表现图形的乐趣。
2. 探索用身体动作、材料合作造型等方式表现圆形、三角形、正方形、长方形,巩固对几何图形特征的认识。
3. 能大胆参与做图形活动,取放材料有序。

【游戏准备】

圆形、长方形、正方形、三角形等图形,黑板、纸棒、塑料棒、绳子、彩条、地毯。

【游戏玩法】

1. 教师从百宝箱里面拿出各种图形,而后引导幼儿在空中跟着比划各种图形,对图形有基本概念。
2. 幼儿自由探索,用提供的多种材料(包括纸棒、塑料棒、布条、彩条、各种绳子等)在地上做圆形、正方形、长方形、三角形等多种图形。
3. 幼儿两两合作或多人合作,用提供的多种材料在地上做图形。

【指导策略】

1. 提供的操作材料尽可能多样化。游戏中的材料,可以是幼儿活动区的材料,也可以是利用废旧材料改造而成,既环保又安全。本次游戏材料选择上涉及布、塑料、纸等,对于发挥幼儿的创造性思维有较大帮助。
2. 巧用提问,激发幼儿科学游戏的积极性。教师使用开放式的提问引导幼儿思考。如开始游戏时提问:"你们能用手指比划出什么图形呢?"在游戏中提问:"你发现这些材料适合做什么呢?"在游戏尾声提问:"我们来分享一下,各位小朋友具体都做了什么图形呀?"提问让幼儿对图形的认知进一步强化。

3. 指导幼儿要具体、适宜。在幼儿做各种图形时，勿用成人的标准来衡量。要注意个别指导，对幼儿的操作情况要心中有数。教师的适当引导会给幼儿带来意外的创新。

（作者：重庆市新桥医院幼儿园　沈光兰）

四、大班幼儿科学游戏的目标及年龄特点（5—6岁）

（一）大班幼儿科学游戏的目标要求

根据《指南》规定，大班幼儿的科学探究与数学认知的目标如下。

1. 科学探究

亲近自然，喜欢探究	具有初步的探究能力	在探究中认识周围事物和现象
1. 对自己感兴趣的问题总是刨根问底。 2. 能经常动手动脑寻找问题的答案。 3. 探索中有所发现时感到兴奋和满足	1. 能通过观察、比较与分析，发现并描述不同种类物体的特征或某个事物前后的变化。 2. 能用一定的方法验证自己的猜测。 3. 在成人的帮助下能制定简单的调查计划并执行。 4. 能用数字、图画、图表或其他符号记录。 5. 探究中能与他人合作与交流	1. 能察觉到动植物的外形特征、习性与生存环境的适应关系。 2. 能发现常见物体的结构与功能之间的关系。 3. 能探索并发现常见的物理现象产生的条件或影响因素，如影子、沉浮等。 4. 感知并了解季节变化的周期性，知道变化的顺序。 5. 初步了解人们的生活与自然环境的密切关系，知道尊重和珍惜生命，保护环境

2. 数学认知

初步感知生活中数学的有用和有趣	感知和理解数、量及数量关系	感知形状与空间关系
1. 在指导下，感知和体会有些事物可以用形状来描述。 2. 在指导下，感知和体会有些事物可以用数来描述，对环境中各种数字的含义有进一步探究的兴趣	1. 初步理解量的相对性。 2. 借助实际情境和操作（如合并或拿取）理解"加"和"减"的实际意义。 3. 能通过实物操作或其他方法进行10以内的加减运算。 4. 能用简单的记录表、统计图等表示简单的数量关系	1. 能用常见的几何形体有创意地拼搭和画出物体的造型。 2. 能按语言指示或根据简单示意图正确取放物品。 3. 能辨别自己的左右

（二）大班幼儿科学游戏的年龄特点

随着身心发展，大班幼儿对科学探究活动认识越来越精细，越来越丰富完整，体验和理解也越来越深刻。思维和想象力已经摆脱对具体事务的依赖，更多通过头脑中的形象进行思维活动，目的性和计划性增强。

1. 有强烈求知欲，游戏目的性提高，内容丰富

大班游戏的目的性大大增强，幼儿对自己感兴趣的事物总喜欢刨根问底，问出个所以然，对科学游戏，不仅要知道科学现象的变化，而且要追寻产生这种变化的原因。大班幼儿还会把生活中获得的知识运用到科学游戏当中，使得游戏更加丰富、充实。

2. 关注细节，具备一定推理能力，表现出创造性

大班幼儿具有强烈的求知欲，好学好问，抽象逻辑思维明显萌发，开始掌握认知方法，有意地控制和调节自己的心理活动。他们认识事物不仅是生活中熟悉的事物，而且会通过联想和想象进行观察、比较和分析从而推理出答案，使得游戏过程表现出创造性。

3. 理解科学游戏过程的规则

大班幼儿在科学游戏中对探究任务的完成是极为投入的。他们会对以往游戏中的规则进行反复感知，在开始新的科学游戏抽象出游戏的规则，并"严格"遵守这种规范；如当他们不按照规则进行游戏，违反游戏的既定程序，他们就会收到其他幼儿同伴的纠正。

4. 能够与同伴合作游戏，有竞争意识

大班的幼儿在这个年龄阶段更具主动性和探索精神，精力旺盛，能够充分理解游戏的规则，已经具备强烈的竞争意识，渴望在游戏任务中获得成功，享受胜利的喜悦。他们有了和同伴一起游戏的意愿，会利用在生活中大人相互帮助解决问题的方式方法，在游戏的开头事先进行游戏任务分工、角色分配、相互合作，但是会有争抢的现象。

（三）大班幼儿科学游戏的指导要点

1. 促进大班幼儿的交流，指导主要放在交流的有效性上，提高交流的水平

教师应创设让幼儿进行交流和合作的机会，引导幼儿进行积极的互动和交流，共同解决操作中遇到的问题和困难。例如，提供木材、斜坡、球、轨道等需要共同合作才能完成的材料。为了操作这些材料，幼儿必须分工协作，这将使幼儿学会如何与同伴进行有效的合作与交流，从而体验到合作、交流所带来的快乐，也可获得交往经验。

2. 教师应注意敏感地捕捉幼儿创造思维的"闪光点"

大班幼儿创造力有较快的发展，他们的创造性随时随地都有可能表现出来，教师应鼓励幼儿

大胆地"异想天开""标新立异"。如同样的操作材料,应引导他们从不同的角度、方向、功能等方面举一反三,大胆探索多种玩法和规则。教师还应注意调动他们已有的生活经验,以启发性的提问,激发他们思维的灵感火花。如,在接水管活动中,教师向幼儿提出:"怎么让水流到每个家庭中?"在这一问题的启发下,幼儿找到了不同的解决办法。有的用细铁丝捆牢,有的用透明胶粘住,有的则以合作的方式解决,等等。

3. 教师在游戏中做旁观者,而非介入游戏之中

对于大班幼儿在科学游戏活动中遇到的问题,教师不必直接参与解决或示范讲解,而是应尽量让幼儿自己去思考、操作,在"试误"中不断地调整,亲身经历解决问题的过程,养成思考的习惯。有时,大班幼儿不能解决问题,很重要的原因是没有细心观察、分析自己操作的情况,不能发现问题存在的主要原因。因此,教师应通过提问或具体操作的方式,引导幼儿认真观察,发现问题存在的关键原因。另外,教师可以引导幼儿通过合作的方式解决问题。

4. 大班幼儿自主性的培养,应着力于操作的计划性上

在区域活动中,凡是能够让幼儿自己选择、计划和做出决定的地方,教师就应尽可能地提供机会,引导幼儿参与学习计划的制订,并按照计划进行学习。教师应成为幼儿决定和计划的支持者,为幼儿执行并完成计划提供适宜的条件与必要的帮助,并使幼儿与他人交流、讨论以完善自己的计划与决定,更好地为幼儿自主性发展服务

(四)大班科学游戏案例指导与分析

案例3:

科学探究游戏——漂浮的秘密

【游戏目的】

1. 探索清水里加盐之后,鸡蛋沉浮状况的变化。
2. 认真观察实验现象,学习记录和描述自己的操作过程和结果。
3. 积极主动探索科学奥秘的兴趣。
4. 学会与他人合作完成任务。

【游戏准备】

每一组投放生、熟鸡蛋各一个,盐、凉水、温水、广口玻璃瓶、筷子、小勺、记录表等。

【游戏玩法】

1. 将鸡蛋放到广口瓶清水里,观察鸡蛋的沉浮现象。
2. 往广口瓶里放盐,不断搅拌,观察鸡蛋沉浮现象。

【指导策略】

1. 教师要根据实验具体情况给予适时适度的指导。

实验中，小勺加盐量的多少，搅拌时溶解的程度，都会影响实验结果。教师不能对实验中幼儿的操作过程有统一要求，可以在实验成功后，对幼儿提出更高的要求来增强幼儿的探索兴趣。例如：对放盐量多的一组，可以让他们再进行一次实验，看看能不能在减少放盐量的基础上让鸡蛋浮起来。

2. 教师要给予幼儿充分的探索空间。

当幼儿出现同样的放盐次数，而有的鸡蛋浮起来，有的鸡蛋还沉在瓶底的时候，教师不要急于干涉幼儿的操作过程，要给幼儿一定的空间，让幼儿对自己的所思所为进行一次梳理，强化新获得的经验。

（作者：山东省烟台市莱州市金城镇公办中心幼儿园　王玉晓）

【课后练习】

一、知识点识记练习

（一）单选题

1. 提出认知发展阶段理论的是（　　）。

    A. 加涅

    B. 皮亚杰

    C. 布鲁纳

    D. 布鲁姆

2. 确定幼儿科学教育目标的依据主要有：（　　）。

    A. 心理学依据、科学依据、社会依据

    B. 心理学依据、社会依据、学科依据

    C. 学科依据、心理学依据、行为学依据

    D. 科学依据、社会依据、行为学依据

3. 下列选项中不属于幼儿科学教育内容选编原则的是（　　）。

    A. 地方性

    B. 启蒙性

    C. 时代性

    D. 环境性

4. 把一堆物品放在一起进行分类，黄瓜、萝卜都是蔬菜，苹果、红枣、梨都不是蔬菜，这是（　　）。

    A. 挑选分类

    B. 二元分类

C. 感知分类

D. 多元分类

5. 用于科学教育的文艺作品范围很广,主要有文学作品和艺术作品,下列作品中不属于艺术作品的是(　　)。

A. 图片

B. 歌曲

C. 谜语

D. 科普画册

(二)简答题

1. 幼儿科学游戏活动的年龄目标要求是什么?
2. 简述幼儿科学游戏的作用。
3. 如何进行幼儿科学教育内容的选编?
4. 幼儿科学游戏活动组织的要点是什么?

二、实践性练习

设计一个适合幼儿园中班,以数学认知为主的科学游戏活动。

微课资源与习题答案

第五章 幼儿体育游戏

【目标导航】

能力目标：组织和指导幼儿园不同年龄班的幼儿有效开展体育游戏。
知识目标：了解幼儿体育游戏的分类、基本类型及其基本特征。
素质目标：掌握不同年龄阶段体育游戏的组织与指导策略。

【问题导入】

豆豆是中班的一个男孩，尽管在班上他的年龄相对较大，但是他的走、跑、跳、爬等运动能力发展却相对滞后。有一次玩游戏的时候，张老师在场地上画好一条直线作起跑线和终点线，要求跑的时候不可跨出起跑线，不然认作犯规。跑的时候注意安全，不要相互碰撞。游戏开始后，老师把幼儿分成两组，分别站在起点线后面，听到老师说"预备！跑！"的信号后，各组第一名幼儿开始跑，跑到指定位置后折返回来，一直跑到终点线，然后各组第二名幼儿就接着跑，跑到终点线，就这样依次进行，直到最后一名幼儿跑完，哪一组幼儿最先跑完，就哪一组为胜。豆豆在跑的时候，突然停下来，说自己不想跑了，自己跑得不好，跑得不快！而有的幼儿为了赢，规则也不管了，越过起点线直接跑，有的幼儿跑得太快了，摔倒蹭破了皮，哇哇大哭起来。

上述案例中的幼儿在游戏中出现了哪些问题？作为教师，应该如何有效地指导幼儿的体育游戏？如何让体育游戏兼具挑战性、趣味性与安全性？如何鼓励豆豆和其他幼儿参与体育游戏，让后期的游戏在此基础上更好地进行？让我们带着这些问题进入本章的学习。

图 5-1 上学途中的幼儿（插画）

第一节 幼儿体育游戏概述

一、幼儿体育游戏的概念

体育游戏，也被称为活动性游戏或运动性游戏。它是根据一定的体育任务设计的，由身体基本动作、情节、角色和规则组成的一种活动性游戏，是幼儿体育活动的一种主要形式。体育游戏是适合幼儿年龄特征的特殊的体育活动，它具有体育的基本特点，依靠身体的协调运动参与活动，同时也有其显著的特征，是体育与游戏的结合，不是简单的走走、跑跑、跳跳，而是要完成一些规定的情节与相互联系的动作，需要体力活动与智力活动的紧密结合，且易于激发幼儿参与体育活动的兴趣和愿望，也最能有效地促进幼儿身体的发展。

二、幼儿体育游戏的特点

（一）趣味性

体育游戏是深受幼儿喜爱的趣味体育活动，体育游戏当中的动作丰富多彩、简单易学，幼儿会产生很大的兴趣。幼儿体育游戏的趣味性主要体现在情节性和竞赛性两方面。游戏情节是保证体育游戏趣味性的重要因素。大多数幼儿体育游戏都带有一定的情节和各种不同的角色，这非常符合幼儿爱模仿、好扮演的特点。竞赛是最常见的体育游戏形式，它能充分满足幼儿争强好胜的心理，对性格活泼、争强好胜的幼儿来说有很大的吸引力，尤其适合中、大班幼儿进行，激烈的竞争让体育游戏更扣人心弦、趣味横生。此外，一些模仿类型的动作形象生动，模仿情节或者角色能够满足幼儿参与成人活动和幼儿社会性发展的生理需要，因此，它有利于激起幼儿参与锻炼的兴趣，让游戏更加富有趣味性。

（二）健身性

体育游戏是以发展幼儿基本动作为主的体育活动。它主要是由一些基本的身体动作内容构成，如走、跑、跳、投、爬或者一些竞技运动项目的基础动作，如拍球、踢球、投球等。因此，它有利于幼儿基本身体动作的发展。体育游戏将基本动作技能的锻炼寓于趣味性很强的活动之中，幼儿是在游戏中完成各种基本动作。体育游戏还具有改变运动和动作信号的特征，在此过程中锻炼了幼儿的神经系统，同时完善和平衡幼儿的神经系统的兴奋和抑制过程。因而体育游戏对于激发幼儿的体育活动兴趣，促进其以体能为主的各方面发展具有独特的作用。

（三）教育性

体育游戏是幼儿园健康教育的重要方式。户外体育活动是幼儿园重要的一日生活环节之一。

幼儿园体育工作的"育体"任务是通过两条途径来完成的：一是体育活动（包括早操、体育课以及户外体育活动等常规锻炼方式），二是体育游戏。如果说体育活动是面向全体、照顾绝大多数幼儿能力水平而进行的泛众化健体活动，那么相比之下，体育游戏的设计更能体现出教师的设计理念、因材施教的特点，通过科学合理地制定游戏规则、分配游戏角色，有针对性地锻炼不同幼儿的不同能力。在体育游戏中，幼儿的运动、竞赛、模仿、娱乐、创造、表现、审美、社会交往等多种需要都可以得到满足。幼儿体育游戏在促进幼儿体能、基本动作、智力、品德、习惯等各方面的协调发展具有很大的潜力。体育游戏是一种将游戏和教育有机结合为一体的身体练习游戏活动。

图 5-2 幼儿与汉堡（插画）

三、幼儿体育游戏的意义及作用

体育游戏是融体、德、美于一体的有效形式，可以促进幼儿身心的全面发展；能够培养幼儿互相协作、遵守规则的良好习惯，以及机智、勇敢、顽强、克服困难的优秀品质；能够使幼儿习得自然科学知识和社会知识，提高幼儿的思维能力和创造能力。其价值具体表现在以下几个方面。

（一）体育游戏对幼儿身体健康发展有直接的促进作用

体育游戏，可以帮助幼儿掌握肢体协调和平衡能力，增强身体各部分大肌肉的柔韧度和灵活性，并潜移默化地培养幼儿的耐力和持久性。由于体育游戏相对于其他游戏运动量比较大，还可以加快幼儿身体血液循环，帮助消化，促进新陈代谢及骨骼和肌肉的生长，使幼儿有强壮结实的体格。

（二）体育游戏有助于幼儿认知能力的发展

体育游戏具有很强的趣味性和娱乐性，能使幼儿从游戏中得到乐趣、满足和需要，从而产生强烈的兴趣。兴趣是最好的导师，它是人们获得知识，探究某种事物或参与某种活动的积极倾向，是推动学生学习的有效动力。无论哪一类体育游戏活动，都能提供丰富的环境刺激，促进幼儿认知的发展。如攀爬游戏，幼儿要观察当时的情况，估计上下两级之间的距离，然后才能协调四肢，攀爬上去。这虽然是个简单的动作，却已经让幼儿体会到空间、高度和距离的概念。又如在相关的跑步比赛的游戏中，幼儿可以建立速度的概念。此外，在游戏活动进行时，幼儿经常要根据当时的情形做出迅速的决定和反应，使他们分析、思考和想象能力得到发展。

（三）体育游戏有利于幼儿的社会化发展

体育游戏对于幼儿的社会化发展具有很大的促进作用，主要表现在：幼儿的游戏伙伴关系有助于其社会化的发展。幼儿的体育游戏，如接力赛、跳大绳、幼儿足球等体育活动把幼儿们组合到一起，幼儿在这种紧张愉快的气氛中既锻炼了身体，同时逐步树立了团队意识。在这种模式的教育下，幼儿慢慢学会充当不同的角色，渐渐积累集体生活的经验和学习做人的规矩，从而学会相互关心、相互谦让、相互协作。比如，大班幼儿体育游戏：毛毛虫回家，要求4～8个幼儿一组，一个接一个蹲着向前进，教师创设相应的情景，让幼儿以竞赛的形式进行游戏，游戏过程中能促进幼儿间交流、合作的能力。在前进过程中，同组的幼儿只有步伐统一，才能有效率地完成任务，这需要幼儿间相互沟通，达成一致意见，齐心协力才能到达终点。

（四）体育游戏有助于幼儿情绪情感的发展

幼儿体育游戏是动态的活动，只要让幼儿自由选择，尽情去玩，他们便可以通过这类的活动发泄精力，满足他们在情绪情感上的需要，使他们心情开朗、身心舒畅，达到身心健康的目的。

（五）体育游戏有助于幼儿意志品质的养成

体育游戏以其趣味性让幼儿乐此不疲，但一定的规则让幼儿自始至终都要控制自己的行为，严格遵守游戏规则，这样游戏才能顺利地进行。所以，体育游戏能培养幼儿一定的责任感以及关心集体、相互协作、自觉遵守游戏规则的习惯，同时规则中的具体要求还有助于培养幼儿的注意力、耐心、对信号的反应速度及空间定位能力；锻炼幼儿在完成游戏任务时克服以自我为中心的情绪情感的能力；体育游戏的任务有助于培养幼儿勇敢顽强、机智灵活、不屈不挠克服困难等优良品质，以及活泼开朗、乐观向上的性格。

（六）体育游戏有利于培养幼儿的美感

体育游戏大都是基于早期获得的动作技能，体现出动作的准确性、协同一致性和灵活性，不论是内容还是形式，都是一种展现美的活动。在游戏中，各种队列要求幼儿姿势优美、精神集中，此为精神面貌上的美感；体育游戏中还会配上富有节奏感的儿歌及音乐、富有童趣的游戏道具、摆放有序的器材标志、地面上色彩鲜艳的线条图案，这些也大大地丰富了体育游戏的美学特征，在这样的游戏环境中，幼儿的审美情趣能得到"润物细无声"的熏陶和提升。

四、幼儿体育游戏的分类

体育游戏的类型丰富多样，按照不同的分类依据，可以划分出不同的游戏种类。

按游戏组织形式分类，可将体育游戏分为自主活动游戏和体育教学游戏。自主活动游戏是指幼儿自定活动形式、自选游戏器械、自由组合玩伴的自主性游戏活动。体育教学游戏则是以教师为主，为完成一定的教学目标而组织的教学性游戏活动。

按游戏有无情节分类，可将体育游戏分为主题游戏和无主题游戏。主题游戏是以假定的形式反映生活中的一个片段或童话故事中的情节，如"小刺猬背果子""老虎和猴子"。无主题游戏没有一定的情节和角色，有些包含了幼儿感兴趣的动作内容，有些则包含了竞赛性因素，如接力、捕捉等游戏。

按游戏活动形式分类，可将体育游戏分为接力游戏、追拍游戏、争夺游戏、角色游戏、猜摸游戏等。接力游戏是指以接力活动形式进行的分组竞赛游戏；追拍游戏是指游戏者追拍其他游戏者或球，训练幼儿奔跑及反应力的竞争力游戏；争夺游戏是指幼儿为争夺一定的物品或位置而进行的一种斗智比速游戏，如抢椅子游戏；角色游戏是游戏者相互比较力量，斗智斗勇的对抗性游戏；猜摸游戏是指游戏组织者蒙住游戏者的眼睛，利用听觉和触觉、平衡觉来进行运动和猜物的游戏，如捉迷藏。

本章节重点介绍一些幼儿园里常见的体育游戏类型，如：追逐游戏、投掷游戏、赛跑游戏、竞技游戏、平衡游戏、动觉游戏等。

（一）追逐游戏

追逐游戏，能锻炼幼儿跑的速度、空间推理能力，如丢手绢、老狼老狼几点钟、老鹰抓小鸡（如图5-3）、警察抓小偷等。

【知识拓展 1】

游戏：老鹰抓小鸡

图5-3 幼儿正在玩老鹰抓小鸡

【游戏准备】宽敞无障碍的游戏场地。

【游戏规则】以猜拳定出老鹰、鸡妈妈、小鸡仔。鸡妈妈后面依次是小鸡仔,老鹰不抓鸡妈妈,只能突破鸡妈妈的防线,抓住最后面的小鸡后,老鹰为胜。鸡妈妈为了防止老鹰抓住自己身后的小鸡仔,可以张开双臂,尽量拦住老鹰,保护自己身后的小鸡仔们。鸡妈妈在拦的同时,可以大声喊着老鹰从哪边过来了等话语,告诉自己身后的小鸡仔们。鸡妈妈的身体为防止老鹰的捕捉,可以左右移动,在鸡妈妈身体左右移动的同时,鸡妈妈身后的小鸡仔们也随着以相同方向来转动,万一老鹰突破了鸡妈妈的防线,快要抓住最后面的小鸡仔时,小鸡仔立即蹲下,双手捂住耳朵,这样老鹰得重新站在鸡妈妈的前面,游戏就不得不重新开始。而老鹰一旦突破了鸡妈妈的防线,抓住了最后面的小鸡仔,就算是老鹰获胜,游戏就得从猜拳那儿重新开始。

【游戏注意事项】

1. 在玩耍之前找到一个开阔宽敞的操场。
2. 让幼儿抓住前一个人的衣衫,在躲避老鹰的时候,一定要注意安全。

(二)投掷游戏

投掷游戏能训练幼儿运动协调、空间推理能力,如套圈、投篮(如图5-4)、飞镖、保龄球、弹珠等。

【知识拓展2】

游戏:投篮

图5-4 幼儿在练习投篮

(拍摄者:农静;拍摄单位:广西南宁市凤岭翠竹幼儿园)

【游戏准备】篮球若干,幼儿篮球架。

【游戏规则】幼儿站在指定位置,向篮框投篮。

【游戏注意事项】

1. 明确游戏规则,幼儿不能离开指定投篮位置。

2. 在投篮的过程中,提醒幼儿将球呈抛物线向上投出。

3. 在游戏进行中,等待的幼儿需在距离篮框较远的安全区域内休息等待,以免被球砸伤。

(三)赛跑游戏

赛跑游戏能训练幼儿身体动作和促进多种智能发展,如接力游戏、两人三足、齐心协力、运物赛跑、推物赛跑(如图5-5)等。

【知识拓展3】

游戏:滚轮胎

图 5-5　滚轮胎

【游戏准备】轮胎3个、障碍物(小凳子)若干、游戏音乐、哨子1个。

【游戏规则】将幼儿分为3组,在户外活动场地中画出起点和终点,在幼儿前进方向上摆放若干个障碍物(小凳子),播放音乐。当听到哨音后,3

组幼儿分别滚动轮胎，向正前方行驶，并绕过障碍物，到达终点后折返回到起点将轮胎给下一位幼儿，并走到场地两侧为本组幼儿加油。最快完成滚动轮胎的一组为胜。

【游戏注意事项】

1．滚动轮胎过程中，提醒幼儿尽量不要撞击到障碍物，也不要让轮胎倒地。

2．教师要一边开展活动，一边引导幼儿排队和加油鼓劲。

（四）平衡游戏

平衡游戏能训练身体平衡感和协调性发展，如走线、走平衡木（如图5-6）、踩高跷、单脚站、跳蹦床、摇摆运动（荡秋千）、旋转运动、双向通道（在平衡木上两个幼儿面对面走）、跷跷板等。

【知识拓展4】

游戏：无敌梅花桩

图5-6　平衡木（可替代梅花桩）

【游戏准备】梅花桩十个。

【游戏规则】十人一组，双手张开保持平衡，并独自走过梅花桩，计时30秒，在规定时间走完十个梅花桩且没有落地的得分，反之不得分。

【游戏注意事项】

1．在行走过程中，教师要在旁时刻观察幼儿，以免发生意外。

2．有的幼儿会产生恐惧心理，教师应鼓励幼儿勇敢往前走。

3．教师可以适当扶着幼儿，待熟悉后松手。

（五）竞技游戏

竞技游戏能训练幼儿身体技能和促进多种智能发展，如拍球、抽陀螺、滚铁环、放风筝、跳房子、跳绳、踢毽子，套圈（如图 5-7）等。

图 5-7　幼儿在进行套圈比赛

【知识拓展 5】

游戏：拍球

【游戏准备】篮球、圆圈若干。

【游戏玩法】幼儿手持 1 个篮球，并在地板上摆放好一个圆圈。一半的幼儿站在圈内，一半在圈外。圈内的幼儿不能离开圈，但可以 360° 拍球，并努力持续拍球。而圈外的幼儿，将球持续拍打在圆圈内。在规定 1 分钟内，幼儿拍球数最多者为胜。

【游戏注意事项】

1. 拍球过程的持续性。
2. 让幼儿学会数数。

（六）动觉游戏

动觉游戏能训练幼儿的身体动觉、力量觉和位置觉，如背靠背站起来、机器人游戏（锻炼身体位置的感知）、身体放松、蒙眼游戏（如图 5-8）等。

图 5-8 幼儿在进行蒙眼游戏

【知识拓展6】

游戏：蒙眼击鼓

【游戏准备】一个鼓、几条蒙眼布。

【游戏规则】请幼儿蒙着眼睛，从起点走到大鼓前，用锤子敲鼓三下，就可以获得礼物，在行走的过程中，可以适当增设障碍物，以增加难度。

【游戏注意事项】

1. 由于蒙住眼睛，幼儿会对黑暗产生恐惧心理，教师应鼓励幼儿自信勇敢。

2. 幼儿应该根据旁边人发出的指令行走。

3. 在行走过程中注意安全。

第二节 幼儿体育游戏案例分析

一、小 班

（一）小班体育游戏的特点

小班幼儿喜爱游戏、好模仿，对于新动作、新知识的学习能力较低，由于注意以无意注意为主，注意力保持时间较短，常常表现为注意力不集中。他们对游戏中的动作、角色、情节、玩具都很感兴趣，但在游戏规则上，小班幼儿很难理解、遵守规则，在游戏进行的过程中，经常忽略游戏规则，随自己的心意进行游戏，对游戏的结果不大在意，规则意识和竞赛意识弱。对于游戏内容，小班幼儿更喜欢具有丰富故事情节和多种角色的体育游戏，故事情节主要来源于日常生活中的点点滴滴和童话故事、绘本故事等。

（二）小班体育游戏指导要点

在基本动作和游戏的练习中，走和跑是活动内容的重点，尤其是变换方向、步幅、节奏的走和跑及排队走的能力，走跑过程中上下肢的协调能力的发展更是小班体育游戏的重点；平衡、跳跃、投掷是小班幼儿体育游戏中的难点和重点。在身体素质练习中，小班没有安排具体的内容，这是因为小班幼儿的身体发展还没有达到专门练习的阶段，但可以就幼儿的平衡性、协调性、柔韧性和灵敏性方面加强练习。另外，教师在讲解时要注重语言讲解和动作示范相结合，语言要形象、生动、简洁，在幼儿游戏过程中逐步提出游戏规则。

（三）小班体育游戏案例分析

案例1：

小班体育游戏——小乌龟运粮[1]

【活动目标】

1. 帮助幼儿探索、学习爬的方法，掌握手膝着地爬的基本动作，有一定的速度并能较好地控制方向。
2. 使幼儿乐意参加体育游戏，感受集体活动的快乐。

【活动准备】

1. 小乌龟头饰若干，场地布置，足够的"乌龟粮食"（沙袋）、体操垫、收录机、音乐等。
2. 幼儿了解乌龟的生活习性。

【活动过程】

一、热身活动

教师："宝贝们起床啦，一起来跟妈妈活动活动吧！"

"小乌龟"跟随"妈妈"做模仿动作热身——伸伸头、伸伸腿、扭扭腰等。

二、练习爬

（一）幼儿自由地在草地上探索、学习各种爬的方法。

教师："乌龟宝宝最喜欢爬，让我们在草地上自由自在地爬一爬。"（教师观察幼儿的爬行动作并给予指导。）

---

[1] 谢建罗. 幼儿园游戏案例集[M]. 北京：中央广播电视大学出版社，2016.

（二）教师请几个幼儿示范，引导幼儿发现哪种爬行方法既快又舒服。

（三）教师示范并讲解爬的动作要领：手、膝着地，头抬起看着前方，手脚协调一致向前爬。

（四）幼儿集体练习爬，引导幼儿掌握爬的基本动作，有一定的速度并能较好地控制方向。

三、小乌龟运"粮"，巩固爬的动作

教师："宝贝们，家里的粮食吃完了，我们去运一些粮食吧！"教师强调两手两膝向前爬的动作要求，然后让幼儿们爬过垫子背起"粮食"（沙袋）从两侧走回。

全班幼儿游戏2～3遍，两手两膝着地，迅速地向前爬。

四、放松练习，结束活动

"乌龟宝宝"跟着"妈妈"随音乐做放松活动。

【活动指导】

1．游戏选择紧扣幼儿的身心发展特点，游戏目的明确，游戏过程有趣。

小班幼儿非常活泼可爱，喜欢蹦蹦跳跳。而爬的动作，是一种手脚协调、交替、有节奏的运动，这种活动不仅有利于幼儿身体两侧的肌肉健康发展，而且还有利于促进幼儿大脑两个半球的发展。在愉快的游戏中，他们的身体素质得到了提高，情绪得到了放松，同时各环节之间自然过渡，在玩中幼儿得到锻炼。

2．整个活动通过角色扮演来一步步展开。

首先给每位幼儿发放小乌龟的头饰扮演乌龟宝宝，并告诉他们从现在起教师就是乌龟妈妈了。教师在游戏的每个环节中，都要用心地关注、留意每个幼儿的交流与眼神，对表现好的幼儿及时给予鼓励和肯定；对于动作不到位的幼儿及时给予帮助与纠正，使他们能树立起自信心，坚持到底。从活动开始到活动结束，教师与幼儿之间的感情越拉越近，幼儿对于"妈妈"的这一称呼也似乎感到非常亲切、自然，不停地叫着"妈妈"，等待着教师的表扬和肯定的微笑，全身心地投入到游戏当中，尽情地感受着、体验着游戏的快乐！

3．一些不足之处。

用沙袋做"粮食"，容易滚落下来，在活动中使幼儿的活动受到一些限制。

二、中　班

（一）中班体育游戏的特点

中班幼儿对游戏的结果有所注意，喜欢竞赛，关心胜负。游戏的规则也比较复杂，并带有限制性。结伴游戏、小组游戏、竞赛性游戏增加。

(二)中班体育游戏指导要点

在身体基本活动技能游戏的练习中,平衡、投掷和跳跃是游戏活动的重点。在跳跃练习中,"落地"动作和"助跑跨跳"是难点,在投掷练习中,"肩上挥臂"的动作是难点;在身体素质练习中,除平衡、协调、柔韧性和灵敏度外,力量、耐力和速度等是练习的重点;注重综合练习和身体素质的专门练习。另外,教师在进行语言讲解时,须结合动作示范,在游戏实践中提醒幼儿注意遵守游戏规则,关注游戏结果,可根据情况适当开展游戏竞赛。

(三)中班体育游戏案例分析

案例2:

中班体育游戏——壳中乐[1]

【活动目的】

1. 让幼儿探索在环状器具中前进的方法,锻炼幼儿的爬、滚、钻、跳等基本动作。
2. 让幼儿体验探索身体运动的乐趣。

【活动准备】

1. 环状器具,录音机、录音带或音响设备。
2. 丰富幼儿有关甲壳类动物的知识。

【活动过程】

一、活动身体

教师做海龟妈妈,幼儿做海龟宝宝,一一躲在"壳"(环状器具)内。音乐响起,幼儿从"壳"里钻出,在教师的带领下做热身运动。

二、自由探索交流

教师:"海洋里除了海龟先生以外,还有哪些动物是有甲壳的?(幼儿自由发表意见)今天,我们就来学学甲壳类动物是如何前进的。"

引导幼儿分散自由探索和交流玩法,说说自己模仿的是什么动物。鼓励幼儿相互学习各种前进的方法,如双膝双手着地爬,双手扶"壳"蹲走,滚动前进,匍匐前进等。

三、借助"动物搬家"的情境,引导幼儿探索快速前进的方法

带领幼儿按各自的动作向指定目标快速前进。请方法好、速度快的幼儿演示、交流,幼儿之间相互学习。

根据幼儿的活动情况适时播放鲨鱼音效,引导幼儿思考一旦鲨鱼来了应怎么应付,以增强活动的趣味性,达到快速前进的目的。

---

1 林珊珊.大班体育游戏:勇敢挑战[J].福建教育,2014(1):104-105.

四、放松身体

教师:"小动物终于搬家成功了,我们一起来庆祝吧!"

一起做放松运动,游戏自然结束。

【活动指导】

这个活动目标确定得比较恰当,活动内容也符合中班幼儿的年龄特点,教师开始就创设了一个适合中班幼儿的游戏情境(教师做海龟妈妈,幼儿做海龟宝宝)。同时教师也准备了能引发幼儿参与活动兴趣的材料(环状器具、录音带),幼儿有一定的组织经验。在游戏组织的过程中考虑到中班幼儿的年龄特点,此时的幼儿对游戏的自主能力较强,能分散自由探索,交流玩法,因此幼儿对这类游戏的兴趣很高,在游戏中幼儿很投入。

(1)材料开放。材料是幼儿活动的媒介,在这个活动中,教师选择纸箱,既经济又实用。在活动过程中,教师不断根据游戏情境的发展和活动的进程,启发幼儿创造性地使用材料,如可以将纸箱想象成甲壳类动物的壳。另外,材料的开放性使不同运动水平的幼儿都能找到与自己能力相宜的锻炼方式。在游戏中,幼儿自主选择活动内容,自己确定达成目标,每个人都向自己挑战,体验到了战胜自我的自豪感和成功感。

(2)过程安排灵活。何时探索,何时休息,视幼儿的需要而定,不做统一安排。如在游戏中,教师灵活地用"出现鲨鱼,小动物们躲藏"等情境来调控幼儿的活动量。

(3)游戏情境化。创设与教学内容相吻合的生动有趣的特定情境,有利于增强幼儿的游戏性体验,使幼儿主动、积极地参与活动,避免练习的枯燥、单一。在游戏中,场景布置、象征性标志、语言虚拟、音效虚拟等多种情境营造方式自然和谐地交织在一起,使幼儿的主动性、积极性、创造性得到了充分的发挥,有利于促进幼儿的主动发展。

三、大 班

(一)大班体育游戏的特点

大班幼儿对游戏的玩法有更强烈的创造欲望,喜欢钻爬、投掷、平衡等难度较大的,具有竞赛性的游戏。大班幼儿的体质发展迅速,已经能够熟练掌握幼儿基本动作。能主动用规则引导和约束游戏动作,对结果有初步的预测和统筹,如"贴膏药"游戏,需要有快速的反应能力及迷惑对手的能力。协同活动的要求增加,如"两人三足"游戏。

（二）大班体育游戏指导要点

在身体基本活动技能游戏的练习中，提高动作技能技巧，全面增强幼儿的速度、力量、耐力、平衡、协调、柔韧、灵敏等身体素质。发展幼儿的体能是练习的重点，注重综合练习和身体素质的专门练习以发展幼儿的综合素质。跳跃中的"助跑跳高"和投掷中的"投准练习"是动作练习的难点。另外，随着幼儿语言的发展，教师可以多用语言讲解，尽可能减少介入幼儿的游戏，要求幼儿独立游戏，严格遵守游戏规则，争取最好的游戏结果，简单评价自己游戏的过程和结果，可开展稍复杂的游戏竞赛。

（三）大班体育游戏案例分析

案例3：

大班体育游戏——梯凳游戏[1]

【活动目标】

1. 引导幼儿探索梯凳的多种玩法，发展身体动作的协调性和平衡性。
2. 使幼儿敢于挑战有一定难度的动作。

【活动准备】

材料准备：梯凳、汗巾等。

【活动过程】

一、教师带领幼儿做热身活动，导入活动

教师带领幼儿绕梯凳"S"形跑、跨跳梯凳、钻梯凳等。

教师："我们变成长龙绕着梯凳跑起来。"

教师："我们变成小马从梯凳上跨跳过去。"

教师："我们变成小猫踩到梯凳中间跳起来。"

教师："我们变成小矮人钻过去。"

教师："我们变成小蜘蛛爬过去。"

教师用轻松愉快的游戏语言，将幼儿带入游戏情境，利用梯凳可钻、可爬、可跳、可跨等特点开展热身活动，吸引幼儿参与体育游戏，激发幼儿的运动兴趣，也为后续活动奠定基础。

二、师幼一起移动梯凳，将所有梯凳布置成连绵的"山脉"，共同玩体育游戏

教师鼓励幼儿从梯凳上方、两侧翻过"山脉"。逐步提升游戏难度，教师变成"石头"趴在梯凳上设置障碍，鼓励幼儿翻越"山脉"时绕过"石头"。再次提升游戏难度，抽掉中间的梯凳，拉大梯凳间距，鼓励幼儿再次挑战翻

---

1 陈彦，张青. 大班体育活动：梯凳游戏[J]. 福建教育，2014（11）：55.

越"山脉"。

本环节以"翻越山脉"为主线创设活动情境，通过设置障碍、拉开梯凳间距等方式不断提升游戏难度，使游戏情境具有一定的挑战性，让幼儿不断挑战自我，体验挑战成功的快乐。

三、教师鼓励幼儿自主探索梯凳的多种玩法

教师："梯凳不同的摆放，可以有不同的玩法，你们也来尝试一下其他的玩法吧。"

将幼儿分成两组，鼓励幼儿尝试多种方法摆放梯凳，探索梯凳的各种挑战性玩法。教师引导幼儿自主探究，鼓励幼儿积极探索，大胆挑战，并在此过程中给予幼儿适当的指导和帮助，帮助幼儿提升运动经验。如当梯凳侧放时，提醒幼儿脚踩在梯凳的哪一条横杆上、双手抓握梯凳的哪个位置更容易获得身体的平衡。通过较充分的运动练习，幼儿不仅发挥了自己的运动潜能与智慧，还获得了丰富的运动体验，同时感受到与同伴合作游戏的快乐。

四、控制运动量，鼓励幼儿继续挑战新的动作——正面翻越

教师：（示范翻越技巧）手撑住梯凳两边往上爬，一脚踩在靠近自己的横杆上，手握紧梯凳，不要松开，另一脚踩在前面的横杆上，保持身体平衡，稳稳地跳下来。

五、幼儿分组练习

在幼儿自主探究之后，教师提出新的挑战点，鼓励幼儿大胆尝试，同时告知幼儿"愿意尝试的可以来试一试，如果觉得难度太大可以继续挑战之前的梯凳游戏"。在此，教师充分尊重幼儿发展的个体差异，支持和引导幼儿选择适合自己运动水平的挑战项目。新的挑战项目激发了幼儿进一步挑战梯凳的兴趣，也促使幼儿敢于挑战有一定难度的动作，从中也较好地控制了运动量，让每个幼儿都能得到适宜自身水平的锻炼。

六、教师进行小结，带领幼儿坐在梯凳上放松，活动自然结束

让幼儿参与器材的收拾整理活动，让收拾环节也成为幼儿学习与发展的环节。在这个过程中幼儿大肌肉的动作能力、执行任务的能力、相互合作的能力均得到了发展。

利用梯凳开展放松活动，幼儿两两合作，或躺、或靠，你给我捶捶背，我给你揉揉肩，你给我敲敲腿，我给你捏捏手。活动在温暖、轻松、愉悦的氛围中结束。

【活动指导】

梯凳游戏让幼儿在活动中很好地体验到了探索的成功、学习的快乐。

1. 运动项目符合大班幼儿的年龄特点，使挑战活动成为可能。

大班幼儿的动作协调性和体力明显增强，他们更喜欢体力与智力相结合的游戏。他们乐于探索发现，同时并不害怕尝试体育运动中的一些具有冒险

性的动作，对一些具有挑战性的动作更感兴趣，希望探索新颖的、有难度的动作，以满足自身发展的需要。

2．挖掘多功能材料，让体育游戏拓展幼儿发展的空间。

梯凳作为一种多功能的器材，它满足了幼儿发展走、跑、跳、跨、平衡、攀爬等多种运动能力的需要。幼儿在摆放梯凳的过程中不断发现梯凳的有趣。立着玩变成"小山"，连成排变成"山脉"，或走，或爬，或跳，或钻，其乐无穷。侧放着玩，"小山"变得很惊险，再改变方向又是一种新的挑战。正是因为梯凳这种器材的多功能性和可变化组合的特点，幼儿才有了更大的探索活动空间。

【课后练习】

一、知识点识记练习

（一）单选题

1. 以下几种游戏中，（　　）属于规则性游戏。
   A. 角色游戏
   B. 结构游戏
   C. 体育游戏
   D. 表演游戏

2. 按游戏活动形式分类，可以将体育游戏分为（　　）。
   A. 接力游戏、追拍游戏、争夺游戏、角色游戏、猜摸游戏
   B. 接力游戏、主题游戏、争夺游戏、角色游戏、猜摸游戏
   C. 接力游戏、无主题游戏、争夺游戏、角色游戏、猜摸游戏
   D. 接力游戏、体育教学游戏、争夺游戏、角色游戏、猜摸游戏

3. 不同幼儿发展的水平和速率是不一样的，所以我们在幼儿体育教育中要（　　）。
   A. 做好充分的准备
   B. 循序渐进
   C. 个性化
   D. 充分利用自然因素

4. 路纵队（包括切断分队）是（　　）年龄阶段的体育活动的目标。
   A. 小班
   B. 中班
   C. 大班

（二）简答题

1. 体育游戏有何特点？
2. 谈谈体育游戏的价值。

3. 如何做好体育游戏中的安全教育工作？
4. 谈谈体育游戏组织与指导的要点。

二、实践性练习

请选择一个班级，以"跳跃"为主题，设计一个符合该班幼儿特点的体育游戏。

微课资源与习题答案

第六章 幼儿语言游戏

【目标导航】

能力目标：组织和指导幼儿园不同年龄班的幼儿有效开展语言游戏。
知识目标：了解幼儿语言游戏的分类、基本类型及其基本特征。
素质目标：掌握不同年龄阶段语言游戏的组织与指导策略。

【问题导入】

一位名叫基尼的美国女孩，从小被父母关在一间小屋子里，13岁被人救出来时完全没有语言能力，心理成熟程度只相当于一岁幼儿。后来有专人对她进行辅导和训练，经过四年，她说的话依然支离破碎，接近两岁左右孩子说的"电报句"。相反，日本侵华时期，日军在我国东北地区抓捕了许多农民做劳工，其中有一个名叫刘连仁的，逃进深山老林中藏身，中华人民共和国成立多年后被人发现并解救出深山，由于多年不说话，其已丧失了语言能力。但经过一个阶段的训练，他的语言能力逐渐得到恢复。

因此，幼儿语言教育的质量可能对幼儿成年后的语言能力产生影响。所以，幼儿园必须重视语言教育，要在幼儿能学而又迫切要学的时期，运用正确有效的方法，培养幼儿口语能力，提高他们的语言水平。在幼儿园语言教育活动中，教师们会采用多种方式对孩子进行有计划的语言训练活动，其中最常见的一种方法就是游戏法。游戏法是指教师运用有规则的游戏，训练幼儿正确发音，丰富幼儿词汇和学习句式的一种方法。

同学们，大家思考一下：幼儿园教师该如何运用游戏法组织幼儿开展语言训练活动呢？

第一节 幼儿语言游戏概述

一、幼儿语言游戏的概念

语言游戏是指幼儿在语言发展过程中自觉地玩弄和操练语音、语词的一种现象。"语言游戏说"关注语言在日常生活中的应用，强调语言乃生活形式的一部分，即社会活动的一部分，是跟人的活动紧密联系在一起的。语言游戏有明确的语言学习指向目标和确切的语义内容，内含较多的游戏规则成分，所以能够吸引幼儿在积极愉快的氛围中完成语言学习的任务，高效地帮助幼儿按一定规则进行口语、表情、动作、语言的表达练习，促进幼儿在语言交往中的灵活性和机智性，提高幼儿积极倾听的水平，提升幼儿运用语言的能力。

二、幼儿语言游戏的特点

（一）语言游戏的核心在于对语言信息编码与输出的相互转换

语言游戏是紧密联系语言材料或将语言作为辅助工具开展的游戏活动，通过语言活动来带动发展幼儿的语言能力和思维能力。幼儿对语言信息的编码包括：对语言信息的知觉分析，对高水平句意、句法的加工等过程；语言信息的输出包括：确定要表达的思想、将要表达的思想转换成语言形式、再用语言表达出来等阶段。在游戏过程中幼儿对语言信息的理解通过分析和组织后再转化成实际语言表达出来，这对于幼儿来说是对于语言信息加工和学习的过程，从而获得有益于语言发展的学习经验。

（二）语言游戏的重难点在于给予幼儿自主自由的游戏性体验

游戏性体验是语言与思维发展的前提，语言游戏着重强调智力发展的"游戏性"。这实质上是一种主体性体验：对行动的自主和自由感体验、对活动内容和方式的兴趣感体验、对事物和行为及它们相互之间的支配感、胜任感体验。幼儿进行主体性活动、获取游戏性体验的过程本身就是一种潜在、积极的适应与学习，也是语言与思维不断发展的过程。因此，幼儿在游戏中享受的程度越高，对自由自主的体验感就越强烈，由游戏所带来的发展收益也就越大。

（三）语言游戏的组织要点在于强调教师合理的指导与及时的帮助

依据幼儿语言与思维发展的基本特点，语言游戏强调教师指导幼儿语言游戏的必要性，善于指引幼儿在遵循一定规则的基础上，将已获得的语言信息加以理解并在个体想法表达中进行体验。幼儿期是语言发展的关键期，幼儿的语音、语义、词汇以及语用能力等方面都将得到极大的发展。但由于幼儿的词汇量较少，简单句所占比例较高，语言表达方面仍处于从情境性语言到连续性语言的过渡阶段，幼师应学会引导幼儿感知和理解语言信息，鼓励和帮助幼儿勇敢准确地表达自己的想法。

三、语言游戏对幼儿语言能力的发展价值

幼儿时期是开发智力最佳、掌握语言最快的黄金时期。幼儿语言正处在循序渐进与不断积累

的发展过程中，促进幼儿语言的发展应当采用科学有效的教育实践和及时开导。语言游戏可以有效提高幼儿学习语言的效率，激发幼儿语言学习的主动性和积极性。

（一）刺激幼儿的语言表达欲望

语言游戏的开展很大程度上有效刺激了幼儿的表达欲望，让所有参与其中的幼儿都能在语言游戏中更好地沟通、互动与交流。例如使性格不同的幼儿都能在其中得到语言方面的锻炼。

一方面，让性格外向的幼儿在游戏中充分展示自己的语言天赋和口语表达能力；另一方面，让性格内向的幼儿也能在轻松的游戏气氛中找到适合自己的角色，将自己的想法及时表达出来，在这样的语言刺激下，幼儿的表达能力将得到更大的进步。

（二）增强幼儿间的交流与合作

语言游戏的开展也大大增强了幼儿间的交流与合作。幼儿在语言游戏中充分发挥自身的主观能动性、开拓思维、大胆想象、相互对话合作，使彼此之间的交流互动更加频繁、互动模式更加积极化和多样化，有效刺激了幼儿的互动与交流，培养了幼儿在游戏中与同伴交流与合作的意识、促进了同伴友谊。此外，在幼师引导游戏的同时也拉近了师生之间的距离，有利于幼儿与幼师之间建立和谐的师生关系。

（三）丰富幼儿日常语言的内容

通过不同的语言游戏，幼儿能感受到不同的语言内容和表达方式，因而能获得课堂之外对语言知识的独特认识。幼儿在教师创设的情境中掌握更多贴近生活的日常语言，丰富了自身的语言积累。如幼儿教师可以让幼儿模拟去超市购物的情景并进行分组对话，在这种日常对话中发掘幼儿的语言特色及潜能，同时，也有助于将游戏中的语言联系到实际生活中去，提高幼儿对语言灵活运用、举一反三的能力。

（四）提高幼儿运用语言的能力

语言游戏可以很好地调动幼儿的学习热情，丰富幼儿的词汇，提高幼儿语言表达的准确性、完整性和连贯性，发展幼儿的口语表达能力。

一方面：培养幼儿词汇表达的准确性。幼儿在词语运用中一些错用或误用的现象时有发生，通过有针对性地创设游戏活动让幼儿正确区别词汇。另一方面：从短句的练习开始培养幼儿独立讲述以及相互对话，逐渐锻炼他们运用语言的逻辑思维及完整连贯表达的能力。

四、幼儿园教学语言游戏的主要类型

（一）听说游戏

1. 听说游戏的概念

幼儿园的听说游戏，是用游戏的方式组织的以听说为主的语言教育教学活动。

2. 听说游戏活动的基本特征

（1）语言教育目标隐藏在游戏之中。
（2）游戏规则即为语言学习的重点内容。
（3）活动过程中逐步扩大游戏的成分。

3. 听说游戏活动的主要类型

语音练习的游戏；词汇练习的游戏；句子和语法练习的游戏；描述练习的游戏。

4. 听说游戏的活动目标

（1）主动参加听说游戏，在游戏中大胆说话。
（2）发准难发的音，正确运用各种词语。
（3）掌握游戏中的语言规则，及时做出反应。
（4）根据已有语言经验，进行快速的语言表达。

【知识拓展1】

小班听说游戏——动物汽车

1．游戏导入

教师放"汽车"音乐。

教师做动物汽车司机，脖子上挂动物汽车挂件，手握汽车方向盘。幼儿自己选择小动物头饰扮演小动物。司机说："嗨！嗨！动物汽车就要开。"

小动物问："谁来坐？"

被选中者必须说："我是小羊咩咩叫，坐上汽车快快跑，嘀嘀……"幼儿还必须做小羊的动作走到司机身后，用双手拉着司机的衣服，在活动室开一圈后，游戏继续进行。

2．自由游戏

可请1～2名幼儿做动物汽车司机，手握方向盘，带领幼儿开展"动物汽车"的游戏活动。游戏活动中，教师提醒幼儿，汽车的速度不要过快，两辆汽车之间要保持一定的距离，防止发生碰撞。老师和全班幼儿开着动物汽车出教室，教师提醒幼儿要一个接着一个不拥挤，有秩序地开动物汽车。

（二）讲述游戏活动

1. 讲述游戏活动的概念

幼儿园的讲述游戏活动是围绕幼儿讲述活动进行的，一种有目的、有计划地培养幼儿语言能力的游戏教育活动。这类游戏以促进幼儿语言表述行为的发展为主，要求幼儿积极参与命题性质的讲述实践，使幼儿逐步获得独立构思和表述的语言经验。

2. 讲述游戏活动的基本特征

讲述游戏活动强调游戏是有命题的，有一定凭借物的；强调相对正式的语言的情境，也就是尽量要强调这个语言表达的完整构思，要求幼儿表述的规范性、完整性、流畅性；活动当中特别强调独白语言。

3. 讲述游戏活动的主要类型

依据凭借物的特点，幼儿园讲述游戏活动的开展大致围绕幼儿园讲述活动的四种方式进行，即围绕看图讲述、实物讲述、情境讲述和生活经验讲述而开展的游戏活动。

4. 讲述游戏活动的活动目标

（1）在游戏中养成先观察后讲述的习惯。

（2）能理解游戏中出现的图片和情境中展示的事件顺序、蕴涵的主要人物关系和思想感情倾向，并按照游戏规则讲述实物、图片和情境的内容。

（3）在游戏中能主动、自然、大方地在集体面前讲话，表达时语言流畅，用词用句准确。并能根据不同场合调节音量和语速。

（4）在游戏中能积极地倾听别人讲述，发现异同，并从中学习好的讲述方法。

【知识拓展 2】

小班讲述游戏活动——可爱的小动物

【活动目标】

1．教会幼儿正确地说出小动物的名称，准确地发出"咕、汪、喵、呷、叽"等音，并能协调地模仿小动物动作。

2．提高幼儿参与集体游戏的积极性，并要求他们做到在集体面前说话响亮。

3．教幼儿学会倾听教师讲解游戏要求和规则，掌握游戏方法，遵守游戏规则。

【活动准备】

1. 背景图（画有草地、蓝天、白天）。

2. 教具：小鸡、小鸭、小花猫、小黄狗、小白兔、小鸽子。

3. 汽车挂件1个，汽车方向盘1个。

4. 小鸡、小鸭、小花猫、小黄狗、小白兔等头饰与幼儿人数相等。

【活动过程】

一、导入活动

出示背景图，教师：“今天，有很多小动物要到我们班做客，看看谁来了？”

二、教师一一出示小动物教具

① 小鸽子：是怎样来到我们班的？（飞来的）怎样飞呢？请个别幼儿表演。小鸽子的本领可大了，能飞到很远很远的地方去送信还能飞回来，不会迷失方向。小鸽子怎样叫？（咕咕咕）

② 小鸭：身上的毛是什么颜色？（黄色）它的嘴巴长得什么样子？（扁扁的）它有什么本领？（游泳）它喜欢吃水里的什么？（小鱼和小虾）小鸭怎样叫？（呷呷呷）

③ 小鸡：鸡的嘴巴和小鸭的嘴巴长得不一样，小鸭的嘴巴长得扁扁的，小鸡的嘴巴是什么样的？（尖尖的）它喜欢吃什么？（虫和米）它会怎样叫？（叽叽叽）

④ 小花猫：它有什么本领？（捉老鼠）它是怎样叫的？（喵喵喵）

⑤ 小黄狗：它喜欢吃什么？（肉骨头）它会怎样？（汪汪汪）

⑥ 小白兔：它的耳朵（长长的）；眼睛（红红的）；它们怎样走路？（蹦蹦跳跳）

那么多小动物到我们班来做客，我们小朋友非常高兴、特别开心。

三、教幼儿学习儿歌《可爱的小动物》，知道小动物的名字、叫声和动作

① 教师示范儿歌，并配合动作，让幼儿仔细听和看。

② 幼儿学习儿歌，并认读"咕、汪、喵、呷、叽"等字。

③ 幼儿边念儿歌边做动作。

四、游戏儿歌《可爱的小动物》

① 教师说小动物的名字，幼儿模仿小动物的叫声，并做动作。待幼儿熟悉玩法后，适当加速，要求幼儿一定要教师说完后才能说和做。

② 引导幼儿游戏，请个别幼儿上台做小老师说小动物的名字，其他幼儿模仿小动物的叫声做动作，要求做小老师的幼儿说话声要响亮，吐字要清晰。

③ 改变游戏玩法，教师模仿小动物的叫声，幼儿说小动物名字，并做动作。

附游戏儿歌：

可爱的小动物

小鸽子咕咕咕,
小鸭子呷呷呷,
小小鸡叽叽叽,
小花猫喵喵喵,
小黄狗汪汪汪,
小白兔蹦蹦跳跳。

(三) 谈话游戏活动

1. 谈话游戏活动的概念

幼儿园的谈话游戏活动,是围绕幼儿语言谈话活动而进行的,是一种有目的、有计划地组织幼儿学习的语言教育活动。这种游戏活动旨在创造一个良好的语言环境,帮助幼儿在游戏过程中学习倾听别人谈话,围绕一定话题进行谈话,习得与别人交流的方式、规则,培养与人交往的能力。

2. 谈话游戏活动的基本特征

谈话游戏活动的开展应拥有一个幼儿感兴趣的话题;谈话游戏活动中注重多方的信息交流;谈话游戏活动强调拥有宽松自由的交谈气氛;谈话游戏活动中教师起间接指导作用。

3. 谈话游戏活动的主要类型

围绕一定的话题,幼儿园谈话游戏活动的开展大致围绕幼儿园谈话活动的三种方式进行,即围绕日常生活话题谈话、讨论谈话、凭借物谈话等而开展的谈话游戏活动。

4. 谈话游戏活动的活动目标

(1) 在游戏过程中能够安静、主动、专注地听,不随意插话。
(2) 通过游戏的开展,使幼儿乐于和同伴交流,大胆地在集体面前发言。
(3) 用普通话表达自己的思想。
(4) 在教师的引导下,能通过游戏围绕主题谈话,不跑题。
(5) 在游戏中学习常见的交往语言与礼貌用语。

(四) 文学作品欣赏游戏活动

1. 文学作品欣赏游戏活动的概念

幼儿文学作品欣赏游戏活动,是指以文学作品为基本教育内容而设计组织的语言游戏教育活动类型。这类游戏活动是以优秀的文学作品(包括幼儿诗歌、童话、生活故事、幼儿散文、谜语和绕口令等)作为语言教育的内容,教师通过形式多样的语言游戏活动,在游戏过程中帮助幼儿感受和理解文学作品所展示的丰富而有趣的生活，体会语言艺术的美，使幼儿受到教育和感染，为幼儿提供全面的语言学习机会。

2. 文学作品欣赏游戏活动的基本特征

（1）围绕文学作品教学开展的游戏活动。
（2）游戏强调整合相关文学、艺术等领域的学习内容的综合阅读活动。
（3）游戏提供多种与文学作品相互作用的空间。
（4）扩大幼儿自主阅读的可能性。

3. 文学作品欣赏游戏活动的主要类型

围绕文学作品欣赏活动，即围绕幼儿诗歌、童话、生活故事、幼儿散文、谜语和绕口令等的阅读欣赏活动而开展的游戏活动。

4. 文学作品欣赏游戏活动的活动目标

（1）通过游戏的开展，使幼儿喜欢欣赏文学作品，主动积极地参加文学欣赏活动并尝试在游戏中运用。
（2）通过游戏的开展，理解文学作品语言与日常生活语言的不同，并能感受文学作品的语言美。
（3）通过游戏活动的开展，学习理解文学作品的人物形象，感受作品的情感，并用恰当的语言、动作、绘画等形式表达自己的理解。
（4）根据文学作品，扩展想象，并创造性地进行表述。

图 6-1　幼儿与魔法世界（插画）

（五）早期阅读游戏活动

1. 早期阅读游戏活动的概念

早期阅读游戏活动主要是通过游戏活动的开展，为幼儿提供阅读图书的经验、识字经验与书写经验,帮助幼儿增长阅读的兴趣,认识书面语言和口头语言的对应关系,掌握一定的早期阅读技能。

2. 早期阅读游戏活动的基本特征

早期阅读游戏活动需要在一定的阅读环境中进行;具有与其他"四大领域活动"整合进行的特点。

3. 早期阅读游戏活动的主要内容

(1)围绕早期阅读行为教学而开展的游戏活动。
(2)游戏强调整合相关文学、艺术等领域的学习内容的综合阅读活动。
(3)游戏提供多种与文学作品相互作用的空间。
(4)扩大幼儿自主阅读的可能性。

4. 早期阅读活动的活动目标

(1)通过游戏活动的开展,使幼儿喜欢看书,能领会图画书中的人物情节。
(2)爱护图书,知道书中的画面与文字的对应关系,能与同伴合作制作简单的图画书。
(3)通过游戏活动的开展,幼儿能将图画书的内容准确表达出来,感受语言和符号的转换关系。
(4)通过游戏活动的开展,幼儿能积极学认汉字,了解认读规律,并将已掌握的字词运用于生活中。

第二节 幼儿语言游戏案例分析

幼儿的语言游戏比较简单,主要以谈话游戏活动、讲述游戏活动、文学作品欣赏游戏活动等形式引导幼儿进行倾听和表达的语言学习,使其能够实现《指南》中3—6岁幼儿的语言教育活动目标。因此,幼儿园语言游戏的开展必须紧紧围绕幼儿不同年龄阶段的语言发展特点进行。

一、小 班

(一)语言发展特点

1. 小班幼儿倾听的特点

由无意识倾听到学习有意识倾听并表述。幼儿以自身活动或经历为内容,其中夹杂着一些想象的成分，表述的方式比较简单，欣赏文学作品较少，早期阅读的兴趣还不明显。

2. 小班幼儿的语言表达特点

3岁左右的幼儿正处于口头言语发展的关键期。这个时期幼儿的语言发展如雨后春笋，说话的积极性极高，词汇量大增。3岁左右的幼儿大约能掌握一千个词汇。不仅如此，他们连词成句的能力也迅速发展。

3. 小班幼儿的阅读特点

小班幼儿身心发育尚不完善，关于自然和社会的知识经验有限，因此，小班幼儿在阅读中的认知水平尤其是联想、推理水平较低。他们在阅读中的现状表现为：一是阅读的盲目性大，表现为看书无目的，翻书频繁且无规律，这样图书损坏率高而阅读率低；二是小班幼儿的思维过程常呈现一种无序的状态，且思维通常由行动引起，往往会先做后想，或边做边想；三是注意力水平不稳定，有意注意水平低下，观察的目的性较差。心理学认为，小班幼儿的集中注意时间为5～10分钟，因此他们不能长时间保持静态的阅读行为。因此，小班幼儿适合阅读色彩鲜艳、形象逼真，有重复语言、重复情节、单一画幅且内容熟悉的图书。

（二）案例指导与分析

案例1：

小班语言游戏活动方案——画一画

【活动目标】

1．理解儿歌内容，并正确讲述各种色彩的名称。
2．根据儿歌两段体的结构特征，尝试用画一画、说一说的方式仿编儿歌。
3．喜欢念儿歌，能轮流接说儿歌。

【活动准备】

1．幼儿人手1张白纸、1盒油画棒。
2．白纸若干张。
3．根据诗歌内容自制课件。

【活动过程】

一、通过演示儿歌的方式，帮助幼儿了解儿歌内容

1．教师出示一盒油画棒并提问："这是什么？你知道笔有什么用吗？"
2．教师拿一支粉红色的油画棒提问："这是什么颜色？"幼儿："粉红色，画一画。"教师："请你们看一看我画的是什么？"
3．教师点击课件桃树照片。（画棵桃树开满花）
4．教师出示橘红色油画棒，采用同样的方法，演示点击课件。以此类推，

表现儿歌的其余几句。(在出示油画棒时,重点引导幼儿认一认、说一说油画棒的名称,如橘红色、翠绿色、蔚蓝色、五颜六色等。)

二、集体学习朗诵儿歌《画一画》

1. 教师完整地朗诵儿歌,启发幼儿跟随教师一起看图片朗诵儿歌。

2. 带领幼儿重点正确讲述油画棒的色彩名称。

3. 引导幼儿与教师轮流接说儿歌,教师念第一句,幼儿念第二句;然后交换念儿歌。

三、鼓励幼儿想象、交流,引导幼儿仿编诗歌

1. 教师:"我们每个人都有许多彩色笔,你想用什么颜色的彩色笔画什么呢?"

2. 鼓励幼儿大胆想象,教师用相应颜色的油画棒在纸上用简笔画记录下来,鼓励幼儿用诗歌中的句型结构仿编诗歌。

3. 教师带领大家连贯地朗诵仿编的儿歌。

四、幼儿操作活动——"画一画"

1. 启发幼儿选择自己喜欢的颜色在纸上画画,教师巡视指导,鼓励幼儿与同伴交流。

2. 将幼儿的作品展示在黑板上,请幼儿一起连贯地朗诵仿编的新儿歌。

附儿歌:

画一画

粉红色,画一画,
画棵桃树开满花。
橘红色,画一画,
画个太阳天上挂。
翠绿色,画一画,
画片草原跑骏马。
蔚蓝色,画一画,
画个大海跳浪花。
五颜六色,画一画,
庆祝"六一"乐哈哈。

二、中 班

(一)语言发展特点

中班(4—5岁)是幼儿人生中掌握语言最迅速的时期,也是关键期。在这期间幼儿主要在各

种形式的语言交往中自然获得语言的发展。同时幼儿的听觉和言语器官逐步趋于完善，具备了正确发出语言的条件。并且通过听、看、摸、尝、闻等感官的感知获得周围的知识，继而发展其语言。语言的发展能提高幼儿的认识能力，而认识范围的扩大、生活经验的加深又丰富了幼儿的语言。中班的幼儿已经具备了对事物的直观感知和说一句完整话等特点，同时还会通过模仿学习掌握和使用辩论性语言、问候性语言、叙述性语言、描述性语言等，同时能够比较连贯地表达自己的意思。

1. 中班幼儿倾听的特点

不善于控制自己的注意力，不能认真倾听别人讲话，随意打断别人的讲话，爱插嘴等；对语言信息的接收理解力不强，不能把握语言信息整体，不会将语言信息整体化为部分，把握要点。

2. 中班幼儿的语言表达特点

能清晰地谈话，词汇开始丰富，喜欢与家人及同伴交流。能够独立地讲故事或叙述日常生活中的各种事物，但有时说话断断续续，因为幼儿还不能记清事物现象和行为动作之间的联系。他们还会根据不同对象的理解水平调整自己的语言，有时他们也能表述相当复杂的句子。中班幼儿不同于小班，他们愿意表达，词汇量有了一定的增加，开始尝试使用。又不同于大班，复杂的词汇虽然出现了，但并不准确或完整，比如，经常会听到孩子们说"因为……""虽然……"这样的关联词，但他们用得并不完整，不知道"因为"后面跟着"所以"，"虽然"后面还有"但是"。

3. 中班幼儿的阅读特点

第一，观察的有序性还不够，不能很好地观察每一页画面上的人物与背景，特别是与故事发展有密切关系的人物的动作、表情，因而无法理解关键性的故事情节。观察过程十分依赖成人的帮助。第二，思维形象具体，尽管中班幼儿已开始根据事物的表面属性概括分类，但思维过程常常呈现一种无序化的状态，表现在还不能将前后画面联系起来形成对故事的理解，语言表达还不连贯。第三，中班幼儿的有意注意在逐步发展，呈现出无意注意向有意注意转化的趋势，但注意的稳定性不够，部分幼儿仍未掌握翻书的基本顺序与方法，常常一下翻到后面，一下又倒回前面，需通过主题鲜明、色彩感强的图书画面和生动有效的阅读活动培养其注意的稳定性。第四，中班幼儿活泼好动，并富于想象，但不能很好地根据前后画面变化的比较，用想象补充故事发展中的空间。

（二）案例指导与分析

案例2：

中班语言活动——春雨

【活动目标】

1. 理解散文诗内容，并感受散文诗中的意境美。

2．尝试用"下吧，下吧，我要……"的句式创编诗歌。

3．知道雨对万物生长的作用。

【活动准备】

课件、图片（雨落在小鱼上、雨落在小草上、雨落在青蛙上等）。

【活动过程】

一、理解诗歌内容，感受意境美

1．提问导入："你们知道雨有什么作用吗？"引出诗歌。

2．播放课件（配轻柔音乐），理解诗歌内容。

（1）整体播放课件，感受诗歌意境美。

——教师："雨先落到了哪里？"（种子上）"种子说了什么？"

——教师："然后雨又落到了哪里？"（梨树上）"种子说了什么？"

——教师："雨最后落到了哪里？"（小朋友身上）"小朋友说了什么？"

（2）课件逐页回顾诗歌内容，动作表达"发芽、开花、长大"。

——种子说它要干嘛？发芽怎么用动作表达出来？

——梨树说它要干嘛？开花怎么用动作表达出来？

——小朋友说了什么？长大用什么动作表达出来呢？

3．幼儿跟教师有感情地念儿歌，强调朗读的情感语气。

——教师："这首诗歌美不美？我们用好听的声音念一念，也可以加上你们的动作一起来表达。"

二、创编诗歌

1．提问："春雨还会落到哪里？他们会说什么话？"

——幼儿自由发挥，反复练习句式"下吧，下吧，我要××"强调两个字的动词。

2．教师出示图片，幼儿选图并进行创编。

——教师引导幼儿用句式"下吧，下吧，我要××"创编最后的词为两个字的动词。比如小鱼说："下吧，下吧，我要游泳。"

三、结束部分

1．幼儿完整念诗歌。

2．小结。

教师："在大自然中有许多生物都需要雨水，雨水使植物发芽、生长，满足小动物所需要的水分。今天我们不但了解了雨的作用，还学会编诗歌了，真棒！"

附：散文诗

春雨

嘀嗒，嘀嗒，下雨啦！下雨啦！

种子说："下吧，下吧，我要发芽。"

梨树说:"下吧,下吧,我要开花。"
小朋友说:"下吧,下吧,我要长大。"
嘀嗒,嘀嗒,下雨啦!下雨啦!

三、大　班

(一) 特　点

大班幼儿的语言发展特点:

大班幼儿的语言更具有个性特点。幼儿在日常交往活动模仿语言过程中会表现出选择性和变通性。应该说,幼儿的模仿能力是超乎想象的,他们甚至能说出看过一两次的动画片中的台词,甚至会跟着学习。但这个过程中大班幼儿又会创造性地使用所学到的语言。如,幼儿接受了"如果"这一词汇后,在生活中就会常常说"如果我怎么样,老师要怎么样"等句子。

其次,大班幼儿在语言学习过程中还表现出了一定的综合能力。众所周知,词汇可按不同的标准进行分类,如表示水果一类的词语。幼儿在学习语言的过程中,不仅仅是学习语言的形式,同时也在揣摩语言所表达的含义。当他们理解了某些语言所代表的含义后,就会试着"以此类推"。如,告诉他们香蕉、苹果是水果后,他们就会问:"梨是水果吗?"其实,这个阶段就是幼儿在综合语言的过程。

最后,大班幼儿的语言发展还表现出了循序渐进的过程,幼儿逐渐学会积累词汇。幼儿在一岁左右开始开口说话,而此时只能说出如"妈妈"一类的简单词汇,随着年龄的增长和认知能力的发展,大班幼儿开始更加独立地探索语言的应用并学着积累语言,这时幼儿在语言学习方面表现出较强的欲望。

(二) 案例指导与分析

案例3:

大班语言活动——企鹅卡莱托

【活动目标】

1. 欣赏故事,理解企鹅卡莱托找工作频频失败的原因。
2. 能积极参与讨论,并结合情境,复述里面的重复句。
3. 鼓励幼儿学会坚持不放弃,建立自信心。

【活动准备】

绘本《企鹅卡莱托》;小企鹅、消防员、医生、警察、修路工人、园丁、养蜂人、服务员头饰各一个。

【活动过程】

1. 谈话导入。

——教师:"小朋友们,你的爸爸妈妈做什么工作呀,你觉得这份工作怎么样?"

——教师:"等你长大了,你最想做什么工作呢?为什么?"

——教师:"有一只小企鹅,它也急着找工作,但它可没那么幸运,我们一起来看看到底怎么回事,看看能不能帮帮它,好吗?"

2. 打开封面,观察画面。

教师:"请小朋友猜一猜,卡莱托可能去应聘什么工作岗位?"(消防员)"为什么?"(因为卡莱托站在消防局门口。)

3. 教师念读绘本第2、3、4页。

——教师:"卡莱托先去面试了消防员,成功了吗?"(没有)"为什么?"(因为消防员都是红色的,小企鹅不是。)"消防员是如何拒绝小企鹅的?"(可是你……不行不行不行,非常抱歉!)

4. 教师念读6~9页。

——教师:"小企鹅接着去面试什么工作?"(医生)"结果怎么样?"(小企鹅也当不了医生,因为小企鹅不像北极熊那样浑身白色。)"医生是如何拒绝小企鹅的?"(可是你……不行不行不行,非常抱歉!)

5. 教师和幼儿共同阅读10~25页。

——教师:"小企鹅先后找了多少份工作?分别是什么?"(消防员、医生、警察、修路工人、园丁、养蜂人)"成功了吗?"(没有)"那小企鹅的心情是什么样的?"(一开始"有些失落",接着"更加难过",到"沮丧极了",最后"彻底绝望了"。)

讨论:如果你是小企鹅,这么多次失败后,你还会继续坚持吗?为什么?

说一说:如果不放弃,你觉得小企鹅找什么工作比较合适?

6. 师生共同阅读26~29页。

——教师:"最终卡莱托找了什么工作?"(服务生大总管)

7. 教师小结。

教师:"企鹅卡莱托找了很多的工作都没有成功,但它并没有放弃,最终成功找到了工作。小朋友也一样,遇到困难和挫折的时候也要学会坚强,要有不怕困难,坚持到底的精神。"

8. 角色表演故事。

——教师:"孩子们,我们学了这个故事,你们想不想把这个故事表演出来呢?"(挑选好故事角色、旁白,开始情景表演。活动结束。)

(作者:广西贵港市普罗旺斯幼儿园 梁家梅)

【课后练习】

一、知识点识记练习

（一）单选题

1. 幼儿按照故事、童话的内容，分配角色，安排情节，通过动作、表情、语言、姿势等来进行的游戏被称为（　　）。

  A. 规则性游戏

  B. 结构游戏

  C. 角色游戏

  D. 表演游戏

2. (　　)是指用游戏的方法来开展的语言教育活动，目标是以培养幼儿倾听和表达能力为主。

  A. 讲述活动

  B. 谈话活动

  C. 文学教育活动

  D. 听说游戏

（二）简答题

1. 什么是幼儿园语言游戏？
2. 幼儿园语言游戏的特点是什么？

二、实践性练习

组织与实施一次幼儿园中班语言游戏活动，并撰写活动方案。

微课资源与习题答案

第七章 幼儿艺术领域游戏

【目标导航】

能力目标：组织和指导幼儿园不同年龄班的幼儿有效开展艺术游戏。
知识目标：了解幼儿艺术领域游戏的分类、基本类型及其基本特征。
素质目标：掌握不同年龄阶段艺术游戏的组织与指导策略。

【问题导入】

在欣赏小提琴协奏曲《梁祝》片段时，教师将活动区域分为舞蹈区域、绘画区域、打击乐演奏区域、手工区域，幼儿们可通过感受和体验音乐的流动，想象蝴蝶在花丛中飞来飞去的情景。教师鼓励幼儿们大胆地用肢体、线条、色彩、节奏和手工作品来表达出自己对音乐的理解和感受。幼儿们都按照自己的兴趣进入各个区域进行活动，根据教师提供的材料大胆地尝试，把自己的感受表达出来。

请思考：上述的区域活动属于游戏化的活动吗？有教师质疑，活动中每一个区域活动应当独立探索其技能性，要给予幼儿充分的指导，让幼儿掌握律动的动作、绘画的构图、打击乐的节奏、手工的要领等技能，才能满足教学的要求。这样做对吗？为什么？

第一节 幼儿音乐游戏概述

一、幼儿音乐游戏的概念

幼儿音乐游戏是指从适合幼儿的学习方式出发，将音乐活动以游戏的形式开展，让幼儿在玩游戏的过程中体验快乐，并获得情感共鸣，从而激发其对音乐的兴趣，以趣味化的游戏方式焕发幼儿的活动快感。音乐游戏要求幼儿必须根据音乐的性质、情感、节奏结构的要求进行游戏。规则都是建立在特定的音乐教育目的基础上，能帮助幼儿更具体形象地感受和理解音乐，获得一定的情感体验，使幼儿们在游戏和玩耍中掌握音乐知识和技能，渗透品德教育和审美教育。

二、幼儿音乐游戏的特点

游戏既是幼儿音乐活动的重要内容，同时也是开展音乐活动的手段和方式，幼儿音乐活动是以游戏为主要方式的教育。教育部于 2001 年颁布实施的《幼儿园教育指导纲要（试行）》中明确指出："幼儿园教育应尊重幼儿的人格和权利，尊重幼儿身心发展的规律和学习特点，以游戏为基本活动，保教并重，关注个别差异，促进每个幼儿富有个性的发展。"毫无疑问学前阶段的每一个教育领域都应该以此为目标，担负起促进每一个幼儿全面和谐健康发展的崇高使命。因此幼儿音乐活动主要包含三层特点：

一是将幼儿音乐活动与游戏的方式紧密相连，音乐教育活动在教师有组织的游戏中愉快进行。音乐之所以能够触及人的内心世界，起到沟通和交流的作用，是因为其本身具有强烈的愉快性和感染性。幼儿在轻松愉快的游戏化教学过程中不知不觉感受到音乐的美，享受参与音乐活动所带来的乐趣。

二是在幼儿音乐教育活动中渗透自由愉快、超功利、创造、平等的教育环境，让幼儿在进行音乐艺术活动时，在自由自主、无拘无束、愉快并且充满审美的幻想和创造中成长。

三是掌握一定的音乐技能是有必要的，但是在音乐活动中，幼儿的动作是否标准、声音节奏是否准确等技能学习应放在次要的位置，幼儿音乐活动的主体是在音乐活动中自然而然地学习。一个幼儿在歌唱时音准把握不好，并不意味着他就一定没有音乐才能，也许他有着出色的节奏感；一个幼儿在学习舞蹈时动作做得不够优美，也不意味着他就一定缺少音乐天赋，也许是他的动作协调能力不够好，但这并不妨碍他对音乐有着不寻常的感受能力；一个幼儿在学习节奏时慢一些也不要紧，我们可以用心去观察和发现他在其他音乐能力方面的优势。

三、幼儿音乐游戏的价值

每个幼儿心中都有一颗音乐的种子，音乐与游戏一样对幼儿有着无穷的诱惑，成为他们生活中不可缺少的组成部分。因此，对于幼儿的生活与成长而言，音乐是他们幸福生活的精神食粮，是他们表达思想、交流情感与共同交往的工具，是激发他们生命与智慧活力的甘泉。音乐对幼儿的情感、身体、认知以及个性、社会性等各方面全面和谐的成长有着极其重要的意义。

1. 音乐能丰富幼儿心灵，促进情感与人格的健康成长

音乐以活生生的感性形态存在于时空之中，以能激发人们的情感、情绪为最大特色，这与幼儿的认知特点与情绪特征完全吻合，幼儿对音乐具有一种本能的反应，丰富的旋律、鲜明的节奏、

动听的曲调会使他们情绪激动、身心愉快。幼儿在与音乐一起玩的过程中，始终自主、自由、开心、愉快，不断获得快乐的体验，不断迸发出创造性的灵感，幼儿常常通过富有创造性的声音、姿势、动作等音乐语言表达他们对外部世界的感知、理解、建构，以及内心的情绪与情感波动。

音乐给幼儿以丰富多样的审美感受。音乐的旋律在起伏变幻、抑扬顿挫、迂回曲折中，在动和静、高和低、快和慢、紧和松的对比组合运动中展现其特有的艺术魅力并激起幼儿感情的波澜，音乐既可以使幼儿兴奋，也可以使他们镇静，消除紧张情绪，获得丰富的情感体验。

此外，在健康向上的音乐活动过程中，幼儿可以广泛接触表现不同民族风格以及不同情感、内容的音乐作品，他们的心灵世界将逐渐变得丰富、充实与和谐，并潜移默化地懂得世界的多样性与文化的多元性，逐步形成爱美、求真、向善等积极向上的良好品质。

因此，幼儿音乐教育是一种有强烈艺术感染力的审美教育，能以幼儿喜闻乐见的感性形式，将音乐作品中蕴藏的形式美、内涵美潜移默化地滋润幼儿的心灵，陶冶他们的情操，丰富他们的生活，提高他们的素质，为幼儿一生的幸福生活提供宝贵的精神食粮。

2. 音乐能促进幼儿大脑发育，开发大脑潜能

人的大脑分为左右两半球，中间由两亿多条神经纤维组成的胼胝体相联系。大脑左右两半球在功能上既有一定的分工，又相辅相成。一般左脑主要掌管分析性思维活动等，右脑则主要掌管综合性思维活动等，整个大脑只有在左右脑机能同时高度发展并能够很好地协同活动的情况下才能更好地发挥其整体功能。传统教育常常过于偏重于分析性的语言学习及抽象思维能力的训练，忽视了各种以发展整体形象感知、整体思维加工、整体情感理解为主的学习活动领域的开发，以至于幼儿大脑右半球的潜力难以得到应有的开发。早期良好的音乐活动可以同时促进幼儿大脑左右半球机能的发展，进而优化整个大脑整体的工作能力。

同时，音乐活动能够促进大脑皮层重要中枢的发展。大脑皮层是一个整体，在进化过程中逐步形成了许多重要的中枢，人在从事不同的音乐活动的同时，大脑的各个不同中枢所接受的刺激量是不同的，因而获得的锻炼与发展也是不同的。如在音乐表演活动中，运动及运动感觉中枢将担任更多的控制、调节工作，而在音乐欣赏和创作活动中，更多的中枢将参与信息的收集与输出的过程。因此，丰富而全面的早期音乐实践能促使幼儿大脑各中枢经常处于积极的活动状态之中，从而促进幼儿大脑潜能的全面开发。

3. 音乐能促进幼儿认知能力的发展、激发智慧活力

音乐能促进幼儿感知能力的发展。音乐作为听觉的艺术，音乐活动主要是借助听觉器官来进行的，首先必须建立在听觉感知的基础上。学前阶段是人一生中听觉发展最迅速的时期，早期良好的音乐教育可以有效促进幼儿听觉感知能力以及听觉辨别敏锐性的发展。音乐能促进幼儿注意力与记忆力的发展。音乐作为时间的艺术是在时间持续过程中展开其形象的，因此，注意力以及音乐记忆力直接影响着人们对音乐形象的感知。早期良好的音乐教育可以有效培养幼儿的专注力，促进幼儿音乐记忆力的发展。音乐能促进幼儿解决问题能力的发展。在音乐活动中，幼儿能够发现并提出自己的问题，学会并清晰表达自己的思想，同时尝试在学习过程中主动探求解决问题的

途径。音乐能促进幼儿想象、思维与创造能力的发展。幼儿在喜爱的音乐活动中，能集中注意认真地倾听、歌唱与演奏，细致分辨旋律乐句的细微变化，对音乐展开自己大胆的想象并陶醉其中，积极探索各种创造性的音乐表现方式，其智慧也得到极大的激发。

4. 音乐能有效促进幼儿学习习惯

个性与社会性的健康发展使幼儿天性喜爱音乐，他们在音乐活动中总是乐此不疲，音乐活动有助于幼儿积极主动、自信、自尊等良好学习品质与个性的形成。音乐活动大多是集体性的活动，在合唱、合奏等需要集体协作的音乐活动中，幼儿只有相互协作、密切配合，才能演唱、演奏出动听、和谐的音乐，才会逐步懂得理解、倾听、接纳与欣赏他人，促进其自我意识的健康发展。在合作创编与共同游戏过程中，幼儿养成了分工合作，遵守规则的习惯，从而形成自律、自信与自我激励的意识。在收放乐器、与指挥进行交流与配合的过程中，幼儿感受到纪律、自制以及自我管理的重要性，逐步形成自律、责任感等社会意识。也正是在这些活动中，幼儿体验到集体表演与艺术创造的快乐，学习与他人非言语的交流、默契合作，学会理解、接纳、欣赏他人，这些都是他们将来进入学校与社会所必须具备的基本素质。

四、幼儿音乐游戏的主要类型

（一）幼儿音乐游戏的主要类型

音乐游戏是幼儿园艺术教育中非常重要的教学形式。常见的游戏形式主要有歌唱游戏、韵律游戏、演奏游戏、音乐欣赏游戏四种。

1. 歌唱游戏

（1）歌唱游戏的概念。

歌唱游戏是通过游戏的方式让幼儿享受唱歌的乐趣的活动形式。将歌唱与游戏相融合，通过游戏的形式让幼儿接受音乐教育，通过比赛的方式激发幼儿的好奇心、好胜心。

（2）歌唱游戏的基本特征。

歌唱是幼儿的另一种说话方式，能简单、有效地表达自己的情感和体验。幼儿歌曲一般旋律平稳、节奏简单、结构工整短小，教师可根据情况选择适宜各个年龄特点的儿歌。儿歌在歌唱时朗朗上口、极富童趣、旋律优美动听，幼儿可通过歌唱游戏去感受、听辨、表达音乐，让幼儿获得充分的满足感和成就感，同时鼓励幼儿大胆地表现自己。

（3）歌唱游戏的活动目标。

①幼儿喜欢参加歌唱活动，能感受歌曲中的美并能从中联想周围环境或生活中的事物。

②幼儿能用自然、好听、基本准确的音调和节奏参与歌唱活动，并能尝试运用速度、力度、音色、节奏节拍等表现手段表达自己的情感。

③幼儿用独唱、领唱、齐唱等不同演唱形式参与歌唱活动，感受其中的美。

④ 幼儿乐于尝试各种有关歌唱的创造性活动。

【知识拓展1】

常见的歌唱教学活动中，一般会设计一个合理有趣的故事情境，在情境中给幼儿一个玩传统游戏的理由，把我们的"控制不动""占位""模仿"或"传递"等传统游戏与歌曲元素相吻合的地方融合在一起，歌唱游戏的设计方案就完成了。其实传统游戏"点兵点将""抢凳子""木头人"，都可以用别的歌曲和故事情节代替并设计出新的歌唱游戏。智力游戏也可以成为歌唱游戏的设计思路。如在中班歌唱游戏《小雨点的歌》中，教师一开始就提出了一个问题，小雨点从很高很高的天空跳下来，池塘里的小青蛙很好奇地问小雨点，"哪里才是你的家？"这个问题就像一个谜语贯穿于各个环节里，因为教师设计了一个智力游戏，把答案藏在荷叶（带有磁铁的教具）的后面如房子、大树、池塘、花朵、雨伞，需要翻开荷叶才知道答案。幼儿的好奇心再次被激发。谁来猜呢？教师选择了"点兵点将"游戏来练习歌曲，被游戏点名的幼儿可以上去自选一张荷叶并翻开。被选出的荷叶里的答案是不是小雨点的家呢？幼儿通过自己的经验解释哪里才是小雨点的家，教师再通过水循环的科学事实让幼儿最终揭晓答案。最后的答案也有可能是"有爱的地方就是我的家"。

情景表演唱歌游戏是把歌曲里的情景表演出来，一边唱一边表演的游戏形式。教师可以把歌曲的内容用故事的形式让幼儿分角色、编动作去表演，也可以由教师事先设计好，如《兔子和狼》《何家公鸡何家猜》《小老鼠打电话》等。

2. 韵律游戏

（1）韵律游戏的概念。

伴随音乐进行韵律游戏，是指用有节奏的、协调的身体动作来表现音乐和音乐内容的游戏，这种游戏使幼儿在获得游戏快感的同时，肢体更加协调、优美、舒展。

（2）韵律游戏的基本特征。

幼儿的肢体动作由未分化的不随意阶段向初步分化的随意阶段发展，对幅度较大的单纯性动作较易掌握。肢体动作是幼儿感受与表达情绪最直接、最自然的手段，音乐与动作密不可分，随乐动作是让幼儿通过身体、动作感知音乐速度的快慢、力度的强弱、音调的高低、段落的结构等音乐基本要素，也是让幼儿有节奏地、有情感地表现音乐而达到提高肢体动作协调性的目的。

（3）韵律游戏的活动目标。

① 幼儿喜欢参与音乐伴随下的律动音乐游戏及舞蹈等肢体活动，能感受并表现音乐的节奏及基本情绪的变化。

② 幼儿能通过身体动作感知与表现音乐的速度快慢、力度强弱、音调高低、段落曲式等音乐的基本要素，并能随着音乐的变化而变换动作。

③ 幼儿乐于尝试各种动作创编活动，在跟随音乐的身体律动中培养听觉的专注力、动作的反应力和控制力，从而提高想象力和创造力。

【知识拓展2】

韵律游戏可以引导幼儿感受音乐，以玩游戏的形式让幼儿大胆去表现。从兴趣的角度来看，幼儿喜欢模仿动作，适当的夸张更能激起他们的兴趣，如兔跳、大鲨鱼咬牙、开火车、打地鼠等；从表现力的角度来看，随音乐自由做动作，比赛谁的动作反应敏捷，比赛谁创造的动作造型更加新颖，使幼儿富有好胜心去表现自己；从合作的角度来看，可以适当安排有结伴动作、同伴间相互配合的动作要求，如两个小朋友合作模仿"大树"的动作，或者"圆圈舞"等。当然也可以组织以游戏为主要模式的韵律游戏。具体组织程序如下：

（1）引导幼儿进入游戏情境中。

（2）引导幼儿感受音乐，重点感受音乐情绪、节奏以及音乐中与游戏情节、规则等相关的部分。

（3）引导幼儿对某些角色动作进行练习。

（4）幼儿在教师的指导下伴随音乐进行游戏。

（5）幼儿听音乐自主游戏。

3. 演奏游戏

（1）演奏游戏的概念。

幼儿演奏游戏就是幼儿通过拍打身体、敲击弹奏乐器或者击打生活物品进行节奏练习的游戏。它能培养幼儿的节奏感使其感受音乐美，也是幼儿学习节奏知识、练习节奏技能的有效途径。德国音乐家卡尔·奥尔夫认为打击乐器是人类最早掌握的乐器之一，幼儿易获得音乐享受，因为每一个幼儿都喜欢敲敲打打，对声音与节奏有一种天生的敏感性，演奏活动对幼儿本身就是一种有趣的游戏。

（2）演奏游戏的基本特征。

演奏游戏包括身体乐器与打击乐器，演奏时主要使用大肌肉动作来操作乐器，是幼儿较为容易掌握的。节奏感是无法从任何符号中学习获得的，必须通过肌肉反应与身体高度协调的动作来感知。因此演奏游戏是让幼儿说唱儿歌的同时拍打身体部位，或者在音乐伴随下的节奏练习，都是强调身体动作协调的体验。幼儿演奏能力的发展主要包括：操作乐器的能力、演奏乐器时的随乐性、合作性以及创造性。这四种演奏能力能使幼儿在演奏游戏体验音乐的情感和流动，使幼儿听觉、心脑、身体肌肉协调发展，逐步培养幼儿身心两方面去感受音乐，使幼儿积极地、主动地、创造性地完成节奏活动，在轻松愉快的氛围中掌握节奏。

（3）演奏游戏的活动目标。

① 幼儿喜欢在演奏活动中体验集体演奏与创造性演奏的快乐。

② 幼儿知道常见的打击乐器的名称、特点、演奏方法，发现其音色的不同。

③ 幼儿演奏的声音和谐、好听，有初步的协调配合能力，能集中注意力看指挥，反应敏捷，并愿意尝试当指挥。

④ 幼儿尝试根据音乐的性质、节拍，进行配置与创编节奏类型，参与制定演奏方案，进行各种形式的演奏。

⑤ 培养幼儿正确使用乐器的方法，养成其爱护乐器的良好习惯。

【知识拓展3】

演奏游戏让幼儿更自主地去探索游戏，探索乐器的演奏方式，通过不同的演奏方式，演奏出不同的音色，创造不同的节奏等游戏，在具体活动中有以下做法：

（一）故事情境游戏。

在打击乐教学活动中，选择歌曲《铃儿响叮当》，设置一个简单的故事情境，将幼儿分成四组。音乐开始部分，全体幼儿坐在椅子上做睡觉状，两个八拍后做起床动作；当音乐变化到A段时，全体幼儿离开座位，边敲击碰铃（用碰铃的声音营造圣诞的气氛）边走向春夏秋冬四个不同的工作场景，表现圣诞老爷爷骑着雪橇出去工作了；当音乐进入B1段时，春天组幼儿手拿各种铁罐做撒种子的动作，B2段时夏天组幼儿拿小鼓槌按节奏敲椅子做修雪橇的动作，B3段时秋天组幼儿按节奏拍球锻炼身体，B4段时冬天组幼儿有节奏地抖动各种纸，测试包装礼物的纸是否牢固。当圣诞老爷爷做完四件事，音乐变换到A段时，幼儿边敲击碰铃边走回座位，表示圣诞老爷爷完成工作后要回家了；音乐尾声部分，幼儿做睡觉或放松等动作。整个打击乐教学过程中，孩子们扮演圣诞老爷爷，始终处在"准备圣诞礼物"这样一个游戏情境中游戏，在不同的环节孩子们有不同的游戏任务。刚开始，在简单游戏情境中模仿简单的游戏动作来熟悉音乐，但动作要与音乐相匹配。之后，开始探索在变化的游戏情境中使用材料来演奏，比如，怎样让适用于春夏秋冬四季的不同器材发出声音，如何将声音特点与四季不同性质的工作进行匹配。在分组探索时，能否将已经熟悉的老爷爷工作的节奏迁移到乐器的使用中来完成四项工作……幼儿们在游戏中体验了成功，实现了游戏与教学的融合。

（二）材料游戏。

乐器是打击乐教学中的核心，在以往的教学中，教师最先考虑的是规范化地演奏乐器，如铃鼓、圆舞板、小铃等。渐渐地，在新观念的冲击下，教师们开始尝试将打击乐教学和生活活动相结合，将使用的乐器拓展到生活中各种各样的物品，如塑料桶、桌子、椅子等。尽管幼儿对用生活物品演奏打击乐很感兴趣，但这些材料的使用仍只是单纯的代替行为，是一种外在形式的游戏化。而现在，我们尝试让材料和游戏情境匹配起来，在故事中与角色需要相匹配，在音乐中与节奏、音色相匹配。例如：活动"圣诞老爷爷的王国"，圣诞老爷爷一年的准备工作分别是播种——修雪橇——锻炼身体——包装礼物。根据这样的情节，教师和幼儿们经过讨论，选择了日常生活中的材料作为打击乐的器材：在易拉罐里装上各种小豆子，抖动发出声音代表春天播种；把小椅子当圣诞老爷爷的雪橇，小鼓槌敲击小椅子发出声音表示老爷爷在修雪橇；在地板上一上一下地拍皮球，表现秋天圣诞老爷爷在积极锻炼身体；让各种材质的纸发出不同声响，表明圣诞老爷爷在包装礼物了。在这个活动中，打击乐的材料不再是常规的乐器，而是随着游戏情境的变化而变化的各种生活物品，这向幼儿们传递了一个信息——任何东西都可以用来奏乐，可以根据游戏情境选择合适的材料来代替乐器。因此，奏乐活动不再是缺乏情感的单纯的敲击活动，而是变成了有趣的游戏活动，幼儿们尽情投入，乐此不疲。

（三）演奏形式游戏。

关于打击乐教学演奏形式，以往教师会较多地考虑各种配器方案以及轮奏、齐奏等各种演奏形式，而在游戏化的打击乐教学中，我们希望给幼儿提供更大、更开放的探索空间。比如：从寻找材料开始，鼓励、引导幼儿自由探索，接着探索材料的发声方法，再探索让材料发出好听声音的方法，最后探索让材料发出我们需要的好听声音的方法。例如，活动"圣诞老爷爷的王国"，教师先引导："圣诞老爷爷邀请大家一起工作，提供了四种工具，铁罐、小木棒、皮球、报纸。怎么让这些工具发出声音呢？"幼儿们自由探索，让这四种工具发出了各种有趣的声音。接着，教师又引发新的讨论："那你们觉得哪一种最像撒种子呢？皮球可以用来做什么？报纸可以用来做什么？小木棒可以用来做什么？"然后，教师将四种工具分别放了在四张桌子上，并出示"春""夏""秋""冬"四个汉字，让幼儿确认刚才的选择，并一一匹配着贴上去。在接下来的游戏环节中，幼儿们分别用这四种工具发出声音，模仿圣诞老爷爷一年四季的工作，完成圣诞礼物的整个准备过程。最后，教师提出了三级挑战：一级挑战——每个人选一样没有尝试过的工具来跟着音乐做动作；二级挑战——每组共同讨论出一个更高级的演奏方式（可以增加节奏型的难度，也可以增加动作难度），然后跟着音乐试一试；终极挑战——尝试不断叠加式的演奏，即春天组先演奏，接着夏天组加进来，再接着秋天组加进来，最后冬天组加进来。在每次下一个组加进来的同时，上一个组仍然在演奏。这是一个逐渐累加的过程，音效也会越来越丰富。在上面的过程中，幼儿能很清楚地感受到演奏形式层层递进的过程，每一次新的演奏方式都是伴随着游戏情境而出现的，幼儿们从自由打击乐器、探索发声，到探索将演奏形式与游戏情境、音乐相匹配，游戏的空间、探索的空间越来越大，整齐划一的打击乐活动变成了探索性的"小乐队"活动，这种方式为幼儿们提供了更多自主学习的机会。他们会尝试讨论诸如谁的创意会被集体采纳，集体统一行动中的领导、服从和分工问题，等等，自然地面对各种矛盾和困难，自然地展开讨论、解决问题，体会互相尊重、互相配合和成功合作的各种感受。总之，通过对打击乐教学游戏化的研究，我们深切地感受到：打击乐活动不应仅仅是培养幼儿奏乐技能的活动，而应成为培养幼儿关注音乐、关注演奏工具、关注同伴、关注集体的载体。

4. 音乐欣赏游戏

（1）音乐欣赏游戏的概念。

音乐欣赏游戏就是融入节奏、演奏、歌唱、绘画、传统游戏等手段，以游戏的方式让幼儿感受音乐、理解音乐。审美是音乐教育的核心，音乐欣赏是培养幼儿音乐审美能力的重要途径。美国著名幼儿音乐教育心理学家詹姆斯·默塞尔在其音乐教育心理学名著《学校音乐教学心理学》一书中反复强调，在普通学校中音乐教育就是音乐欣赏教育，就是为欣赏而进行的教育。音乐欣赏是幼儿园一切音乐活动的基础，幼儿园任何一种音乐教育活动都包含音乐欣赏的成分。

（2）音乐欣赏游戏的基本特征。

一般来说，让幼儿较长时间地积极主动地沉浸于音乐欣赏中是比较困难的，这就需要幼儿较长时间地集中注意力，安静地去聆听音乐作品。以游戏的形式组织幼儿在与音乐的互动中获得对音乐的理解、想象以及对音乐表现手段的认识，促进幼儿深入感受、主动表现和积极创造。

音乐作品要符合幼儿年龄特点与认知水平。幼儿的思维是具体形象的，教师应着重考虑的是结构单纯、工整且长度适中的音乐作品，而且音乐所表达的内容和形象是幼儿所熟悉和理解的，可以让幼儿在欣赏音乐的过程中很容易地找出音乐中所表现的形象。

切合幼儿的音乐经验。艺术来源于生活，切合幼儿生活经验而开展的音乐活动有利于让幼儿借助经验发挥想象欣赏音乐作品。音乐欣赏活动前，教师应该有意识地帮助幼儿丰富相应的生活经验，并唤醒已有的相关生活经验，为开展音乐欣赏活动做准备。活动时，由于有了前期经验的铺垫，幼儿的学习重点变得十分突出，幼儿的注意力将集中于对音乐的听辨与理解上，当幼儿安静地聆听着时而舒缓、时而快活的乐曲旋律时，教师适时的引导更容易被幼儿理解和接受，避免了因学习难点过多而造成幼儿注意力分配的不足。

（3）音乐欣赏游戏的活动目标。

① 幼儿喜欢倾听自然界和生活中好听的声音和音乐，喜欢欣赏舞蹈、哑剧、曲艺、戏剧等多种多样的艺术形式，有倾听音乐与认真观看表演的良好习惯。

② 幼儿能初步感受所欣赏的音乐和各种艺术形式在内容、基本情绪、音乐形象情节以及不同演唱演奏及表演形式的艺术美，并初步体验音乐的主要表现手段（速度、力度、旋律、节拍、节奏、音区、音色等）在音乐艺术表现中的作用。

③ 幼儿能根据自己对音乐的感受和体验展开联想和想象，并用自己喜欢的方式进行大胆的表现与表达。

【知识拓展4】

要让幼儿在欣赏音乐活动过程中始终以一种积极、主动的状态参与，教师可以采取多种教学手段，充分调动幼儿各种感官，丰富和深化幼儿对音乐的感受与理解。

（一）听音乐的节奏、旋律，有效感受音乐的美。

对于结构工整、简单的音乐作品，教师在教学活动中可以让幼儿整体感知音乐的节奏和旋律，使幼儿对音乐形成一个初步、完整的印象，然后结合其他方式进行分段欣赏，逐步深入帮助幼儿体会音乐中表现出来的美。在《水族馆》的教学中，教师让幼儿完整欣赏音乐，并用语言表达自己对音乐的理解和感受；第二遍欣赏时，用合适的线条表现自己对音乐的感受。这种层层深入的整体欣赏不断加深对《水族馆》旋律美的感知。

（二）看图谱理解音乐旋律，有效表达情感。

面对抽象的、转瞬即逝的音乐艺术，教师在教学的过程中可以借助图像将抽象的音乐节奏和旋律进行形象化表达。如，大班音乐欣赏《水族馆》这个教学活动，在平缓的旋律中，教师用一条线代表音乐中的一个乐句，几个相同的乐句合起来就形成了一个乐段。波浪画得比较慢、比较大，它表现各种水草；波浪画得快、密，它表现鱼儿在游戏的状态；用圆圈代表鱼儿吐泡泡的乐句。通过这种具体、形象化的图谱，幼儿能够逐渐发现音乐的起、承、转，听出它细微的变化，音乐形象也会逐渐丰满和生动起来。这是教师根据音乐结构、内容、情绪和自己对音乐的理解以及幼儿的音乐经验来设计的图谱。这样，幼儿能够更容易理解、感知音乐所要表达的情感。

（三）做音乐游戏，有效表达对旋律的理解。

在音乐欣赏教学活动中，教师可以运用生动、形象的音乐游戏让幼儿感知音乐。其形式有：一种是音乐表演游戏，是让幼儿跟着音乐徒手进行的，并有一定的情境性；一种是音乐操作游戏，是让幼儿通过操作道具跟随音乐进行的游戏。如，在幼儿初步理解《水族馆》音乐后，我们以有趣的游戏介入，让幼儿仿佛置身于海底之中。幼儿佩戴头饰，扮演"小鱼""水草"，游戏规则是：水草动时小鱼不动，小鱼动时水草不动的动作。当音乐缓缓响起，请幼儿听音乐并找出各自的音乐形象。幼儿很快分辨出旋律优美的代表水草姐姐，快乐活泼的是小鱼弟弟，孩子们饶有兴趣地做小鱼和水草嬉戏的场景，幼儿跟着音乐的节奏将"小鱼在和水草玩""小鱼和水草跳舞"等诙谐有趣的场面表现得淋漓尽致。幼儿以极高的热情一遍又一遍地表演，通过身体动作感受音乐的旋律，对音乐作品有了更深的体会。

（四）借助于体态动作，使音乐成为看得见的身体活动。

音乐欣赏是听觉活动，肢体动作的配合对于幼儿感受作品是相当重要的。在教学中，我们可以尝试运用肢体语言来引发幼儿学习兴趣，引起幼儿对音乐形象的关注与感受。如，《水族馆》教学活动中，B段音乐轻快活泼，律动性强，但速度很快。首次执教时教师让幼儿自由学小鱼，幼儿各学各的，跳得气喘吁吁，还是跟不上节奏；对活动进行优化后，我们在地板上贴上圆点，让幼儿自由地穿梭，用熟悉的小跑步沿着圆点边跳，动作与节奏合拍，也能表现出B段音乐热烈欢快的效果。同时，我们引导幼儿用不同的动作与水草交往，如给水草施肥、摸摸水草、对水草点头等。

（五）适时的语言引导，有效表达对音乐的感受和理解。

在音乐欣赏教学中，教师恰当运用语言的手段，能够让音乐变得更加具体和形象，帮助幼儿感知、理解音乐作品，表达对音乐的感受。如，教师根据《水族馆》的旋律特点，尝试编制一些描述性及明确提示作用的小故事来帮助幼儿感受乐曲的节奏，在A*B*段式音乐中教师是这样讲的：水族馆住着许多的水草和小鱼，水草在水里轻轻地摆动，小鱼在水草边游来游去。小鱼和水草在水里成了好朋友，手拉手在水里游来游去，好朋友抱在一起了。整个故事简单明了，突出的情节与音乐的结构特点相吻合，在故事的启发下幼儿很快听辨出音乐的变化与不同，再通过幼儿集体听音乐进行表演，进一步感受音乐的特点，为幼儿下一阶段的自主表现积累相关经验。

第二节 幼儿音乐游戏案例分析

幼儿音乐游戏设计，要强调趣味性，从幼儿的好动、爱模仿、爱想象、爱创造等特点去挖掘音乐游戏的趣味性；尊重幼儿年龄发展特点；幼儿在游戏中探索；并鼓励幼儿大胆地表现与创作。

一、小 班

（一）小班幼儿音乐发展特点

1. 小班幼儿音乐倾听的特点

幼儿在三岁前获得的倾听经验是比较丰富的。在很小的时候，他们就对听到的声音产生浓厚的兴趣，比如，走路的声音、切菜的声音、电话的声音和户外环境的风声、雨声等。随着年龄的增长、活动范围的扩大，幼儿能听到的声音越来越多，幼儿会自主地分辨各种声音。因此在有意识的引导下，幼儿会按教师的要求，仔细地倾听各种声音，逐步养成注意倾听教师同伴的歌声和琴声伴奏的习惯，区别明显的音乐作品的性质，对不同的音乐情绪的乐曲有初步的感受。

2. 小班幼儿音乐节奏的特点

幼儿能掌握较简单、固定的节奏，一般为四分音符和八分音符，能初步感知速度、力度、旋律和音曲等音乐基本表现手段。速度要适宜，如果速度过快或过慢会对幼儿进行演唱或者演奏造成困难。

3. 小班幼儿肢体动作的特点

幼儿适合大肢体动作，能跟随音乐做简单重复的动作，如拍手、摆臂、学小兔子的蹦跳、学小鱼游的小碎步等。动作宜从原地的、单纯的上肢或下肢动作开始，逐步进入上下肢联合移位动作。音乐游戏的动作宜选择简单、变化少且重复多的，速度中等、匀速。这个年龄的幼儿对模仿自然界和生活情景很感兴趣，在教师的引导下进行创造性的表现，体验韵律或者在演奏活动中表达创造和交流的快乐。

4. 小班幼儿歌唱的特点

小班的幼儿能自然哼唱的音域一般为c1-a1，喜欢模拟自然界和生活中的声音。幼儿语言能力较弱，经常会发音错误，有时候唱起歌来没人听懂他在唱什么，因此对于歌词的理解非常有限。

（二）小班音乐游戏的组织与设计

如何让3—4岁的幼儿享受音乐游戏的乐趣？在对音乐进行中的技能准备进行练习的时候，可以用游戏的形式不断地调动幼儿的积极性，使他们在轻松愉悦的氛围中自主学习并大胆地表现。

案例1：

小班音乐游戏案例与分析——数豆豆

1=C　2/4　　　　　　　　　　　　　　　　　　　　　　　佚名　词曲

1	2	3	5	6	1̇ 6	5	-
一	二	三	四	数	豆	豆	
1̇	6	5	3	2	5 1	2	-
豆	豆	豆	豆	圆	溜	溜	
1	2	3	5	6	1̇ 6	6	-
五	六	七	八	数	豆	豆	
1̇	6	5	3	2	3	1	- ‖
装	进	我	的	小	兜	兜。	

【活动目标】

1．掌握乐曲节拍，能够边用手打节拍边学习演唱歌曲。

2．在熟悉歌曲的基础上，通过观察玩游戏的方法能理解游戏的规则和变化，乐于参与游戏。

3．在游戏过程中尝试大胆表达自己的想法，学会合作游戏，初步体验集体游戏的乐趣。

【活动准备】

1．浅的托盘一个。

2．彩色珠子若干。

3．透明塑料袋一个。

【活动过程】

一、导入：数豆豆

1．教师出示一个浅浅的盘子，里面有若干颜色鲜亮，大小适中的豆豆，请幼儿看一看这些豆豆，描述豆豆的样子（教师可提示："圆溜溜"的），教师事先告诉幼儿："这些豆豆是和小朋友玩游戏的，不是吃的，做完游戏了老师再给小朋友一些干净的豆豆吃。"

*提示：这一点对于小班的幼儿很重要。千万不要在上课的时候给幼儿真的食物玩，或作为学习的奖励。

2．教师先示范游戏，教师伸出食指，一下一下"点豆豆"，同时完整地清唱歌曲一遍。

提示：这是教师第一遍范唱。为了不干扰幼儿的听辨，一定要清唱。

唱完歌曲，教师将几个豆豆放进裤兜，问幼儿："豆豆装到哪里了？""装了几个豆豆？"幼儿猜一猜。教师从裤兜里拿出豆豆，放在透明袋子里，和幼儿一起数一数，装了几个豆豆。

二、学唱歌曲

1．教师提问："老师刚才是怎么数豆豆的？"和幼儿一起回忆、熟悉歌词。教师用动作带幼儿说一遍歌词，然后鼓励幼儿伸出食指，和教师一起边唱歌曲边"点豆豆""猜豆豆"。

提示：一般操作两次，以便让幼儿逐步熟悉歌曲和游戏规则，但一般不超过三次，以避免幼儿疲劳。

2．请个别幼儿到前面来"和豆豆玩游戏"，大家一起唱歌，唱完歌曲这名幼儿装几个豆豆放进自己的裤兜，其他幼儿猜一猜他装了几个豆豆。再请他从裤兜里拿出豆豆放在透明袋子里，幼儿一起数数他装了几个豆豆。

提示：这时，幼儿已经可以听到教师5～6遍范唱，对歌曲的听觉表象已经基本清晰稳定，可以跟随教师尝试演唱了。

三、跟钢琴伴奏唱歌、玩一玩"点豆豆"游戏

1. 幼儿们变变变，变成各种各样的豆豆，做出不同的豆豆造型，说说自己是什么样的豆豆，教师变成一个大兜兜，大家来玩一个"点豆豆"的游戏。教师走到幼儿面前，和幼儿一起伸出食指，从第一个幼儿开始随着音乐节拍边唱歌边一个一个点幼儿，歌曲唱到最后一句"装进我的小兜兜"时，教师张开手臂"装"幼儿，大家一起数一数"装了几个豆豆"。

提示：这已经是一个新的游戏了，在这个游戏中，幼儿一方面享受了用造型动作创造性地表现自己想象中的豆豆的愉悦，另一方面还通过期待教师与自己个别交往和被教师拥抱等体验享受社交温情的愉悦感。一般操作两次，以便让幼儿逐步熟悉歌曲和游戏规则，但不超过三次，以避免幼儿疲劳。

2. 接下来请一名幼儿在圈内一下一下"点豆豆"（点幼儿），"装豆豆"（双臂张开抱幼儿），"数豆豆"（数一数"装"了几个幼儿），接下来再由这名幼儿请下一个幼儿继续游戏，依次进行3~4名幼儿。

提示：这时，幼儿已经对新的游戏规则有些了解希望自己尝试了，教师可以退出，邀请志愿者来进行尝试。小班幼儿初步尝试的时候，教师最好跟随在幼儿身边，在必要的时候用动作和语言来提示，以便独立操作的幼儿能够保持操作的流畅性。一般操作两次，以便让幼儿逐步熟悉歌曲和游戏规则，但不超过三次，以避免幼儿疲劳。这时，幼儿已经可以尝试练习4~5遍范唱，基本可以跟随教师尝试演唱了。

四、游戏："豆豆钻兜兜"

1. 请两名配班教师手拉手搭成小桥的样子变一个"大兜兜"，教师也变成"豆豆"和所有"小豆豆们"拉着衣服变成"一长串豆豆"，大家一起边唱边用小脚一下一下踏着节拍从"大兜兜"下面钻过，唱完歌曲最后一句，两名配班教师放下手"装豆豆"，数数一共装了几个"豆豆"。

2. 请客人教师当"大兜兜"，所有幼儿和客人教师一起唱歌玩游戏。

五、结束活动：跳个"豆豆舞"

播放歌曲音乐，客人教师和幼儿一起跟着音乐边唱歌边跳"豆豆舞"，结束活动。

播放歌曲原唱，幼儿在跟唱的同时，教师可引导幼儿加入动作表现歌曲内容，在间奏部分教师可通过"豆豆拉拉手""豆豆转个圈"等提示，让幼儿互相配合拉拉手、转个圈等，最后一句可互相抱一抱，进一步欣赏歌曲、感受歌曲，表现歌曲。

提示：在活动中的最后时间里，特别是在自然放松比较热烈的氛围和大动作移动并交往的情境中，许多幼儿可以不再继续完整歌唱，而把注意力放在享受动作和交往方面。这是很正常很自然的事情。教师不必担心歌曲学习的质量问题，以后还可以在复习的时候继续练习。目前更重要的是让幼儿享受动静交替的舒适和社交温情带来的愉悦感。

二、中 班

（一）中班幼儿音乐发展特点

1. 中班幼儿音乐倾听的特点

幼儿倾听的能力得到更好的发展，如自主性、自觉性和听辨能力，能够按要求专心地倾听、观看音乐舞蹈戏剧表演，能初步听辨音乐中差异比较明显的音律，如音区高低、力度强弱、速度快慢。

2. 中班幼儿音乐节奏的特点

幼儿能够基本准确地演唱或者用拍手、踏脚等身体动作或可敲击的物品演奏节拍和基本节奏，在教师的指导下，幼儿甚至能够掌握附点节奏。此阶段可鼓励幼儿尝试设计简单的固定节奏。

3. 中班幼儿肢体动作的特点

这个阶段的幼儿身体大肢体动作以及手臂动作已经得到了很大的发展，下肢的走、跑、跳动作也逐步发展，能够自由地做一些连贯性的移位动作，动作速度和力度的要求也要逐步提高。随着年龄增长、动作控制能力增强，可以有一定的变化，以培养他们用动作反映音乐不同段落的速度和力度。

4. 中班幼儿歌唱的特点

中班幼儿的音域一般为 c1-b1，能用自然的、有表情的声音，较完整、准确地演唱一首短小的歌曲。发音咬字基本不存在很大的问题，对歌词的理解、听辨和记忆能力也有很大的发展。但是若没有伴奏走音的现象也时有发生。

（二）中班音乐游戏的组织与设计

案例2：

中班音乐游戏——快乐的小乐队

【活动目标】

1. 熟悉乐曲《快乐之歌》。
2. 感受音的高低和强弱，能用乐器等表现出来。

【活动准备】

1. 小钢琴若干架、三角铁和小鼓各一件。
2. 音乐《快乐之歌》。
3. 图片。

【活动过程】

一、区域活动中感受音的高低、强弱

（一）用小钢琴让幼儿体会音的高低。

幼儿在区域中自由探索，教师可以通过不断的讲评让幼儿知道音有高低，如同样的乐曲《两只老虎》分别在高音区，低音区弹奏，让幼儿发现不同。知道在小钢琴上高音的位置、低音的位置。

（二）给卡片找家让幼儿回忆分辨生活中音的强弱。

让幼儿回忆生活中的各种声音，给卡片找到自己家，如打雷的声音是响的，就把它归到"强"的家里，反之归到"弱"的家里。

（三）在区域游戏里让幼儿欣赏《快乐之歌》。

熟悉旋律，感受旋律，会用乐器来打击音乐的节奏，教师在指导过程中可以引导幼儿用不同的乐器，如小铃、三角铁、鼓等表现音乐，同时教师可以引导幼儿敲击出不同的节奏。

二、集体活动中感受音的高低和强弱

（一）让幼儿欣赏音乐《快乐之歌》，通过提问引导幼儿发现乐曲有的时候出现高音，有的时候出现低音，并请幼儿找出高音、低音。

（二）请幼儿做"小小乐队"，听到高音、低音能用不同方式代替，教师可示范用三角铁代表高音，用小鼓代表低音，听到乐音在高音部分出现就用三角铁打击节奏，听到乐曲在低音部分出现，就要用小鼓来打击节奏，并引导幼儿一起尝试。

（三）可引导幼儿自己想出各种办法来区分：如让幼儿提出用铃鼓表示高音，用跺脚表达低音；用拍手表示高音，用小铃表示低音。一名幼儿讲到的方法，教师和其他幼儿都可以跟他一起玩玩，可反复多次。

（四）教师除了引导幼儿区分音的高低，还应该引导幼儿区分音的强弱。教师可以通过提问再次引导幼儿欣赏音乐，体会出音乐的强弱之分。

（五）教师和幼儿一起游戏，听到强音由男生打击节奏，听到弱音由女生打击节奏。也可以请幼儿想出其他表示方法。

提示：

1. 为了提高游戏的趣味性，教师可以增加一些规则。如用一些小帽子，谁能分清音的高低强弱就戴上一顶小帽子，反之则摘掉小帽子，看最后谁戴帽子的时间最长。

2. 集体活动可以根据班级情况分为二次完成，可以第一次区分音的高低，第二次区分音的强弱。

三、区域游戏中再次感受音的高低、强弱

在区域游戏中，教师可引导幼儿互相协商好如何表达音高音低。鼓励幼儿大胆表达。

【活动指导】

幼儿能区分音的高低、强弱最主要的是在日常生活中感受，因此找来小钢琴让幼儿感受音的高低，找来许多卡片让幼儿回忆各种声音的强弱是相当重要的。除此以外就要让幼儿用不同的方式来表现音的高低和强弱。如运用乐器，运用四肢的活动等，通过多种形式就可以让幼儿不断感受、不断表现，从而正确区分音的高低和强弱。

图 7-1　幼儿使用乐器进行游戏

三、大　班

（一）大班幼儿音乐发展特点

1. 大班幼儿音乐倾听的特点

在教师的引导下，幼儿听觉的分辨能力更加精细，开始能够感知音乐作品中的细节部分，还能够感受辨别较为复杂的器乐曲结构、音色以及情绪风格上的细微区别，逐步养成安静、专心、有感情地倾听的习惯。

2. 大班幼儿音乐节奏的特点

幼儿可以掌握三拍子歌曲的节奏、弱起节奏、切分音符等难度较大的节奏。幼儿的随乐意识和能力进一步发展，能够自如地运用简单的节奏，跟着音乐节奏，更自觉地注意倾听音乐，努力使自己的演奏或演唱与音乐的速度力度变化一致。

3. 大班幼儿肢体动作的特点

幼儿大肌肉动作向精细动作发展，动作的自控能力逐步增强，上下肢动作可以自如地变换速度和幅度，还可以做一些更复杂的互相协调配合的动作，如眼和手、手和脚、腰和手，并且能够自如、熟练地表现音乐的节奏。

4. 大班幼儿歌唱的特点

幼儿的音域一般为c1-c2，逐步理解音调的高低、乐句的长短、声音的力度，能记忆和理解篇幅较长的歌曲，对于熟悉的歌曲清唱也大体能唱准。

（二）大班歌唱游戏的组织与设计

案例3：

大班音乐游戏案例与分析——老狼老狼几点了
莫扎特弦乐小夜曲

1=D 2/4　　　　　　　　　　　K239　作品 239　选段　D大调

第一段：

$$\|: {}^\#4\ 5\ {}^\#4\ 5\ 4\ 3\ 2\ 1\ |\ 4\ 4\ 2\ {}^\#3\ |\ 1.\ 7\ 7\ 6\ |\ 4.\ 3\ 3\ 2\ |$$

$${}^\#4\ 5\ {}^\#4\ 5\ 4\ 3\ 2\ 1\ |\ 4\ 4\ 2\ {}^\#3\ |\ 1.\ 7\ 7\ 6\ 4\ 2\ |\ 1\ 7\ 1\ :\|$$

$$\|: {}^\#1\ 2\ {}^\#1\ 2\ 1\ 7\ 6\ 5\ |\ 5\ 5\ 5\ |\ 1\ 1\ 2\ 5\ |\ 5\ 5\ 4\ 3\ |$$

$$7\ 1\ 7\ |\ 7\ 1\ |\ 7\ 1\ |\ 7\ 1\ |\ 7\ 1\ 7\ |$$

$${}^\#4\ 5\ {}^\#4\ 5\ 4\ 3\ 2\ 1\ |\ 4\ 4\ 2\ {}^\#3\ |\ 1.\ 7\ 7\ 6\ 4\ 2\ |\ 1\ 7\ 1\ :\|$$

第二段：

$$\|: 5\ 5\ |\ 1\ 3\ 3.\ 2\ 1\ |\ 7\ 5\ 5\ |\ 2\ 4\ 4.\ 3\ 2\ |\ 3\ 1\ 1\ |$$

$$1\ 7\ 6\ 5\ 4\ 3\ 2\ 1\ |\ 7\ 1\ 2\ 3\ 2\ 3\ 4\ 5\ |\ 3.\ 2\ 1\ 7\ 6\ |\ :\|$$

$$\|: 5\ 5\ |\ 5\ 3\ 3.\ 2\ 1\ |\ {}^\#2\ 4\ 6\ 6\ |\ 6\ 4\ 4.\ 3\ 2\ |\ 1\ 7\ 5\ 5\ |$$

$$4\ 3\ 2\ 3\ 4\ 6\ 5\ 4\ |\ 2\ 4\ 5\ 6\ 5\ 6\ 7\ 1\ |\ 6.\ 5\ 4\ 3\ 2\ |\ :\|$$

结尾：

$$7\ 1\ 7\ |\ 7\ 1\ |\ 7\ 1\ |\ 7\ 1\ |\ 7\ 1\ 7\ |$$

$$^\#4\ 5\ {}^\#4\ 5\ 4\ 3\ 2\ 1\ |\ 4\ 4\ 2\ {}^\#3\ |\ 1.\ 7\ 7\ 6\ 4\ 2\ |\ 1\ 7\ 1\ :\|$$

【活动目标】

1. 幼儿在"老狼老狼几点了"的游戏情节中感知乐曲的曲式结构。

2. 幼儿在游戏活动中能分辨不同的音色，并根据不同音色做出相应的动作。

3. 幼儿在游戏中体验与同伴间合作游戏的快乐。

【活动准备】

头饰（狼、羊）、音乐图谱。

【活动过程】

开始部分：师生共同回忆游戏"老狼老狼几点了"的游戏玩法。

基本部分：

1．初步感知音乐。

（1）以简单的故事引入。

（2）出示图谱，感知音乐。

2．在游戏情节的帮助下，理解乐曲结构。

（1）教师根据音乐帮助幼儿分析乐曲结构。

（2）分析角色：狼和小羊都在图谱的什么地方呀？图谱中什么地方分别代表狼和小羊？教师小结，指图和幼儿共同说一遍，将图谱与音乐相结合。

（3）引导幼儿给角色加上简单的动作：老狼和小羊可以用什么动作表示？请幼儿随音乐做动作（再次欣赏）。

3．分角色感知音乐中的不同音色，分角色进行游戏。

（1）引导幼儿感受两种不同的音色。

（2）听音乐和教师一起玩游戏。

① 教师当狼，幼儿坐在椅子上做造型进行游戏。（第一遍）

② 幼儿从椅子过渡到游走做造型动作。（第二遍）

（3）幼儿分角色进行游戏。

请部分幼儿当老狼，部分幼儿当小羊，小羊进行游走，当听到老狼的音乐时，要立刻停下做造型，没有及时停下做造型的将被狼抓住。

（4）幼儿两两结合进行分角色游戏。

两名幼儿结合商量好角色，进行游戏，最后老狼被打晕在地上，幼儿互换角色进行游戏。提醒幼儿听清楚音乐，并根据音乐做出相应的角色动作。

4．扩展想象，大胆猜想。

提问："你觉得这段音乐还能玩什么平时我们玩过的游戏？"幼儿大胆地想，并说出自己的理由，如何进行游戏等。

【活动指导】

1．首先分清狼和小羊两种角色，双方只在属于自己的音乐时做出相应的动作。

2．当表现小羊的音乐响起时羊群四散游走，当表现老狼的音乐响起时小羊快速立定做一个造型动作，没有及时做造型的小羊会被老狼抓到。

3．集体游戏后，幼儿两两结合进行游戏，交换角色。

第三节 幼儿美术游戏概述

一、幼儿美术游戏的概念

《幼儿园工作规程》里提到"游戏是幼儿园的基本活动",在幼儿的美术活动中应以游戏来开展。幼儿美术有别于成人美术的本质就在于其游戏性,是幼儿成长性需求的满足,是他们借助画笔、色彩,运用多种手段来表现自己的一种活动方式,没有功利心,是幼儿客观反映生活环境中的人、物、事的活动,是幼儿表达情绪、情感的特殊形式。

二、幼儿美术游戏的特点

成人美术一般在创作一件美术作品时,在明确主题后必须考虑构图形式、造型处理、色彩配置以及表现方法(包括工具材料),上述四点构成绘画的基本要求。而幼儿的美术却不需要构图形式的变化,强调的是幼儿天马行空的想象力;无须担心造型处理的可笑,强调的是幼儿毫无顾忌地敞开心灵;也无须担心表现方法的稚拙,强调的是幼儿全身心投入而乐在其中的玩耍。

三、幼儿美术游戏的价值

幼儿美术教育本身就是一种游戏,他们饶有兴趣地创作、涂鸦,是在表达自我的真情流露,线条、色彩、造型的介入只会更丰富幼儿们表达情感、想象力、创造力的方式,对于幼儿们的成长具有重要意义。

(一)培养幼儿的美感和审美情趣

艺术活动的最终目的在于引导人们去发现美、欣赏美,并为我们的世界创造一切美好的事物。幼儿园美术教育的功能,从艺术学的角度来看,是积极培养幼儿对美的感受性,引导幼儿审美观的发展。

幼儿对美的事物的感受带有直觉性,虽然还很幼稚、肤浅,但已有了初步的审美意识。他们喜欢色彩鲜艳、形象夸张的事物。我们可利用周围环境生活中一切美好的事物打动幼儿的心灵,如春暖花开时,带幼儿去野外寻找春天,放风筝,摘野花;夏天带幼儿欣赏荷花,在草地上打滚;秋风习习时,带领幼儿去树林捡落叶、摘野果……利用自然界、社会生活中的美好事物向幼儿进行美的启示和教育,并为幼儿创设一个充满艺术氛围的生活和学习环境,使美的感受得以深化,演化为自身对美的事物的追求与表现,因而变得更富有人性,并通过各种不同的美术活动,如绘画、泥塑、剪纸等,使幼儿把自己美的体验和真实情感倾注在艺术创作之中,从中体味现实生活的美好,这种创造对幼儿来说是快乐的。

(二)使幼儿个性得到自然发展

赫伯·里德指出:"教育的目的在于启发培养人的个性,顺应幼儿自然本性的发展。"美术教育是表现内心的艺术,幼儿通过视觉艺术这一方式来表达个人的感受,从中体验到快乐、成功,美术活动为幼儿提供了自我表现的最佳形式。

幼儿总是随心所欲地表现自己的想法和愿望,画面丰富,充满想象。他们的画多为抽象画,线条歪歪扭扭,图形没有规则,画面虽凌乱,却表达了他们的思想和对事物爱憎的情感。如大班幼儿的《恐龙滑梯》:许多小恐龙在恐龙妈妈背上滑滑梯,有翼龙、剑龙、霸王龙等,个个形态可爱、形象。

(三)挖掘幼儿的创造潜能,培养创造能力

艺术活动的目的不在于培养多少职业艺术家,而在于利用这一手段启迪幼儿成为他人艺术的欣赏者和自己艺术的创造者。陈鹤琴先生也曾指出:"从前的艺术太注重技能,现在的艺术是注重儿童的个性,儿童的天真,儿童的创作。"

每个幼儿都具有创造的潜能和天赋。孩子们喜欢涂涂画画、敲敲打打、搓挖泥巴、堆砌沙堆,对各种各样的形与色有着浓厚的兴趣。发展幼儿在美术活动中的艺术表现力和创造力的主要方法有以下几条。

1. 帮助幼儿归纳和提升经验,为艺术创作积累素材

幼儿的艺术表现以经验为基础,创设条件,丰富幼儿的生活经验,通过谈话、交流,回忆已有的生活体验。如在画主题画《各种各样的车》之前可让幼儿观察、讨论见过的各种车辆,回忆各种车辆的外形特征、用途等,使幼儿更好地结合经验进行表现。

2. 提供丰富多样的材料,创设自由宽松的活动环境

鼓励他们把想到的和感受到的,自由、轻松、愉快地进行表现,在这一自然而然的过程中幼儿的创造性逐渐丰富。如可提供几段风格各异的乐曲,让幼儿听乐曲想象创作。有的幼儿听到《梁祝》中的一段音乐用大波浪线表现蝴蝶正在飞舞,有的听到《金蛇狂舞》的乐曲,用许多线条交叉、缠绕着来表现热闹的气氛。

3. 鼓励合作绘画,促进创造能力的发展

有的幼儿思维敏捷,想象丰富,有的幼儿思路狭窄,缺乏想象等,可让幼儿在多种形式的合

作中进行互补、互相促进。如在绘画《神秘的太空》时，一个幼儿想到了画飞船，其他幼儿在他的启发下，画出了各种星球，还有航天飞机、火箭等。幼儿了解幼儿的程度比成人所能了解的更为深刻，幼儿教幼儿有利于幼儿的理解和接受，让幼儿们在自由创作中体验成功。

4. 在幼儿创作兴致正浓时，不轻易打扰他们

我们以前在美术活动时，生怕能力弱的幼儿不会画，画不完整，常在开始绘画不久，就举起画得棒的幼儿的作品进行表扬，让其他幼儿以此为榜样。殊不知，多少幼儿正沉浸在自己丰富的想象、创作中，这一打断，还有多少幼儿能继续刚才的创作。他们茫然的表情让我们不得不反思，这样的打断以后还要继续下去吗？教师应该想想如何保护幼儿们宝贵的想象、创造的良机。放手让幼儿自由创造，他们脸上的微笑提示了我们，幼儿正体验着他画中的情感。

（四）让美术完善幼儿的人格

美术活动为幼儿真正人格的发展提供了一个得天独厚的条件。对于幼儿来说画画是一种游戏，是一种轻松、愉快、易行的活动。在画的过程中体验到绘画的快感，绘画这种活动能够使幼儿的心理感受和心理变化（生气、高兴、自卑、喜爱等）很自然地通过绘画抒发、发泄出来。绘画对幼儿心里有一定的调整作用。如大班的幼儿早上入园时哭得很伤心，因为爸爸妈妈有事去奶奶家不能带上她。在美术活动时，她画的《奶奶家》画面上用一个框画出了奶奶家的情景，角落里，一个小女孩正伤心地流泪呢。幼儿把心里的感受表现在画面之中，使她发泄了不满，也让她能调整好心情，真正投入集体生活中来。

四、幼儿美术游戏的种类

（一）幼儿美术活动主要类型

美术属于一种独特的艺术语言，使用一定的材料和手段，通过线条、色彩、形状塑造出可视性的平面形象。幼儿的美术游戏有许多，常见的有涂鸦游戏、绘画游戏、手工游戏三种。

1. 涂鸦游戏

（1）涂鸦游戏的概念。

涂鸦游戏是指幼儿在纸上、墙上随处进行的即兴涂抹活动。涂鸦游戏主要以区角活动为主，是一种体验型游戏，重要的是随意涂抹和创造的快乐。涂抹出来的结果就是即兴的"作品"，对于幼儿来说更像是一种快乐的操作性游戏。

（2）涂鸦游戏的基本特征。

涂鸦与幼儿动觉的发展以及视动经验有关，它是幼儿练习和发展大肌肉整合运动以及精细动作控制的过程。罗恩菲尔德把幼儿涂鸦分为四个阶段：首先，无序、无控制的运动，画面常出现

混乱和无组织状态；其次，线形涂鸦，重复动作，建立起一些动作活动的协调性和控制感；再次，圆形涂鸦，对动作表现出更高的控制能力，这需要更多的运动能力和更复杂的动作；最后，命名涂鸦，幼儿把动作与想象经验联系起来，从单纯的肌肉运动转向想象思维。因此，在涂鸦的不同阶段中，幼儿练习了对自己身体不同的控制能力。教师在组织涂鸦游戏时不具体要求色彩、线条和构图，充分给予幼儿想象力、创造力的发挥。涂鸦游戏的组织过程中，教师在提供游戏材料及工具、创设游戏情境、交代游戏主题后，主要的任务是观察，用什么涂、怎么涂、在哪里涂、涂什么、和谁涂都由幼儿决定，教师要做的就是引导幼儿玩完涂鸦游戏后要及时整理游戏工具和材料并做好清洁。

（3）涂鸦游戏的主要类型。

常见的涂鸦游戏按照目的可分为无意涂鸦游戏和有意涂鸦游戏；按组织形式可以分为自主涂鸦游戏和涂鸦教学游戏；按涂鸦游戏的方式可以分为画涂、喷涂和点涂；按涂鸦的工具可分为笔涂、指涂和生活用品涂等形式。

图 7-2　幼儿点涂作品

（4）涂鸦游戏的活动目标。

① 幼儿喜欢参加多种美术活动，激发幼儿创造性的表现。

② 利用多种绘画工具和材料，培养幼儿对生活中各种艺术形式的兴趣。

③ 幼儿初步寻找周围环境和美术作品中美的能力并发现美，反映现实生活和人的思想感情。

【拓展知识 5】

1．涂鸦游戏主要以区角活动为主，是一种体验型游戏，重要的是随意涂抹和创造的快乐。在涂鸦游戏过程中教师可以观察幼儿的发展水平，要投放充足的自主涂鸦游戏的材料,如彩笔、喷壶、白纸等可以涂色和可以被涂上颜色的物品,让幼儿有很大的选择余地。

2. 教师在设计涂鸦游戏时应主要对主题和情境进行设计,而不是具体的色彩、线条和构图上的要求,否则会影响幼儿的想象力、创造力的发挥。如小班涂鸦游戏"奇妙的颜色"让幼儿通过自己的单色、双色以及多色之间的涂抹来感受随意涂抹的快乐和色彩混合后的奇妙效果。再如:大班"快乐的生活"涂鸦游戏中,有的幼儿随手用巧克力颜色涂成火炬冰激凌形状的滑梯,游戏结束后请他讲述画的是什么,他说,是巧克力,又是冰激凌,还是滑梯。

3. 涂鸦游戏的组织过程中,教师在提供游戏材料及工具、创设游戏情境、交代游戏主题后,主要的任务是观察。如果是自主游戏,教师不要干扰幼儿游戏的自主性。自主涂鸦游戏的特点就是用什么涂、怎么涂、在哪里涂、涂什么、和谁涂都由幼儿决定,教师要做的就是引导幼儿玩完涂鸦游戏后要及时整理游戏工具和材料并做好清洁。如果是教学游戏,教师不要轻易打断,也不要随意提醒,只需静静地观察,最后可以让幼儿展示涂鸦作品或讲述涂鸦内容,而不要对幼儿涂鸦作品进行评价。

2. 绘画游戏

(1)绘画游戏的概念。

绘画是造型艺术中最主要的一种艺术形式,它主要是在平面(二度空间)上塑造静态视觉形象的艺术形式。幼儿绘画游戏主要是围绕提高幼儿基础技能来生成、设计和组织的。

(2)绘画游戏的基本特征。

"画画就是将内心的经历表达出来,让其他人可以看见",幼儿在绘画时最希望的是人们能够理解他想要通过画来表现的内容以及情感,而不同的绘画阶段、绘画形式的发展和幼儿本身的发展是有着密切关系的。幼儿的绘画活动由于发展阶段的不同,各个时期又各具特色。

涂鸦期:又叫乱画期(约2—3.5岁)。这一时期的幼儿,只是画着不规则到略有规则的线条。这些线条只是手运动的痕迹,没有意图。

图 7-3 涂鸦期

象征期:又叫命名期(约3.5—5岁)。这时的画出现了意图。幼儿任意画了一条线,联想到绳子,就说画的是绳子。后来,常常是先说画一只鸭子,然后画上一条曲线,就象征着是鸭子的"形象"了。

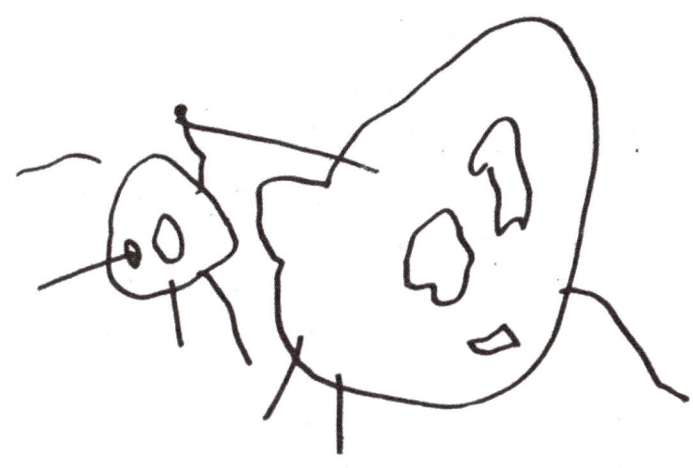

图 7-4 "爸爸和我手牵手去玩"

略图期:也叫图成期(约5—7岁)。这时期的特点是以不完整的画面形象,表现脑子里不完整的形象。

(3)绘画游戏的活动目标。

① 审美情感:乐于参加绘画活动,体验绘画活动带来的乐趣,喜欢用自己的绘画语言表达自己的想法和感受。

② 审美感觉:找各种绘画工具和材料的种类和基本用途,知道不同色彩、造型和构图的含义及其在实际绘画中的应用方式。

③ 审美表现与创造:能运用恰当的工具和材料,选择适宜的色彩造型和构图去表现自己的情感、理解和想象;能用适当的方式评价自己和同伴的作品;能利用各种材料,用色彩、图案和图形组合等方式创造性地表现自己的想法和感受。

【拓展知识6】

(1)涂色游戏。主要是教师提供一些易于平涂的单线图形,如幼儿比较喜欢的卡通形象,让幼儿将喜欢的颜色涂上去。

(2)点线面装饰游戏。它是让幼儿通过游戏的方式进行不同线条、点或形状形成的面进行绘画练习,如直线、折线、曲线等以及方形、圆形等图形。小班的"路灯高又直"的游戏是分别让幼儿用画笔在纸上画直线和折线,"小金鱼吐泡泡"的游戏是分别让幼儿练习画圆形以及与直线相结合的游戏。当幼儿掌握了各种类型的线条的画法后,就可以进行难度更大的游戏,如"小猫和他的胡子"就是小朋友在掌握了直线、曲线、圆形等元素以后,用圆形画猫脸、用曲线画眼睛、用直线画胡子。

（3）构图游戏。它是让幼儿通过游戏的方式进行基本绘画构图的练习。如:"哭娃娃,笑娃娃"的游戏就是通过画不同表情的娃娃让幼儿进行对称构图练习的游戏,"为爸爸衬衫装口袋"的游戏就是通过给爸爸的衬衫画口袋让幼儿进行不对称构图练习的游戏。

3. 手工游戏

（1）手工游戏的概念。

手工游戏是幼儿使用一定的制作材料进行游戏性的手工操作、制作的造型活动。手工活动能很好地发展幼儿的手眼脑的协调性、手的灵活性能及形象思维能力、空间知觉能力,让幼儿在边动脑边动手的过程中感受、欣赏造型的美,感受动手摆弄的奇妙趣味,大大提高幼儿的活动成就感。

（2）手工游戏的基本特征。

手工作品的一切内涵都要通过外形的塑造来呈现,不同的材料经过合理的加工、制作才能变成理想的东西,这就要求幼儿必须对材料工具和技术进行体验和了解才能实现造型,这是幼儿手工活动的基础。

喜欢摆弄东西是幼儿的天性,他们怀着好奇心面对周围世界的一切。幼儿对随手捡来的树叶、木棍、泥团、石头、纸片都感兴趣,更对亲手做一件东西感兴趣。给他黏土,他就会用手指去捏、压、拧着玩;给纸他就会撕、揉、折来折去,与材料的接触过程,是他们认识世界的感觉经验,也是造型的基础体验。

幼儿的手工活动是由粗糙、稚嫩、不准确的阶段逐渐发展到一个比较细致生动、准确的过程。幼儿手的骨骼肌肉发育随着年龄的增长,从无目的的活动期到基本形状期再到样式化期发展,在手工活动不断的锻炼下,幼儿的手会越来越灵活。

（3）手工游戏的主要类型。

手工游戏按照动手操作形式可以分为捏弄、折叠、摆搭、撕贴、剪贴、点染、拓印、吹涂、雕塑等游戏。手工游戏按材料可以分为纸工游戏、泥工游戏、布工游戏、拓印游戏、综合材料制作游戏五种。纸工游戏包括撕纸、折纸、剪贴画、纸雕、纸盒玩具制作等;泥工游戏包括捏橡皮泥、黄泥、陶泥等游戏;布工游戏包括贴布画、布玩具制作等游戏;木工游戏包括木制玩具的插接、树皮贴画、刨花粘贴等游戏;综合材料游戏指的是豆类、蛋壳、棉花、麻绳等生活材料的编结、粘贴、拼接等游戏。

（4）手工游戏的活动目标。

依据《指南》教育理念,以及幼儿的手工能力发展特点,幼儿手工教育的目标定为以下三个方面:

①能大胆地塑造和制作多种平面和立体的手工作品,用以美化周围环境和进行游戏活动。

②能积极投入手工活动,体验手工活动的乐趣。

③初步尝试不同手工工具和材料的基本使用方法,养成良好的手工活动习惯。

第四节 幼儿美术游戏案例分析与指导

一、小 班

（一）小班幼儿美术发展特点

1. 小班幼儿美术欣赏的特点

三到四岁的幼儿知道从自然景物和艺术作品中感受视觉艺术的美，并将自己代入画面的情节中去感受画面人物的情绪、情感。小班的幼儿分不清美术作品中的情景和现实生活中的情景，容易将自己的情绪和感知跟美术作品融合在一起欣赏，并产生联想和想象，在这个过程当中，教师积极引导幼儿用动作、表情、语言等表达自己欣赏后的感受。

2. 小班幼儿线条、色彩、构图的特点

这个阶段属于涂鸦期，幼儿刚学会握笔。从抓笔、挥动小手臂，在纸上随机画出不规则的线，一般是幼儿无意识地画。随着手眼协调能力的发展，能够重复来回地画出有规则的线。

3. 小班幼儿手工的特点

这个时期是无目的的活动期，幼儿对手工工具和材料十分好奇，摆弄和操作它们是幼儿认识手工工具和材料的过程，幼儿还不能理解其性质，也不能正确地使用这些手工工具和材料。如在泥塑活动中，幼儿只是握拿、抓捏或拍打彩泥，有时掰开有时揉成团；剪纸活动中，幼儿只是拿剪刀玩耍，在教师的示范和引导下用剪刀剪出纸片就可以了；在粘贴活动中，幼儿在需要的位置涂上胶水，尝试把纸片放上去粘住就好。

（二）小班美术游戏的组织与设计

案例1：

小班涂色游戏教案——奇妙的相片（三原色）

【活动目标】
1. 复习巩固对红、黄、蓝三原色的认识。
2. 使幼儿初步掌握按顺序涂刷的方法。
3. 鼓励幼儿大胆尝试，体验涂刷游戏的乐趣。

【活动准备】
1. 场景布置：栅栏、树、房子、小熊图片若干。
2. 照相机，音乐《洋娃娃和小熊跳舞》。

3．"底片"若干，与幼儿人数相等。

4．画板，红、黄、蓝三色颜料及画笔、抹布、大衬衣。

【活动过程】

游戏环节一：寻找小熊

教师带幼儿随音乐进场，观赏场景。（引领幼儿寻找小熊）

教师适时询问："你在哪找到小熊的？"

游戏环节二：拍照片

启发幼儿说出自己找到的小熊是什么颜色的？（巩固红黄蓝三原色）

教师用自制相机为小熊拍照，先为小熊拍个人照，再为小熊拍集体照，引导幼儿将同色小熊进行排队。（进行归类练习）

引出"底片"。（设计神秘环节激发幼儿的好奇）

游戏环节三：洗照片

教师以神奇魔术手变换出照片，示范用排笔涂刷的方法。

幼儿动手操作，教师重点提醒：按顺序涂刷、不留空白。

提示：鼓励幼儿大胆选择自己喜欢的颜色进行涂刷，但是涂刷的方法要按照教师的提示操作。

游戏环节四：合影留念

让幼儿与自己的作品合影留念，体验成就感。

二、中 班

（一）中班幼儿美术发展特点

1. 中班幼儿美术欣赏的特点

四到五岁的幼儿随着观察能力的增强，开始关注欣赏对象的细节，能感受到美术作品中更多的东西。色彩是幼儿最先发展的视觉感知，这个阶段的幼儿能辨别冷暖色，用暖色或冷色表达情绪，如高兴或难过。相比美术作品中的造型、设色、构图等，他们更关心的是作品的内容，如画了什么、他们在做什么。他们的想象能力也较前有了大的发展，对美术作品的联想和想象更加丰富。

2. 中班幼儿线条、色彩、构图的特点

象征期的幼儿能画出心理需要的线条和形状，但由于观察能力有限，所描绘的物体都是粗略的形象。从构图上看，此时的幼儿最常用的空间表达方式是把每个形象在画面上进行罗列，每个形象相互独立、毫无秩序，但能从某种程度上感受幼儿所表达的主题。从色彩上看，幼儿虽然更容易被鲜艳的色彩吸引，但是这个阶段的幼儿无意识用色，按照自己的喜好选择颜色，涂色缺乏技巧和耐心，所以色彩效果不均匀，颜色单一或不协调。

3. 中班幼儿手工的特点

这个时期属于基本形状期,幼儿由无目的的动作逐渐出现有意图尝试。由于幼儿手的动作发展得不成熟,幼儿的泥塑作品很像一件浮雕作品,剪纸只限于剪直线。教师应多鼓励幼儿大胆地按照自己的意愿进行尝试,表达自己的意图,培养他们对手工活动的兴趣。

(二)中班美术游戏的组织与设计

案例2:

中班手工游戏教案——捏橡皮泥动物

【活动目标】

1. 幼儿认识与了解动物的基本特征。
2. 幼儿用橡皮泥根据动物的特征做自己喜欢的动物,进一步掌握做泥塑过程中捏、粘、卷、揉、搓等技能。
3. 培养幼儿感受动物立体造型的美感。

【活动准备】

动物头饰、橡皮泥、工具。

【活动过程】

一、创设情境,认知体验

(一)几位头戴动物头饰的幼儿出来进行角色表演。

教师:"今天老师请来了几位好朋友,看!是谁呀,它们有什么特征?"

(二)教师播放课件,幼儿观看有关动物的影片。教师板书课题:动物。

二、师生互动,深入体验

教师:"你们看了这些动物,最喜欢哪一种动物,它有什么特征?"

(一)幼儿分别描述一下自己喜欢的动物有哪些特征。

(二)教师出示用橡皮泥做的动物。

三、讨论、观察

(一)你们知道老师是怎样做出来的吗?

(二)小组合作探讨制作的过程:

1. 构思你要做什么动物。
2. 用捏、揉方法做动物的身体与头部。
3. 加上动物的细部特征,加上装饰,使动物更生动。

教师:"大家能动脑总结做动物的步骤,一年级我们学过什么方法来做食品?"

（三）复习旧知识：搓、捏、压、粘、卷、揉等技能。

教师用较快的速度示范动物的制作过程与方法。

四、创作体验

用橡皮泥捏一只你喜欢的动物，与小组成员合作完成小小动物园。教师巡视指导鼓励。

提示：教师切记不要将技能学习变成技能训练，应在幼儿充分感受欣赏的基础上，用语言启发幼儿自己动手尝试练习，再观察教师是如何用这些技巧塑造这些基本形状的，以求更好地掌握塑造的技法。

五、作品展示，角色表演

（一）小组交叉参观交流，互相评价小小动物园。

（二）请小组代表手拿着作品上台表演。

图 7-5　幼儿泥塑动物作品

三、大　班

（一）大班幼儿美术发展特点

1. 大班幼儿美术欣赏的特点

五到六岁的幼儿，在美术欣赏的过程中喜欢关注自己喜好的事物和情景。随着语言能力的发展，幼儿对美术作品的描述能力较以前有很大的提高，教师应该多鼓励这个年龄段的幼儿多看、多想、多说。大班的幼儿大部分已经具备了对美术作品的构图、线条、色彩的感知能力，如《百老汇的爵士乐》之类作品，幼儿可以通过观察作品的构图、线条、色彩、作品的情感表现以及风格与自己的生活经验联系起来，感知、理解后产生联想和想象。

2. 大班幼儿线条、色彩、构图的特点

这一阶段的幼儿教师可以先布置主题让幼儿事先构思，这个过程可以体现出幼儿的主观倾向和丰富的想象力。这个阶段的幼儿喜欢用线条描绘物体形象轮廓，不再用图形组合的方式造型，造型的比例在不知不觉中夸大印象较深的部分，如夸张的嘴巴、公主的裙子等。随着幼儿观察能力的增长，能感知二维平面和三维空间，创造出多种多样的构图方式。从色彩上看，这个时期幼儿对色彩产生极大的热情，涂色能力有了很大的进步。用色与实物联系，但也会为满足自己的审美需求，选择自己喜欢的颜色装饰作品。

3. 大班幼儿手工的特点

这一时期的幼儿属于样式化期，由于手部精细肌肉不断发育，手眼协调能力有所增长，又掌握了一些操作工具和材料的使用方法，因此他们的表现欲望很强烈，喜欢用各种工具和材料来操作表现自己的意愿。他们的泥塑作品能组合成三维形象，剪纸不仅能连续剪直线，而且还能剪出自己希望的各种形状。

(二) 大班美术游戏的组织与设计

案例3：

大班涂鸦游戏教案——好大的爸爸

【活动目标】
用夸张的手法画出幼儿穿着爸爸衣服的滑稽形象，体现出爸爸高大的形象。
【活动准备】
爸爸的衣服一件，范画一张、蜡笔、勾线笔若干。
【活动过程】
一、提出课题（请一名幼儿穿着爸爸的大毛衣进活动室）
教师："这位小朋友今天跟平时有什么不一样？"（衣服不是他的，很大。）
教师："你穿的是谁的衣服？"（爸爸）
教师："你们看，爸爸的衣服穿在小朋友身上是怎么样？"（很大、肥肥的）
教师："为什么？"（爸爸的个子很高，爸爸身体胖胖的。）
提示：这一环节里，幼儿通过观察比较知道同爸爸相比，"爸爸个子很高，自己个子很矮"。请幼儿画一件爸爸的大毛衣，让自己穿一穿，感受一下自己穿上爸爸的毛衣的样子。

二、讲解示范

教师:"你们想不想穿一穿爸爸的衣服?"(想)"教室里没有爸爸的衣服,我们来设计一件爸爸的大衣服。我们来穿一穿爸爸的大衣服。"(添画上幼儿的头、脚)

提示:爸爸的毛衣大大的,自己的头会变得很小,手会藏起来看不见,衣服下面只能看见自己的一双小脚。使幼儿感受到自己穿上爸爸的毛衣真滑稽。

三、幼儿作画

提醒幼儿要把爸爸的衣服画得大大的,显示出爸爸高大的形象。

提示:涂鸦游戏已经定好了主题和情境,具体的色彩、线条和构图由幼儿自主设计,否则会影响幼儿的想象力、创造力的发挥。

四、结束

穿上爸爸的衣服到外面去。

提示:在整个活动中,教师为幼儿们创设了一个舒适的绘画环境,使他们能保持浓厚的学习兴趣和积极的学习态度,学会运用夸张的手法来描绘出自己穿着爸爸衣服的滑稽形象,体现出爸爸高大的形象。

第五节　幼儿表演游戏概述与案例分析

表演游戏,是指幼儿按照文学作品(童话、故事、歌舞剧)的情节,通过扮演某一角色,并模仿动作、语言、表情等方式进行表演的游戏。随着幼儿年龄的增长,想象力、语言表达能力、社会经验等方面不断发展,幼儿在游戏中可以根据自己对情节内容的理解,进行模仿表演,甚至可以改编相应的故事情节。例如在扮演光头强砍伐树木的情节时,由于幼儿本身喜欢花草树木,因此改变原有的故事情节,变成光头强爱护树木且悉心照顾森林。

一、表演游戏

表演游戏,是指幼儿按照文学作品(童话、故事、歌舞剧)的情节,通过扮演某一角色,并模仿其动作、语言、表情等方式进行表演的游戏。

(一)表演游戏的特点

1. 表演游戏具有"表演性"

表演游戏为幼儿提供了一个大致的"故事"框架,让幼儿在框架中,充分运用自己的经历和经验进行展示。"故事"情节、角色特点规范着幼儿在游戏过程中的一言一行，约束着幼儿的行为模式和情绪变化，幼儿的表演游戏受到"故事"框架的限制和约束，具有一定的结构性。正是基于对文学作品的"再现"，幼儿在游戏中的"表演"性质就体现了表演游戏不同于其他类型的游戏的特点。

2. 表演游戏重"游戏"，轻"表演"，且具有创造性

表演游戏与传统的戏剧表演，同是依托文学作品进行表演，但两者的性质定位却不相同：戏剧表演主要是将文艺作品通过戏剧演员的表演呈现给观众欣赏，会严格遵循和尊重文学作品中的情节、细节进行表演，并希望得到观众的肯定，即戏剧表演重在"演"；而表演游戏是幼儿一种"自娱自乐"的活动，幼儿在表演的过程中，更多是关注自身在游戏活动中是否"有趣好玩"，并不是为了"观众"去表演，即表演游戏重在"游戏"。甚至为了让自己体验到更多的游戏乐趣，幼儿会将文学作品进行创造性改编，包括可以自由发挥，任意增删故事情节，改变原来的故事走向，对于同一个文学作品的每一次游戏也可能不一样，这给予了幼儿自主发挥创造性的平台。正是因为表演游戏的"游戏性"的性质，使其有别于戏曲表演，而从属性上归类于游戏这一大类，且蕴含着幼儿丰富的想象力和创造力。

3. 表演游戏需要教师的指导

首先，表演游戏的"表演性"要求幼儿以自身为媒介，运用包括语言、表情、动作姿势等在内的手段来再现特定的故事。而由于幼儿身心发展的特点，思维还处于具体形象阶段，对于一些抽象情节的描绘，并不能较好地理解、掌握。其次，由于经验的局限性，幼儿并不能完成从一般性表现到生动性表现的提升，也不能完成从目的性角色行为到嬉戏性角色行为、再到更高水平的目的性角色行为的转化。这就决定了教师对幼儿的表演游戏进行指导的必要性。

（二）表演游戏的指导原则

幼儿教师组织幼儿进行表演游戏时，应遵循以下原则：

1. "游戏性"重于"表演性"

一直以来，教师为了让幼儿的表演迅速地达到生动性表演的水平，通常采取的做法是亲身示范或手把手教学等控制方法，使得原本属于让幼儿可以快乐玩耍的游戏变成讨好式的表演。这样的组织、指导策略只关注和追求表演游戏的"表演性"，而完全忽视了表演游戏的"游戏性"。

首先，我们应该明确表演游戏作为游戏的一种类型，究其本质就是游戏，游戏是自主自愿、具有娱乐性质的活动。教师在组织时，应该确保幼儿游戏的自主权，包括对故事的理解与表现以及表现的方式方法，而不是按照教师的指挥进行整齐划一的表现。教师更不能剥夺幼儿自由游戏的体验，充分地给予幼儿时间、空间以及自由度，让幼儿可以根据自己的意愿组织相应的游戏。教师在游戏过程中，应充当引导者、支持者的角色，而不是"编剧""导演"。

2. "游戏性"与"表演性"相统一

表演游戏的"表演性"与"游戏性"并不是互不相容的,而是可以很好地融合交织在一起的。幼儿在"游戏性"体验中,经过一次又一次的磨合、重复,幼儿的"表演性"逐渐提高,逐渐由一般性的再现角色,向生动性的角色转变。这样的转变是需要时间的,这就提示幼儿教师需要多一点耐心,学会"等待"幼儿的发展变化,不要催促幼儿,不要对幼儿抱不切实际的期望,指望他们在听完故事以后能够立即"生动表演"。同时,教师应该思考如何在同一个文学作品的重复"表演游戏"中提升幼儿的领悟力和表现力,让幼儿在收获游戏乐趣的同时,也提高自己对于表演的兴趣。

(三)表演游戏的指导要点

1. 选择适宜的文学作品

幼儿的表演游戏,题材的选择主要来源于童话、故事、寓言等文学作品。教师应该选择贴近幼儿生活且健康活泼的主题内容,具有特定可营造的场景、性格鲜明的角色形象,简洁明了的情节主线,简单熟悉的人物关系,丰富的对话语句。例如在《拔萝卜》中,每个人物角色都是幼儿生活中常接触的人群,且出现的事物也是幼儿日常生活所见,场面也是比较简单的菜地,在表演对话的同时,可同时配合简易重复的动作,故事所体现的主题是"互帮互助",内容简单易懂,主题积极向上,适合作为幼儿表演游戏的题材。

2. 提供表演游戏的物质条件,鼓励幼儿创设游戏环境

表演游戏环境在满足表演、游戏的基础上,应选择较为经济、简单、大方的方式创设。可利用平地、现成的桌椅、积木、玩具等实物去代替,例如对于舞台的设置,可以用两把小椅子、布帘、较大型的积木等道具将观众与演员分隔开,也可以采用在地板做标记:"台上""台下"的方式。为增加舞台效果,教师可以鼓励幼儿运用手工制品进行布置,需要注意的是,过于繁杂的环境会吸引幼儿的注意,所以在表演布景时应该简洁大方,搭配合理,颜色适宜,经济实用。

表演游戏的服装和道具在一定程度上会影响幼儿表演角色的代入感,常常会有幼儿抱怨:"为什么公主没有皇冠?""我的王子没有小白马。"等等。在进行表演游戏时,应为幼儿准备带有身份标示性或场景提示性的服装或者道具。教师可提前准备一些故事中常用的道具,比如各种动物的头饰、一些人物的面具、带有职业象征的衣服、配饰如眼镜、围裙、胡子、拐杖等。服装与道具的准备,教师不要全权包办,可以鼓励幼儿积极开动脑筋,结合故事情节和人物形象特点,让幼儿大胆地设计,或者引导幼儿想象"以物代物",用具有相似的特征、外形的物品进行替代,并将设计的物品投放在适当的场景中。

游戏材料的准备并不一定要购买相关的高级素材,可以鼓励幼儿设计、制作,也可以让幼儿积极探索周围环境,因地制宜地利用旧物改造、旧物更新等方式,充分发挥幼儿主动性、创造性,提升他们游戏的参与性,在游戏中发展幼儿的想象力与动手能力。

图 7-6　幼儿表演游戏

3. 指导幼儿分配角色和表演技能

女生都喜爱公主的美貌与智慧，男生都喜欢王子的机智与勇敢，但是在每个故事里通常只会出现一个公主和一个王子，这就意味着不是每一个幼儿都能扮演大家都喜欢的角色或者主角。教师要积极引导幼儿认识到，一个故事情节的展开需要各个角色的协调配合，无论是正面角色、反面角色、主角、配角都缺一不可，及时调整幼儿的认识观念，使幼儿能够正确对待自己所承担的角色，富有热情地投入到表演当中去。

对于表演游戏角色的选择，应该尊重幼儿的意愿，在自愿的前提下分配角色。"自主选择"和"自行分配"是幼儿进行角色分配和轮换的基本原则。首先，教师应该鼓励幼儿大胆选择自己喜欢的角色，适当地询问幼儿选择的理由，在交谈的过程中，积极回应幼儿的谈话，并适时拓展幼儿选择的理由，有助于扩宽幼儿对于角色的认识和理解。其次，当两个或以上的幼儿同时选择同一个角色时，教师应该积极引导幼儿与同伴们进行协商分配角色，尽量让幼儿自己想办法解决如何分配角色。一般可采用的方法有猜拳、轮流或共同扮演，让幼儿在冲突中学习、掌握解决问题的能力。如遇到没人扮演的角色，也可采用一人分饰几个角色或者教师扮演的方式。最后，在游戏前、游戏后，教师注意根据幼儿的行为表现，帮助、引导幼儿分析角色应承担的责任或恰当的行为举止，提高幼儿对角色的选择和胜任能力的自我评估，比如对于对话较长的主角，应推选表达能力强的幼儿首先担任，随后依次轮流替换，这有助于为能力欠缺的幼儿提供了一个可供模仿学习的具体

"榜样"，但需要注意的是切忌胡乱指责、打乱幼儿游戏的进程，保护幼儿主动积极的表演态度，保证游戏的可持续发展。

由于幼儿的社会生活经验较浅，缺乏感性经验，在表演游戏中常常不能较好地体现人物角色的主要特征，这就需要教师的积极引导。教师可通过播放相关视频、讲解故事背景内容、日常生活观察等方法，丰富幼儿的认识。文学作品来源于我们的生活，而且表演游戏所选的题材都是贴近幼儿的日常生活，人物形象也能在生活中找到对应的"影子"，所以幼儿对周围生活的感知、理解能力会影响幼儿在表演游戏中的表现。教师应注意在日常生活、教学活动中丰富幼儿的社会经验和视角，适时提醒幼儿注意观察周围的人、事、物。教师通过幼儿分享自己的所见所闻，了解幼儿的兴趣、爱好和需要等，及时调整幼儿社会经验的认知偏差。只有在充分了解幼儿的基础之上，教师才能因材施教，对游戏内容、角色特点进行调整，塑造个性化，符合幼儿特点的内容和角色。幼儿能理解内容，选择适合的角色，才能最大限度地发挥自己的特长进行表演。教师也可以采用示范或是参与扮演的方式，为幼儿提供示例。教师参与扮演有三种方式：一是平行式介入，即与幼儿扮演同一个角色，经历同一个场景，做同一件事，使用同一个材料……在一对一的模式，潜移默化地为幼儿提供参考；二是采用合作式介入的方法，即教师承担某一个角色，与幼儿共同进行游戏，教师可以在游戏过程中通过交谈、提问、建议的方法，引发幼儿的思考，组织幼儿进行讨论，鼓励他们对作品的内容和角色进行创作和改编，激发幼儿的表现力；三是垂直式介入方法，即面对严重违反游戏规则的行为、激烈的矛盾争端、攻击性行为等不利于游戏发展推动的行为进行及时直接的干预，及时发现问题，解决问题，避免问题恶化，有利于维持游戏进行的状态。

4. 注重游戏后的分享、交流、评价

游戏后的分享与交流，有利于帮助幼儿丰富自己的表演经验，提升表演的认识，也可以让幼儿交流在游戏过程中出现的问题，并引导幼儿分享解决问题的办法。分享可以在小组内进行，也可以集体进行。游戏评价的方式多样化，可以是教师评价、幼儿自评或混合型评价，也可以是个别评价与集体评价，语言评价与示范表演等。

（四）不同年龄段的表演游戏案例分析

1. 小班（3—4岁）

（1）小班幼儿表演游戏的特点。

小班幼儿对表演游戏充满着极大的兴趣，在表演游戏的过程中，表现出强烈的表演欲望，且偶尔会有创造性的表现。但由于年龄小，小班幼儿表演的能力较弱，且缺乏对文学作品内容的理解，对扮演的角色意识薄弱，常常不能较好地体现人物角色的主要特征。

（2）小班幼儿表演游戏的指导要点。

对于故事的选择，教师应该选择小班幼儿感兴趣并熟悉的故事，且故事情节、人物比较简单，对话台词句子较为简短，可采用多次重复的句子，表演动作表现性强，简单且可以多次重复。

对于角色扮演，教师可先示范表演逐步放手让幼儿自行表演，教师在旁指导。

对于游戏材料的准备，教师尽可能选取形状逼真或带有明显角色身份的服装、道具。

（3）案例指导与分析。

案例1：

小红帽

【活动总目标】

1．幼儿熟悉故事的内容，喜欢扮演角色表演，能运用动作和表情表现故事中的角色。

2．幼儿能很好地掌握故事中的情节，并能运用故事中的对话进行表演。

3．感受与同伴一起表演的乐趣。

【第一次活动】

【活动目标】

1．能根据角色的明显特征，选择游戏材料装扮自己。

2．了解角色出场的顺序，并能运用语言对自己选择的角色进行初步的表演。

【活动准备】

1．经验准备。

（1）幼儿理解故事《小红帽》，熟悉并学习故事中人物的对话。

（2）歌唱活动：《小红帽》。

2．材料准备。

故事图片、头饰（小红帽、老狼、外婆、猎人）。

【活动过程】

1．布置好教学场景，利用情境教学方式开展活动。

2．教师一边讲述故事，一遍出示头饰和道具引导幼儿活动的兴趣。

3．教师提问幼儿故事的主要情节及人物对话，请能力强的幼儿示范角色的对话。教师提问："故事里有谁？他们发生了什么事？最后小红帽和外婆怎么样了？"

4．游戏评价：

（1）幼儿自评。

教师："你今天表演的是什么？你是怎么表演的？"

（2）幼儿互评。

教师："请小组长来说说今天你组上谁表演得好？"

【第二次活动】

【活动目标】

1．能根据角色的明显特征，尝试用不同的语言、动作来表现不同角色的特征。

2．尝试创设、整理简单的游戏场景，收拾游戏材料。

【活动准备】

1．经验准备。

（1）幼儿理解故事《小红帽》，熟悉并学习故事中人物的对话。

（2）歌唱活动：《小红帽》。

2．道具准备。

小红帽、方巾若干、猎人的服饰、花和篮子、小房子。

【活动过程】

1．教师复述《小红帽》的故事，并让幼儿练习故事中角色对话。

2．教师针对平常幼儿游戏中出现的一些情况并引导幼儿本次游戏时应注意什么。如："小红帽与老狼的对话，要流畅。""小红帽在看见外婆变成老狼时的表情动作，和在她不知道外婆被老狼吃掉时的表情动作有什么不一样？"并请能力强的幼儿来表演。

3．教师指导幼儿表演时要有表情动作，大胆地表现自己。

4．评价总结：教师请幼儿来讲述自己扮演的角色，及在角色扮演中遇到的问题。

5．收拾整理活动材料。

【第三次活动】

【活动目标】

1．幼儿能大胆运用语言、动作、表情来表现角色的特征。

2．幼儿能用自己收集来的游戏材料创设情景。

3．幼儿在教师的指导下，能整理游戏场景，收拾游戏材料。

【活动准备】

1．经验准备。

（1）幼儿理解故事《小红帽》，熟悉并学习故事中人物的对话。

（2）歌唱活动：《小红帽》。

2．道具准备。

披风、小裙子、外婆的花帽子。

【活动过程】

1．复习故事的主要情节及人物对话，请能力强的幼儿示范角色的对话。

2．教师提出要求，引导幼儿本次游戏时应注意什么。如："小红帽与老狼说话的声音有什么不一样？"并请能力强的幼儿来表演。

3．幼儿选择自己喜欢的角色分组进行表演，老师指导。

（1）表演时要有表情、动作，大胆地表现自己。

（2）如果和同伴发生角色纠纷，可以自己协商解决或请教师帮助。

4．评价总结。

（1）教师请能力强的幼儿上来表演。

（2）让幼儿来评价他们的表演。

5．收拾整理活动材料。

【第四次活动】

【活动目标】

1．增加故事情节，拓展表演内容，学习新增人物的动作的表演。

2．学会整理游戏的场景，收拾游戏材料。

【活动准备】

1．经验准备。

（1）幼儿理解故事《小红帽》，熟悉并学习故事中人物的对话。

（2）歌唱活动：《小红帽》。

2．道具准备。

小房子。

【活动过程】

1．教师与幼儿回忆《小红帽》的故事。教师提问幼儿故事的主要情节及人物对话，请能力强的幼儿示范角色的对话。

2．针对平常幼儿游戏中出现的一些情况并引导幼儿本次游戏时应注意什么。如："小红帽与老狼说话的声音有什么不一样？"并请能力强的幼儿来表演。

3．幼儿表演，教师指导：

（1）指导幼儿表演时要有表情动作，能大胆地表现自己。

（2）引导幼儿能运用自己神态、肢体表现出不同的人物形象。

4．评价总结。

（1）教师请幼儿来讲述自己扮演的角色，及在角色扮演中遇到的问题。

（2）让幼儿来评价他们的表演。

5．收拾整理活动材料。

2. 中班（4—5岁）

（1）中班幼儿表演游戏的特点。

中班幼儿能够独立进行角色的分配，但角色确定后，轮换的意识较差；在游戏中，幼儿表演的目的性不强，往往带有嬉戏的成分，需要教师提醒才能坚持把整个主题坚持下来。

（2）中班幼儿表演游戏的指导要点。

对于游戏主题而言，对话简洁、动作重复、场景少而集中的游戏主题适合中班幼儿开展表演游戏。

对于角色扮演而言，由于中班幼儿角色轮换的意识尚未形成，教师在充分尊重幼儿意愿的前提下，进行角色分组工作，适时让不同的小组轮换不同的角色。

对于游戏材料的准备，教师可以设置相对固定的一两个区域作为表演区或者小舞台，并提供几种简单容易操作的材料，鼓励幼儿自己制作、组装。

（3）案例指导与分析。

案例2：

三只小鸡

【活动总目标】

1．幼儿能根据所开展的表演游戏制作相应的道具、服装等，布置游戏的场景。

2．幼儿喜欢参与表演游戏，感受故事中角色的情感、情绪的变化，并通过语言及动作进行创造性的表演。

3．幼儿学会协商，与同伴友好合作，解决角色的分配等游戏中可能遇到的问题。

4．幼儿能收拾场地，整理游戏材料。

5．幼儿会根据游戏的情况进行简单的讲评，并针对相应的问题提出对下一次游戏的改进方案。

【第一次游戏】

【活动目标】

1．幼儿理解故事内容，初步学习故事对话。

2．幼儿喜欢参与表演游戏。

【活动准备】

录音机，磁带，小黑鸡、小黄鸡、小白鸡、老黄牛头饰。

【活动过程】

1．教师和幼儿回忆故事中的情节。

2．教师播放录音机让幼儿倾听故事。

3．根据故事内容提问：

故事里有谁？那三只小鸡向谁问路？向老牛问路时他们是怎么做的？怎么说的？小花鸡为什么能找到草地？小黑鸡和小白鸡为什么找不到？哪只小鸡做得对？为什么？

4．让幼儿讨论：有事情请求别人时我们该怎么做？

5．教师小结：因为小花鸡非常有礼貌，我们要向小花鸡学习。

6．教师出示头饰引起幼儿学习对话的兴趣。

（1）教师与幼儿一起进行对话。

（2）教师给幼儿分组练习对话，教师巡回指导。

（3）幼儿分角色进行对话，教师重点指导能力较弱的幼儿。

7．教师总结，活动结束。

【第二次游戏】

【活动目标】

1. 幼儿初步学会装扮并引出不同的动作。

2. 幼儿初步分组表演。

3. 幼儿在游戏中学会与同伴友好合作。

【活动准备】

小黑鸡、小黄鸡、小白鸡、老黄牛头饰,布置游戏场地。

【活动过程】

1. 教师和幼儿共同布置草地、牛圈场景。

2. 复习角色对话并引导幼儿讨论表演程序。

3. 教师引导幼儿学习动作。

4. 教师给幼儿分组并分配角色,要求:

(1) 注意各组的人数,根据故事中的角色数量来定人数,自行调整本组的人数。

(2) 选择适当道具进行表演。

(3) 启发幼儿用不同的动作表现人物的特征。

(4) 在表演时注意幼儿运用礼貌用语。

5. 幼儿游戏,教师巡回指导,并启发幼儿用不同的动作、语气、表情表现人物的特征。在表演时注意幼儿运用礼貌用语。

6. 游戏结束,教师点评并表扬在游戏中遵守游戏规则的幼儿。

【第三次游戏】

【活动目标】

1. 幼儿能运用道具布置场地,进一步学会装扮并引出不同的动作。

2. 幼儿学会游戏中如何商量,能初步分组表演。

3. 幼儿在游戏中,学会与同伴友好合作。

【活动准备】

故事磁带、录音机、动物头饰、角色挂牌、黄色手套、铃铛等并布置游戏的场地。

【活动过程】

1. 教师出示新增的游戏材料,并向幼儿做介绍。

2. 教师和幼儿共同布置草地、围圈场景。

3. 复习角色对话并懂得表演程序。

(1) 请上次表演好的幼儿上台表演,其他幼儿进行点评并提出注意点。

教师:"小花鸡是怎样问路的?他们说了些什么?"

(2) 教师引导幼儿表演好"请""谢谢""轻轻地敲""笑咪咪"这几个词的动作、表情。

（3）教师运用不同的语调、动作、表情进行示范。

4．幼儿自由分组表演并要求：

（1）注意各组的人数，根据故事中的角色数量来定人数，自行调整本组的人数。

（2）选择适当道具装扮自己并进行表演。

（3）用不同的动作表现人物的特征。

（4）在表演时注意幼儿运用礼貌用语。

5．请个别组幼儿上前表演，共同评价。

6．再次分组表演。

（1）根据故事情节表演。

（2）注意场景道具的利用。

7．游戏评价。

哪组幼儿能用道具装扮自己？哪组幼儿的动作做得好？

8．活动结束，收拾材料。

【第四次游戏】

【活动目标】

1．感受故事中情绪、情感的变化，并通过动作和表情表现出来。

2．能解决角色的分配等游戏中可能遇到的问题。

3．能创造性地使用游戏材料布置场景。

【活动准备】

小黑鸡、小黄鸡、小白鸡、老黄牛头饰，布置游戏场地。

【活动过程】

1．请幼儿欣赏自己布置的场地，引起幼儿表演的欲望。

2．教师先请一部分幼儿分组进行游戏，其他幼儿观看并与教师一起点评。（说出他们的优点并提出他们的不足之处，自己游戏时该怎样做？）

3．全体幼儿分组表演，教师观察指导：

（1）重点指导幼儿运用生动的语言、动作、表情表现角色特征，及时表扬能与同伴合作进行游戏的幼儿。

（2）对能力弱的幼儿给予鼓励，激发其表演兴趣，要求能力强的幼儿完整地表演，遇到困难自己想办法或找同伴协商解决。

（3）满足幼儿提出的新构思及要求，指导幼儿解决在发展情节中出现的困难。

4．评价活动：

（1）请幼儿说说自己在表演中与同伴合作表演的情况。

（2）组织幼儿讨论游戏中还缺少什么，鼓励大家一同收集制作。

（3）教师点评，表扬认真的幼儿与遵守游戏规则的幼儿。

5. 活动结束组织幼儿收拾游戏场地。

3. 大班（5—6岁）

（1）大班幼儿表演游戏的特点。

大班幼儿能够独立地分配角色，并逐渐形成对角色的认同度；表演游戏的目的性、计划性、表演意识逐渐提高，能根据作品情节发展有一定的计划和安排，并能根据情节的发展，调整角色的对话和动作，表演的形式更为丰富。

（2）大班幼儿表演游戏的指导要点。

在表演游戏的初期，教师应该提供足够的时间、空间以及多样化的游戏材料，让幼儿发挥想象力和创造力，教师尽量少干预；游戏中期，教师根据幼儿的表现，适时提供反馈，进一步提高幼儿塑造角色、展现故事的能力；游戏后期，教师可以组织反思性的谈话和讨论，启发幼儿根据现有故事和表演经验，再创造出具有新颖性的角色。

（3）大班幼儿表演游戏的案例分析。

案例3：

小熊拔牙

【活动总目标】

1. 幼儿能够积极地参加表演游戏活动，认真扮演角色，从中理解应从小养成少吃甜食勤刷牙的卫生好习惯。

2. 幼儿能根据自己对文学作品的理解，在语言、动作、表情等方面大胆表现角色的性格特征，以发展幼儿的表演和口语表达能力。

3. 引导幼儿学会与同伴协商，轮流扮演角色，合作做游戏。

4. 幼儿通过扮演角色，加深幼儿对角色的认识，学习角色的优良品德。

5. 幼儿学习设计和布置游戏场景，学会自制简单的道具，学会正确地使用和替代游戏材料。

6. 培养幼儿的爱护游戏材料的意识，让幼儿学会正确收拾和整理游戏材料。

【第一阶段】

【活动目标】

1. 幼儿对故事内容感兴趣，能学习故事中各角色的对话。

2. 幼儿学会与同伴协商，轮流扮演角色，合作做游戏。

【活动准备】

1. 经验准备。

幼儿理解故事的内容，并学会复述故事，以此培养幼儿对表演的兴趣。

2．道具准备。

（1）小熊、熊妈妈、羊医生、小兔、小猪、小狗、小猫、小松鼠、红头细菌、绿头细菌、黑头细菌等的服饰和头饰。

（2）小熊家（家里有饼干、糖、蜜、果酱等许多好吃的东西）。

【活动过程】

1．引题：最近班上有很多的小朋友在换牙，换牙时要请谁来拔牙呀？哪个故事也是关于拔牙的？小熊是因为换牙才拔牙的吗？（引出《小熊拔牙》的故事）引导幼儿复述故事内容：有表情地、生动地向幼儿讲述故事，帮助幼儿理解作品的思想内容，了解人物的性格特征，记忆、复述故事情节等。

2．练习故事中的对话，要求表情和语气要符合角色的性格特征。

3．全班进行分角色练习对话。

4．以分组练习的形式（一个角色由一组幼儿一起扮演），掌握人物的对话及注意区分各种动物的不同语调。教师重点观察幼儿表现角色特征的情况。

5．教师鼓励不善于表现的幼儿参与游戏，并表扬敢于大胆表现的幼儿。

6．评价：重点评讲幼儿表现角色特征的情况。

【第二阶段】

【活动目标】

1．幼儿能根据自己对文学作品的理解，在语言、动作、表情等方面大胆表现角色的性格特征，以发展幼儿的表演和口语表达能力。

2．幼儿学习设计和布置游戏场景，学会自制简单的道具，学会正确地使用和替代游戏材料。

【活动准备】

1．小熊、熊妈妈、羊医生、小兔、小猪、小狗、小猫、小松鼠、红头细菌、绿头细菌、黑头细菌等的服饰和头饰。

2．小熊家（家里有饼干、糖、蜜、果酱等许多好吃的东西）。

【活动过程】

1．教师用布偶来引题，引起幼儿的兴趣。

2．请幼儿谈谈对这个故事的理解和感受，并记忆、复述故事的内容情节等，激发幼儿的表演游戏的兴趣。

3．全班进行练习角色对话和分角色进行练习，重点引导幼儿要注意角色的表情、语气及动作，更加逼真地体现故事的思想。

4．请一组能力强的幼儿进行示范表演，其他幼儿观看并进行评价。

5．请幼儿分组进行练习，要求能力较强的幼儿带动能力较弱的幼儿进行语言和动作的表演。

6．教师与幼儿共同欣赏能力较强的、表演较好的一组的示范表演。

7. 评价幼儿的活动情况，提出下回活动的要求。

【第三阶段】

【活动目标】

1. 幼儿在理解文学作品的基础上，有创造性地表现角色性格。

2. 幼儿会与同伴协商解决游戏中的问题。

【活动准备】

1. 经验准备。

幼儿理解故事的内容，并学会复述故事，以此培养幼儿对表演的兴趣。

2. 道具准备。

（1）小熊、熊妈妈、羊医生、小兔、小猪、小狗、小猫、小松鼠、红头细菌、绿头细菌、黑头细菌等的服饰和头饰。

（2）小熊家（家里有饼干、糖、蜜、果酱等许多好吃的东西）。

【活动过程】

1. 让幼儿生动地练习对话。

2. 引导幼儿一起准备拔牙的道具等，布置游戏的场景，以激发和调动幼儿玩游戏的愿望和积极性。

3. 教师向幼儿介绍游戏的场地、道具的使用方法及游戏材料的摆放、收拾等，培养幼儿的良好游戏常规。

4. 引导幼儿通过协商来选择所扮演的角色，不可强迫幼儿表演不愿意扮演的角色。教师有意识地引导、吸引语言发展较差的幼儿玩表演游戏，以促进他们语言的发展。

5. 评价游戏情况，重点评价游戏的常规，及有所进步的幼儿。

【第四阶段】

【活动目标】

1. 幼儿能根据游戏的内容进行创编。

2. 幼儿体验角色的思想感情，学习角色的优良品质。

【活动准备】

1. 经验准备。

幼儿理解故事的内容，并学会复述故事，以此培养幼儿对表演的兴趣。

2. 道具准备。

（1）小熊、熊妈妈、羊医生、小兔、小猪、小狗、小猫、小松鼠、红头细菌、绿头细菌、黑头细菌等的服饰和头饰。

（2）小熊家（家里有饼干、糖、蜜、果酱等许多好吃的东西）。

【活动过程】

1. 教师出示几种动物头饰和道具，让幼儿说出表演游戏的主题。教师提问："你能用这些材料来表演什么故事，你想当什么角色，准备怎样表演？"

2．教师提出游戏要求：先协商角色，选择场地，后取材料。

3．幼儿游戏，教师重点观察幼儿间的协商情况和材料的使用情况。

4．评价游戏：评价谁最认真表演故事？

【课后练习】

一、知识点识记练习

（一）单选题

1. 幼儿园中的音乐游戏属于（　　）。

    A. 创造性游戏

    B. 规则性游戏

    C. 表演游戏

    D. 个人游戏

2. 表演游戏的指导不包括（　　）。

    A. 选择表演的文艺作品

    B. 激发幼儿的表演的兴趣

    C. 准备表演的服装和道具

    D. 对游戏动作和情节的假想

3. 下列描述不正确的是（　　）。

    A. 音乐能促进幼儿大脑发育，开发大脑潜能

    B. 音乐能促进幼儿认知能力的发展、激发智慧活力

    C. 音乐能有效提高幼儿学习的学习成绩

    D. 音乐能丰富幼儿心灵，促进情感与人格的健康成长

4. 涂鸦期指的是（　　）。

    A. 1—1.5岁

    B. 1.5—2岁

    C. 2—3.5岁

    D. 3.5—5岁

5. 不属于小班幼儿音乐倾听特点的是（　　）。

    A. 在三岁前获得的倾听经验是比较丰富的

    B. 幼儿会按教师的要求，仔细地倾听各种声音

    C. 逐步养成注意倾听教师、同伴的歌声和琴声伴奏的习惯

    D. 对日常的声音不敏感

（二）简答题

1. 幼儿音乐游戏的种类有哪些？幼儿美术游戏的种类有哪些？
2. 简述幼儿艺术活动为什么要以游戏为主要方式。

3. 中班幼儿音乐节奏的特点是什么?

4. 陈鹤琴先生也曾指出:"从前的艺术太注重技能,现在的艺术是注重儿童的个性,儿童的天真,儿童的创作。"你如何理解这句话?

二、实践性练习

组织与实施一次幼儿园小班艺术游戏活动,并撰写活动方案。

微课资源与习题答案

第八章 幼儿健康教育游戏

【目标导航】

能力目标：组织和指导幼儿园不同年龄班的幼儿有效开展健康教育游戏。
知识目标：了解幼儿健康教育游戏的分类、基本类型及其基本特征。
素质目标：掌握不同年龄阶段健康游戏的组织与指导策略。

【问题导入】

电视广告上经常出现一句广告词"宝宝少生病，妈妈少担心"。"如何让幼儿健康成长"不仅是困扰大多家庭的难题，也是幼儿园教育长期研究的课题。我们发现，天气温差大、变化快的时季，抵抗力低的幼儿特别容易受到流感等疾病的侵袭，而这类抵抗力低的幼儿通常会有一些共同特点：容易挑食，偏食，营养不合理；不积极参加体育锻炼，生活习惯不良等。不仅是身体疾病，自闭症、焦虑症、攻击性人格、焦虑性人格等幼儿的心理健康问题也日益凸显并被社会广泛关注，这就凸显了对幼儿进行健康教育的必要性。

思考：作为幼儿教师，我们应如何将健康教育有效地融入游戏当中，让幼儿在愉快游戏的过程中实现身心健康发展呢？

第一节 幼儿健康教育游戏概述

健康成长是幼儿全面发展的前提。对幼儿实施适宜的健康教育，不仅有利于幼儿健康成长，更有利于提高幼儿的综合素质。幼儿园健康教育游戏化对于幼儿树立健康理念、提升动手动脑能力有极大的帮助。游戏对幼儿教学影响深远，健康教育游戏化对身心发展的作用更是不言而喻。

一、健康与幼儿健康

联合国世界卫生组织赋予"健康"深刻的含义：健康是身体、心理和社会适应的健全状态，包括躯体健康、心理健康、社会适应良好和道德健康，而不只是没有疾病或虚弱现象。"幼儿健康"包括幼儿身体各个器官各个组织的正常生长发育，没有身体缺陷，精力充沛、乐观向上、心理健康，对自然和社会环境适应力、疾病的抵抗力强等。

一般来说，幼儿健康包括心理健康和生理健康，心理健康以情绪愉快、适应集体生活为特征；生理健康以发育健全、具备基本的生活自理能力为特征。《幼儿园教育指导纲要（试行）》中总结了幼儿健康教育的终极目标：身体健康；在集体生活中情绪安定、愉快；生活、卫生习惯良好，有基本的生活自理能力；知道必要的安全保健常识，学会保护自己；喜欢参加体育活动，动作协调、灵活。

二、幼儿健康教育游戏的概念

《幼儿园教育指导纲要（试行）》明确要求"幼儿园必须把保护幼儿的生命和促进幼儿的健康放在工作的首位。树立正确的健康观念，在重视幼儿身体健康的同时，要高度重视幼儿的心理健康。"因此，幼儿园的"健康教育"要以实现幼儿的身心健康为目标，提高幼儿对健康的认识水平，帮助幼儿逐步形成有益于健康的行为和习惯，提高自我保健和自我保护的意识和能力，促进身心和谐健康发展，帮助幼儿逐渐地学会以健康的方式来生活。

幼儿健康教育游戏，是指以保护和促进幼儿的健康为主要目标，以身体锻炼和身体保健的有关知识、技能为主要内容而实施的具有娱乐性的教育过程。它是幼儿园教育活动的重要组成部分。

三、幼儿健康教育游戏的特征

幼儿健康教育的内容涉及体育活动、生活自理、对环境的安全与否的识别、疾病预防与处理意外事故几个方面。因此，幼儿健康教育游戏将会呈现以下三个特点。[1]

1. 情感体验性——关注幼儿的人际关系以及在活动中的情感状态

在设计健康教育游戏活动时，要注重让幼儿在活动中体验安全感并获得积极的情感体验，重视幼儿在活动中的情感需要和情感表达。

2. 健康教育游戏化——寓健康教育于游戏，使幼儿在游戏中获得健康体验

健康教育游戏强调通过丰富多彩的游戏活动，尤其是户外游戏活动进行健康教育。在游戏化的健康教育活动中，幼儿更易于获得健康的体验，养成健康的生活习惯。

---

[1] 何锋.日本幼儿健康教育：目标、内容、方法之特点[J].山东教育（幼教刊），2006（9）：51-52.

3. 重视独立应对困难的能力——充分发挥幼儿在教育活动中的独立自主性

在进行一系列的健康活动之后，要达成健康教育的目标，使幼儿的健康认知和健康行为水平有所提高。具体表现为：关心自己的健康；懂得什么是危险的场所及危险的游戏方式，懂得遇到突发的意外事故的应对方法。幼儿缺乏自我保护和救护能力，一旦发生意外事故就会对幼儿的身心造成重大的伤害，因此加强培养幼儿独力应对困难的能力尤为重要。

四、幼儿健康教育游戏的意义作用

幼儿园开展健康教学，培养幼儿主动参与意识，通过寓教于乐的形式，提升幼儿的好奇心和兴趣，使其能够在体验过程中掌握基础的教学内容，促进自身健康成长。自身的体验和学习是幼儿健康成长的重要途径。幼儿在游戏中可以激发其想象力，提高其动手技能。丰富多样的游戏形式可以使幼儿快速在游戏中受益，在愉快的氛围里提升健康理念，促进自身健康成长。[1]

（一）能够促进幼儿的灵活协调和基本动作的发展，提高幼儿生长发育水平

主要表现为：游戏可以提高幼儿的身体生理机能，促进幼儿身体发育水平。例如在运动类游戏中，幼儿具有一定的运动量，这些运动能够锻炼幼儿的肌肉、关节、骨骼等的协调性，同时可以锻炼幼儿的心、肺等脏器的功能，进而可以提高幼儿的器官功能促进其生长发育。例如，踩高跷游戏有助于锻炼幼儿的手脚灵活性和协调性。

（二）能够发展幼儿的情绪情感，培养积极健康的心理

在游戏过程中，幼儿可以体会到不同的情感变化。例如通过轻松完成任务，获得成功的体验，进而可以提高幼儿的成就感，能够不断提高自信心，帮助幼儿个性的良好发展。在多人游戏中，幼儿之间相互合作以及帮助，可以促进相互交流，让幼儿学会分担与分享，有助于提高其关心以及同情他人的情感。

幼儿的情绪变化对幼儿的认知发展、社会性发展和个性形成等都有重要的影响，幼儿可以在游戏中学会情绪的自我调节，能够自主解决一些情绪问题。游戏创造的实验性情境可以帮助幼儿解决焦虑情绪，给幼儿提供安全表达情绪变化的场所，可以控制幼儿产生的攻击性行为。

（三）帮助幼儿纠正不良的生活习惯，逐步养成健康的行为习惯

幼儿是游戏的主体，在游戏的过程中，发挥他们的主动性、积极性，将幼儿的兴趣与正确的规则相结合，才能有助于他们树立正确的健康观念，提高对健康的认识，形成正确的健康态度，

1　黎晓敏．关于幼儿园健康教育游戏化策略探究[J]．读与写（教育教学刊），2017，14（2）：46．

进而转化为自觉的健康行为。如当幼儿了解了简单的预防感冒的知识后，教师可以组织开展"小医生"的游戏。提供自制的针筒、药瓶等，让幼儿将自己生病的体验通过游戏反映出来，使幼儿懂得要经常锻炼身体，天气变化要增减衣服，感冒了要按时吃药，多喝开水，注意休息等。操作的方法也有很多，如利用显微镜帮助幼儿做简单的实验，比较洗手与不洗手的区别，从而鼓励幼儿认真洗手，养成良好的卫生习惯等。[1]

五、幼儿健康教育游戏的类型与生成

《幼儿园教育指导纲要（试行）》指出：幼儿健康包括心理健康和生理健康。据此，我们将幼儿健康教育游戏分为两大类：身体健康游戏和心理健康游戏。

（一）身体健康游戏类型及生成

根据游戏内容划分，身体健康游戏主要分为以下三类：
（1）培养良好生活卫生习惯的游戏。
（2）均衡营养合理膳食的游戏。
（3）自我保护类的游戏。

此类游戏又可细分为：巩固常见的安全标志游戏；防止危险的事物和行为方式出现的游戏；知道安全自护的联络方式和安全自救的游戏。

身体健康游戏的生成过程中我们需要遵循以下几点规律：
（1）游戏应结合幼儿的生活实际，卫生习惯。
（2）游戏可多采用拟人化的动物、植物来设计，以增强幼儿的兴趣。
（3）游戏应结合儿歌、律动等艺术形式增强游戏的趣味性。
（4）在组织游戏时，结合幼儿现实生活中的表现，在游戏情境中以游戏的角度巧妙地提醒幼儿关注自己身体保健方面的做法恰当与否。

（二）心理健康游戏类型及生成

幼儿心理健康的标准从以下五个维度来衡量：动作发展正常；认知发展正常；情绪积极向上；人际关系融洽；性格特征良好。

综合来说，心理健康游戏主要包含三类：
（1）认识自我、悦纳自我的游戏。
（2）调控情绪、自信乐观的游戏。
（3）分享沟通、友爱合作的游戏。

心理健康游戏的生成主要有以下几点依据：

1　翟艳霞. 关于幼儿健康教育的策略研究[J]. 科技资讯，2009（32）：204.

（1）教师观察到幼儿的情绪状态不佳时可以根据当时的情境，生成一些令幼儿心情愉快的角色游戏、舞蹈游戏、歌唱游戏或体育游戏。

（2）幼儿暂时情绪状态很好，但后续发现的特殊境遇，教师据此生成一些预防性的心理健康游戏。

（3）鼓励全体幼儿参与游戏，使其更自信更乐观。

（4）游戏应注意与音乐、舞蹈、绘画、手工等艺术形式相结合，多种艺术形式交融使幼儿能得到愉悦和满足，心情更舒畅。

（5）在组织游戏时，在提醒幼儿树立遵守规则意识的同时，还可以引导幼儿用合理的方式、友好的态度对规则进行修正，使幼儿既遵守了规则，又巩固了与他人友好沟通、积极合作方法的运用。

六、幼儿健康教育游戏的原则和整合技巧

（一）幼儿健康教育游戏的原则

在各种特设的游戏中进行幼儿健康教育，必须充分考虑幼儿的特点，依据一定的原则去进行。

1. 主体性原则

每个幼儿都具有自己的尊严、意志和人格，游戏中必须尊重、爱护和激励幼儿的主动精神，引导幼儿主动参与，从中逐步引导和培养幼儿良好的自我意识、态度和健康的行为习惯。在遵循这个原则时，应注重幼儿在发展性辅导游戏教育中的主体地位，注重面向全体，不忽略每个幼儿的参与机会，创设每个幼儿积极参与的良好的心理环境。

2. 和谐性原则

心理辅导游戏是以发展幼儿健康心理为核心，注重幼儿的认知行为、情感、意志与个性的和谐发展，与促进幼儿身体等素质的全面和谐发展，与教学活动、生活活动的发展目标和谐协调，在确保幼儿园课程目标实施的同时，清楚地意识到要共同构建一个幼儿素质教育的整体，在每一个健康教育的游戏中不能忽略心理素质对文化素质、品德素质和身体素质的作用。

3. 活动性原则

幼儿在各种游戏中接受心理教育，要有广泛的参与性，使每个幼儿的心理得到充分表现，才能给予恰当的活动辅导。这不仅要注重每个幼儿个体的心理体验，而且要注重每个幼儿个体有恰当的心理体验的过程，教师尽可能在游戏中以一个平等的角色渗透，在活动过程中给予指导或评价，把教育的机制融汇到游戏活动中。

4. 整体与个体结合原则

要根据不同幼儿的具体要求给予其一定的角色和责任，并给予具体的辅导。在游戏中，时而

对群体的协同进行整体的辅导，时而有针对性地对个体进行辅导，根据幼儿游戏过程中表现出来的心理现状灵活地、随机地针对不同的情况采用不同的教育技术，教育效果才能较为完整显现。

（二）幼儿健康教育整合技巧

幼儿健康教育与游戏的整合就是力图使新的经验和知识统合于游戏，帮助幼儿在面对新的问题情景时，能及时提取经验，运用已有的知识去解决生活和游戏中的问题，让幼儿在自由的空间里，发现问题、判断问题，尝试探索解决问题的方法。在研究实践过程中，我们以幼儿的年龄特征、生活经验和幼儿的心理发展顺序为依据。从不同角度、不同层面寻找健康教育与游戏之间的契合点，使之有机联系、相互整合，促进幼儿身心健康协调发展。

1. 发现健康教育方法与游戏整合的链接点，让幼儿自觉领悟健康理念

在幼儿园，游戏贯穿在幼儿一日生活的各个环节，在幼儿的发展中起着不可替代的独特作用。幼儿的生活环节中也蕴涵重要的教育价值。在具体的实施过程中，我们必须深入研究幼儿一日生活中的保育、教育因素，积极探寻在游戏中实施健康教育的特点和规律，从健康教育和游戏的本体功能出发，统筹考虑，发挥整体效应。在每一环节都渗透健康理念，并根据不同年龄的认知和活动特点，将健康教育与游戏的方法、形式、途径等进行全方位的不同程度整合，借助生活环节，把生活、游戏、运动、学习用不同形式呈现出来，满足幼儿的需求，提升学习的能力，培养良好的习惯，让幼儿自觉领悟健康理念。

2. 寻找活动目标与游戏整合的核心点，让幼儿主动探索健康奥妙

幼儿健康教育的内容丰富多彩，可以探索的健康奥妙无穷无尽。其根本目的是提高幼儿期的生活乃至生命的质量。幼儿的生活即是游戏，只有把幼儿健康教育与游戏整合，才能更好地达到健康教育的目的。

不同的活动目标有不同的价值取向。实践中，我们可以通过寻找健康教育目标与游戏目标的核心点，把握其特点和价值，明确目标所要解决的主要问题和核心指向。然后根据各活动目标与价值选择相应的游戏，以幼儿喜闻乐见的游戏方式，组织丰富的整合活动，从而使活动目标与游戏目标之间产生有机的联系。如游戏"小豆芽旅行记"，我们通过立体活动课件小豆芽经过食道、胃、肠、肛门的旅行，让幼儿在亲身感受、亲自操作中了解身体器官，发现内脏的秘密，让幼儿主动探索健康奥妙。

3. 探索经验的拓展与技能整合的切入点，让幼儿逐步积累健康经验

在实践活动中，强调把健康教育与知识技能放在创造性游戏、益智游戏、情景游戏、表演游戏、竞赛游戏等各种游戏情景中，更大范围灵活重组，寻找经验的拓展与技能整合的切入点，将多种知识与游戏规则意识的经验连接起来。从激发幼儿学习兴趣入手，针对不同幼儿的不同发展水平分层施教，既丰富了多种相关的经验，又促进了幼儿主动学习及建构知识的积极性。不仅注重随机教育，还依赖幼儿丰富的知识技能，保存经验，积累经验，如游戏"保护牙齿"让换牙幼

儿现身说法，引其趣，追其行，延其趣，以开放、多样、重组的活动打破传统的教学时空，将幼儿在用肢体语言的过程中主动获取经验的过程记录下来，帮助幼儿发现新问题，给幼儿以新的挑战，从而获得知识技能与游戏整合的切入点，让幼儿逐步积累健康经验。

第二节 幼儿健康教育游戏案例分析

一、幼儿健康教育的总目标和年龄阶段目标

我国幼儿园健康教育的总目标及价值取向——促进幼儿身心健康发展，既是幼儿教育的根本目的，也是幼儿健康教育的终极目标。2001年正式颁布并实施的《幼儿园教育指导纲要（试行）》根据《幼儿园工作规程》精神提出四条幼儿园健康领域总目标，即：

1. 身体健康，在集体生活中情绪安定、愉快

小班（3—4岁）	情绪比较稳定，很少因一点小事哭闹不止。有比较强烈的情绪反应时，能在成人的安抚下逐渐平静下来
中班（4—5岁）	经常保持愉快的情绪，不高兴时能较快缓解；有比较强烈情绪反应时，能在成人提醒下逐渐平静下来；愿意把自己的情绪告诉亲近的人，一起分享快乐或求得安慰
大班（5—6岁）	经常保持愉快的情绪。知道引起自己某种情绪的原因，并努力缓解，表达情绪的方式比较适度，不乱发脾气，能随着活动的需要转换情绪和注意

2. 生活、卫生习惯良好，有基本的生活自理能力和适应能力

包含对自然环境的适应和对社会环境的适应。如：对户外冷热环境的适应，对新的生存环境、生活环境的适应，在情绪情感上接纳他人。

3. 知道必要的安全保健常识，学习保护自己

如学习身体各个器官的作用，更好地促进自身健康。

4. 喜欢参加体育活动，动作协调、灵活

以4—5岁为例，能以匍匐、膝盖悬空等多种方式钻爬，能助跑跨跳过一定距离，或助跑跨跳过一定高度的物体，能与他人玩追逐、躲闪跑的游戏，能连续自抛自接球等。

上述目标可以视为当前我国幼儿健康教育的总目标。

二、幼儿健康教育游戏的选择

将游戏作为教育的"媒体"，在设计游戏时，我们首先要考虑的是设计的内容是否合理、科

学。一般来说，幼儿健康教育的游戏的选择主要从以下几个方面考虑。

1. 根据年龄特点选择游戏

我们在选择游戏时，充分考虑小、中、大班幼儿身体发育、接受能力的不同，进行针对性的选择，灵活调整，使游戏与健康完美结合，相得益彰。如：小班幼儿的骨骼、肌肉发展尚不完善，动作协调性较差，我们就选择比较简单的"指五官""蚂蚁搬豆""乌龟顶球""小刺猬背果果"等情节性更强的模仿性游戏结合到健康教育中；中班幼儿身体发展较快，动作、灵敏度、团结协作、自我保护能力等都有所提高，我们选择"开火车""跨小河""踢纸球"等相对开放的游戏；大班幼儿动作协调、具有一定理解能力、语言表达能力强，也具有一定的竞争意识，可以选择"小马运粮""黑猫警长"等动作难度更高、合作性更强的竞赛性游戏和"下巴上的洞洞""胆小先生"等表演性游戏整合到健康教育活动中，使幼儿在游戏中锻炼了体能，练了基本动作，学到了健康知识，更获得了快乐的体验。

2. 根据季节更替选择游戏

气候的变化直接影响幼儿活动的兴趣和积极性。教师可以按春夏秋冬，依照天气、节气分别整合健康教育活动。天气较冷时，教师可选择挑战性强、惊险刺激、活动量大、情节曲折、相对安全的游戏如"小豆芽旅行记""你追我赶""巧运西瓜""小兔采蘑菇""智斗大灰狼"等融入健康活动，既御寒，又娱乐，在锻炼的同时获得了健康知识；天气较热时，可以把"大赢家""我们怎么办""贴五官""我的身体""哪的关节都会动""豆芽钻泥巴"等相对安静的游戏融入健康活动，让幼儿在没有压力的环境中了解身体的秘密，体验游戏的快乐，学会自我保护。

3. 根据动作发展选择游戏

在幼儿健康教育中，走、爬、跑、跳、钻、抛、接、投掷等动作和幼儿徒手操、模仿操在小中大三个年龄段中是重点训练内容，可以根据不同年龄段的动作发展需要，把"巧贴人""切西瓜""钻山洞""跳格子""抛接球""乌龟爬""金鸡独立""动物运动会""小小杂技团"等游戏融入小中大班健康教育活动中，让幼儿在特定的游戏情境中自由玩耍，相互协作，学习特定动作，树立自保意识，使幼儿在轻松愉快中更快地掌握动作要领，达到事半功倍的效果。

4. 根据教育途径选择游戏

为了真正发挥游戏在健康教育中的主力军作用，教师可根据健康教育的知识点和用途，幼儿的认知规律，教育方法的针对性、趣味性和可操作性，变枯燥乏味的说教为轻松愉快的游戏：如"拖拖拉拉的小田鼠""我是小医生""手哥哥和脚妹妹""爸爸妈妈不在家""我最能干"等，精心设计活动，通过表演、竞赛、亲自体验、实地感受，充分发挥其教育功能，促进幼儿健康发展。

三、案例分析

（一）小　班

幼儿园健康教育还以3—6周岁幼儿的身心发展特征为依据，小班幼儿的健康教育活动目标具体要求如下：

1	了解盥洗的顺序，初步掌握洗手、刷牙的基本方法；学习穿脱衣服；会使用手帕或纸巾；养成坐、站、行、睡的正确姿势；能及时排便；有良好的作息习惯
2	进食时保持愉快的情绪，愿意独立进食；认识最常见的食物，爱吃各种食物，主动饮水
3	了解身体的外形结构，认识并学习保护五官；能积极配合疾病预防与治疗
4	知道过马路、乘坐交通工具、玩大型运动器械时要注意安全，了解日常生活中的安全常识
5	知道自己的性别

案例1：

小班游戏——我是小小搬运工

【活动目标】

1.锻炼幼儿的手腿脚动作的准确性、协调性及肌肉的力量与关节的柔韧性。

2.发展幼儿的爬、跑、跳的能力。

【活动准备】

若干个废牛奶盒，几张课桌，塑料垫2个。场地布置。

【活动过程】

一、教师带幼儿一起做热身运动，跳甩手操

二、教师通过谈话激起幼儿参与游戏的兴趣

教师："小朋友，老师今天给幼儿园的小朋友买了许多牛奶，可是老师一个人没办法把牛奶搬回幼儿园，怎么办呢？"

幼儿答：……（点名幼儿根据自己的思想表达发言。）

三、游戏规则及安全介绍

教师："好！今天老师就请小朋友帮我把牛奶运回幼儿园，真的是很感谢小朋友对老师的帮助。不过，小朋友去运牛奶的时候要爬过山洞，跑过草地，走过山坡，跳下坡地回到幼儿园，这个过程中可是会遇到许多危险的哟，勇敢的小朋友们，你们该怎么保护好自己呢？"

教师点名幼儿各自发言后，教师请一小朋友示范做游戏，教师引导：让幼儿知道爬山洞时头要注意低一点，不要碰头；跑时要注意不要摔倒了；走的时候要注意山之间的缝，要走稳；跳的时候要注意看地上的垫子，要自己保护好自己。

四、教师引导幼儿游戏

教师:"哪些勇敢的能干的小朋友愿意来帮老师搬牛奶?他们做得好吗?其他的小朋友可要看仔细了哟,下一次说不定老师就请你帮忙搬牛奶了哦。"(教师指导幼儿学习玩游戏;被请的幼儿自由玩游戏,分组玩游戏,比赛玩游戏。)

五、教师小结

教师:"今天小朋友都很热心地帮助老师把牛奶搬回了我们的幼儿园,而且也很注意自己的安全,保护好自己不受伤,老师真的是非常感谢大家。老师也希望小朋友在平时的游戏和玩耍中能团结友爱,互相帮助,做大家都喜欢的小朋友。"

(二)中 班

中班幼儿的健康教育活动目标具体要求如下:

1	初步学会穿脱衣服、整理衣服;学习整理活动用具,能保持玩具清洁;有初步的生活自理能力
2	结合品尝经验,进一步认识各类常见食物,爱吃各类食物的同时,懂得要科学合理地进食,逐步形成良好的饮食习惯
3	进一步认识身体的主要器官,逐步形成接受疾病预防与治疗的积极态度和行为;在成人帮助下学习处理常见外伤的最简单的方法,知道快乐有益于健康
4	认识有关安全标志,能够在成人提醒下遵守交通规则;不接触危险物品;遇到危险时能告诉成人,有初步的自我保护意识

案例2:

中班游戏——保护眼睛

【活动目标】

1. 幼儿通过仔细观察眼部,能够知道眼部的大致结构和作用。
2. 幼儿能够感知眼睛的重要性,能改掉伤害眼睛的坏习惯。
3. 幼儿能够养成良好的坐姿习惯,并知道对眼睛有益的方法。

【活动准备】

每人一面小镜子;被剪成适当条状的塑料袋;正确坐姿挂图一幅。

【活动过程】

一、猜谜引出游戏主题"眼睛"

教师:"老师想请各位小朋友来猜个谜语。仔细听好。上边毛,下边毛,中间夹颗黑葡萄。动动你们的小脑,是我们人身体的某个部位。"

幼儿:"眼睛。"(若不能猜出则给予提示)

教师:"真棒,就是我们的眼睛。我们的眼睛能干什么呢?"

幼儿:"看东西。"

教师："那我们来分享一下见过最美好的东西好吗？"

幼儿：……（自由回答）

教师："哇，我们的眼睛能干这么多事，要是没有它就看不见周围的事物和美丽的色彩，它是不是我们重要的好帮手啊？"

幼儿："是。"

教师："我们的眼睛这么重要，可是我们的小朋友仔细地观察过我们的眼睛吗？下面老师给每个小朋友发一面镜子，请你们仔细地观察一下我们眼睛是什么样的。"

二、观察眼部结构，了解各部位的作用，激励幼儿保护眼睛

教师："我们从上往下说，谁来告诉我眼睛的最上面部分是什么？"

幼儿："眉毛。"

教师："眉毛呀它可以在刮风时遮挡灰尘，下小雨时挡住雨水不流进眼睛里，夏天额头上有很多汗，但不会进眼里。"

教师："然后眉毛再往下一点呢？"

幼儿："是眼皮。"

教师："你们知道眼皮的作用吗？"

幼儿："保护眼睛。"

教师："嗯。我们来看眼皮的下面又是什么？"

幼儿："睫毛。"

教师："睫毛它也同样在保护着我们的眼睛，防止灰尘、异物、汗水进入眼内。"

教师："我们的眉毛、睫毛、眼皮都在帮助我们保护眼睛，那我们小朋友是不是更应该努力地保护我们的眼睛呀？"

幼儿："是。"

三、幼儿讲述为什么会戴上小眼镜及不便，引发幼儿反思，体验眼睛模糊的感觉，养成保护眼睛的习惯

教师："可是老师发现在生活中有很多的小朋友都不太会保护眼睛，不少的小朋友都戴上了小眼镜，我们请他们来讲一下他们为什么会戴上小眼镜，好吗？"

幼儿：……（自由回答）

（教师小结：画画时离纸太近，躺着看书，长时间地看电视、玩游戏都会导致近视。）

教师："现在老师想请视力正常的小朋友体验一下他们摘下眼镜看东西的感觉，把塑料袋轻轻蒙在眼上，千万不要遮住嘴巴和鼻子额，那样会很难受。"

幼儿："看都看不见了。"

教师："请摘下来。这样你们的眼睛舒服吗？"

幼儿:"不舒服。"

教师:"虽然我们眼睛近视了戴上眼镜能看清,但是非常的不方便。××(佩戴眼镜的小朋友)来说一下。"

幼儿:"跑步的时候老是要往下掉,都玩不尽兴。眼睛有时还会疼,会发痒。还要去换眼镜,看医生。"

(教师小结:近视有这么多的烦恼,为了避免变成近视眼,我们要养成正确的坐姿,像图上这样背打直,离桌子一拳的距离。平时我们还得适当地做运动,眼睛累了就休息一下,看看远处绿色的景物,还可以吃些对眼睛有益的食物,像菠菜、胡萝卜、瘦肉等。)

四、纠正生活错误

教师:"除了老师刚刚说的,那我们眼睛不舒服的时候可以用手揉吗?"

幼儿:"不行。有细菌。"

教师:"是呀,我们的手上有很多的细菌。用手揉的话眼睛就很容易感染,严重了还会得红眼病。可是该怎么办呢?"

幼儿:"给老师说,爸爸妈妈说,让他们给我们看。"

教师:"对。也可以用干净的毛巾擦一擦。爸爸妈妈都不能解决,那我们就得去找医生。"

教师:"老师还发现了一个问题,就是有的小朋友喜欢用玩具枪啊、剑啊、筷子等尖的东西指着别人,这样对吗?"

幼儿:"不对,万一戳到会疼,会流血,眼睛就看不到了。"

教师:"小朋友都说得很正确。那老师希望小朋友知道了危害后能改正这些坏习惯。我们也上了许久的课了,下课让眼睛休息一会儿吧。"

(三)大 班

大班幼儿的健康教育活动目标具体要求如下:

1	保持个人卫生,关心周围环境的卫生;进一步提高独立生活能力,初步养成良好的学习习惯
2	初步理解不同的食物有不同的营养,身体需要各种营养;会使用筷子;进一步养成独立进餐的习惯
3	进一步认识身体的主要器官及重要功能,并懂得简单的保护方法;了解有关预防龋齿及换牙的知识;注意用眼卫生
4	初步了解应付意外事故(如火灾、雷击、地震、台风等)的常识,具有粗浅的求生技能
5	知道男女厕所,初步具有性别角色意识

案例3:

大班游戏——看得见的情绪

【活动目标】

1. 幼儿知道每个人都有情绪,并能辨认几种基本情绪。

2. 幼儿能对自己的情绪做出确切的表达。

3. 幼儿了解不同情绪对人身体健康的影响，初步知道调节自己的情绪。

【活动准备】

1. 六个情绪脸谱（兴奋、高兴、悲伤、愤怒、害怕、烦恼）。

2. 做有六个情绪脸谱的大骰子。

3. 每个幼儿一个情绪温度计。

【活动过程】

一、幼儿听两段音乐（高兴和悲伤的）

教师："今天老师给小朋友带来了一个好听的曲子，请小朋友仔细听，听好后告诉老师你的感觉怎么样？"

听曲子《赶花会》。

教师提问："听后你的感觉怎样？"（高兴、快乐）

教师："再请小朋友听一首曲子，告诉老师听的感觉怎样？"

听曲子《北风吹，扎红头绳》。

教师提问："听后你的感觉怎样？"（伤心、难过）

教师小结："伤心、高兴都是人的情绪，今天老师给小朋友带来了几张表情脸谱。小朋友看一看，说一说你看到的是什么情绪，并学一学。"

幼儿学完后，个别提问："说出你什么时候兴奋？什么时候高兴？……"

二、游戏：玩骰子

（一）请幼儿上来扔骰子，骰子扔到一处情绪时，这位幼儿要试着做这种表情，并说说在怎样的情况下会有这种情绪。

（二）玩骰子的幼儿根据扔到的情绪，做相应的表情，让其他幼儿猜猜，他扔到的是什么表情。

三、讨论如何调节不良情绪

（一）你喜欢哪一种情绪，哪些情绪你不喜欢？

（二）如果你生气、害怕、难过的时候，你会怎么做呢？怎样才能让自己有个好心情？

（三）教师小结："我们小朋友快要离开幼儿园变成一个小学生了，在以后的学习和生活中还会遇到许多的困难，发生许多不开心的事，小朋友要想办法让自己保持一个好心情。老师希望我们班的小朋友能够天天高高兴兴、快快乐乐。"

四、游戏：玩情绪温度计

教师："小朋友发热的时候你怎样才能知道你发烧多少度？"（体温计）"我们又怎样知道今天天气多少度呢，用什么来测量？"

教师："今天老师也给小朋友带来了情绪温度计，请小朋友自己玩一玩。在10度以下是悲伤的情绪，在10~30度是高兴的情绪，在30~50度是兴奋的情绪。你玩到什么情绪，你就说一说你在什么时候是这种情绪。"

幼儿自己玩，教师个别询问。

玩后提问："你最喜欢什么情绪？"

五、舞蹈：娃哈哈

六、活动延伸

绘画活动"有趣的表情"。

启发幼儿画出自己常有的几种表情，或者画自己喜欢的表情，鼓励幼儿边画边与同伴交流自己当时的心情。

总的来说，幼儿园健康教育活动都围绕着总目标和年龄阶段目标进行，而游戏作为健康教育活动的重要组成部分，也以此为依据而展开。

【课后练习】

一、知识点识记练习

（一）单选题

1. （2014年上半年真题）幼儿反复敲打桌子，在房间里跑来跑去，在椅子上摇来摇去，这类游戏属于（　　）。
   A. 结构游戏
   B. 象征性游戏
   C. 规则游戏
   D. 机能性游戏

2. （2015年上半年真题）幼儿最早玩的游戏类型是（　　）。
   A. 练习性游戏
   B. 规则游戏
   C. 象征性游戏
   D. 建构游戏

3. 现代的游戏治疗是通过（　　）形式得以实现的。
   A. 交往游戏
   B. 教学游戏
   C. 象征性游戏
   D. 规则性游戏

4. 幼儿健康教育游戏的特点不包含（　　）。
   A. 重视独立应对困难的能力
   B. 训练幼儿身体强壮
   C. 健康教育游戏化

D. 情感体验性

5. 根据教育形式的不同,我们可将幼儿健康教育游戏分为(　　)、情境性游戏和训练性游戏。

   A. 身体健康游戏

   B. 辅导性游戏

   C. 心理健康游戏

   D. 体能锻炼游戏

（二）简答题

1. 幼儿园健康教育领域的总目标是什么?
2. 幼儿健康教育游戏大致分为哪几种?
3. 如何设计、组织幼儿健康教育游戏?
4. 简述幼儿健康教育游戏的原则。

二、实践性练习

请参考幼儿健康教育的年龄阶段目标,选择一个年龄阶段,根据其特点设计一个相应的健康领域游戏活动方案。

微课资源与习题答案

第九章 幼儿民间特色游戏

【目标导航】

能力目标：组织和指导幼儿园不同年龄班的幼儿有效开展民间特色游戏。
知识目标：了解幼儿民间特色游戏的分类、基本类型及其基本特征。
素质目标：掌握不同年龄阶段民间特色游戏的组织与指导策略。

【问题导入】

有一天小明从家中的抽屉中找到一个沙包，他不解地问妈妈："妈妈，这是什么呀？""这是妈妈小时候的玩具——沙包。"妈妈解释道。"这怎么玩呀？"听了小明的疑问，妈妈的思绪又拉回到小时候的情景……人们利用生活中随手可得、随处可见的物体比如树枝、粉笔、鸡毛，在空旷的田野上，在无人的小巷中，孩子们在尽情地跳房子、捡石头、踢毽子，空气中弥漫着既生活又童趣的气息，这就是民间游戏。民间游戏是民间文化的瑰宝，是我们需要传承的非物质文化遗产，更是中国特色社会主义文化自信的新时代体现。

请思考：民间游戏如何传承？如何与时俱进地、科学地改编民间游戏，才能符合当下幼儿的身心素质？

第一节 幼儿民间游戏概述

一、幼儿民间游戏的概念

游戏，在中国古代文字中含义丰富，带有"嬉""戏""游"的内容。民间游戏是指流传于广大民众生活中的嬉戏娱乐活动，俗称"玩耍"，主要流行于少年幼儿中间和节日里成年人娱乐节目之中，是由我国劳动人民在特定文化传统上发展的特色娱乐活动。幼儿民间游戏符合幼儿生理和心理特征，受到幼儿的喜爱。随着时代的发展，游戏的传承，民间游戏已经成为我国非物质文化的重要内容。

二、幼儿民间游戏的起源

从民俗学上来说，游戏起源于劳动生产活动，人民在劳作过程中所产生的动作、嬉戏、狩猎都是游戏的原始状态。在人民解决温饱后，庆祝丰收的舞蹈、祭祀的仪式、接待宾客的表演等活动也成为游戏的载体。

从历史发展的阶段来看，游戏的发展又分为春秋战国、汉魏六朝、唐宋、元明清、近现代五个时期。

三、幼儿民间游戏的意义和作用

（一）促进幼儿身心健康发展，培养幼儿审美情趣

幼儿在3—6岁期间各方面发展都是迅速的，保障开展有质量的幼儿活动，在幼儿教育中起关键性作用。许多民间游戏都需要幼儿在游戏过程中跑、跳、躲、闪，这既锻炼了体能，让幼儿拥有敏捷的反应能力、良好的协调能力、创造的想象能力、发展的思维能力，也对幼儿多种感官的体验和训练有着非常好的促进作用。民间游戏的运动类游戏如打陀螺、跳马兰花等能加强幼儿的弹跳能力，使其骨骼肌肉得到健康发育。益智类游戏如五子棋、华容道、七巧板等游戏能够促进大脑神经系统的发育，训练幼儿的智力发展和反应能力；艺术类游戏如剪窗花、玩绣球等游戏能促进幼儿审美、语言交流和社会合作。幼儿民间游戏能促使幼儿身心的全面发展。

（二）促进幼儿社会性发展，培养健全的人格和提升人际交往能力

教育家陶行知认为"人格教育，端赖六岁以前之培养，凡人生之态度，习惯，倾向皆可在幼稚时代立一适当基础"。这说明在3—6岁期间，性格的培养对后续的人格养成至关重要。在这一时期内，挑选和开展良好的幼儿民间游戏能让其建立起对社会准则与规范的基本认同。比如在角色扮演"过家家"游戏中，首先幼儿将自己在日常生活中观察到的"父母"比照模仿，进行角色认定—认知—认可，这一过程幼儿建立了基本认知。在选择角色时，会自觉商量游戏的规则制定和进程；一旦出现争夺角色或突发事件，幼儿在教师的引导下，能通过商量、妥协、竞争、合作等解决问题，不断提高幼儿的协调控制能力，克服以自我为中心的态度，体验合作和分享的愉悦。而幼儿在游戏中发生失败的情况，教师要及时对幼儿进行鼓励和劝导，让幼儿能正视自己的失败，学习他人的成功经验，摆脱家庭养育的弊端，培养集体意识和荣誉感。

（三）促进幼儿智力发展，提升幼儿认知能力

民间游戏能让幼儿初步掌握事物的基本概念，并转化成自己的理解和记忆，同时对数字有基本的认识，进而发展到语言表达的提高。同时民间游戏也体现在操作能力的提升，使幼儿学会思考并动手解决问题。比如"五只猴子荡秋千"游戏，游戏基本玩法是左手五指张开模仿猴子荡秋千动作，口中念童谣：五只猴子荡秋千，一只鳄鱼游过来（鳄鱼吃猴子的拟声词），右手模拟鳄鱼吃掉左手一只手指，从一到五。再转换右手模仿猴子，左手做鳄鱼。这个民间游戏，对幼儿发展想象能力、左右手变换、手指的相互协调，对五以内的加减，对语言的表达和节奏的把控，都不容忽视。同时，还对自然界中弱肉强食的法则有基本的了解，也在一定程度上提升幼儿安全意识。操作与言语的协调发展对幼儿的智力发展水平有较大的帮助。

（四）培养幼儿对民族文化的认同，培养文化自信

民间游戏有着悠久的历史，体现当地民族特色，展现鲜明的风俗特点。传承着当地文化基因，反映着当地的文化气候。不同地区有不同民间游戏，这些游戏多半使用方言，有时还含有许多自然或者社会的常识，体现了社会生活的多方面，幼儿在进行民间游戏的同时不自觉地继承着当地的非物质文化遗产，从而升华为自己对本民族文化的认同，增强爱民族、爱祖国的情感。

四、幼儿民间游戏的特点

（一）简易性

民间游戏起源于生活，因而游戏的规则玩法与游戏的材料不会过于复杂，体现其简单便利的特点。比如游戏材料，来自废旧物品如布头、塑料空瓶、易拉罐等，还有随手可拿的自然物如泥巴、树叶。"编绳"游戏，两头扎到一起，两只手就可以将绳子变换出各种花样，拉、勾、提、翻，就能将绳子的图案变换到另一个人手上。还有"跳房子"，只需要粉笔（没有粉笔时候拿砖头）在地上画上几个格子，一群孩子就能玩上一天。再如"扔石子"，捡五粒小石子，将五粒石子握在手中，向上投其中一子，其余四子放在地上；然后开始拾子，向上投一子向地下拾接一子，直至拾完。民间游戏取材简便，是现代游戏不能比拟的。

图 9-1 "跳房子"

（二）地域性

民间游戏是从生活发展而来，具有鲜明的地域特色，因而带有地方性浓郁的文化气息，反映的是当地人民的生活习性、民俗习惯乃至思维模式，比如"过家家"，模仿大人干活，过日子，庆祝节日（春节、中秋、端午）就会带有地方特色的模仿。比如广西的中秋，除了月饼之外，父母还会为孩子制作柚子灯，在"过家家"游戏中过中秋，"父母"也会为家里的孩子做"柚子灯"。又比如广西歌圩中的山歌就是游戏中的童谣体现，壮族有壮族的山歌，"刘三姐"的山歌带有桂北风格。由于地域文化、语言的不同，山歌作为当地的民间游戏，也具有不同的文化色彩，比如壮族"三月三"。在红水河畔东兰、金谷乡的山歌童谣是对"蚂拐"的图腾崇拜。刘三姐的对山歌，带有当地特色，还是民族智慧的象征。

什么水面打跟斗，什么水面起高楼，
什么水面撑阳伞，什么水面共白头。
鸭子水面打跟斗，大船水面起高楼，
荷叶水面撑阳伞，鸳鸯水面共白头。
什么结果抱娘颈，什么结果一条心，
什么结果包梳子，什么结果披鱼鳞。
木瓜结果抱娘颈，香蕉结果一条心，
柚子结果包梳子，菠萝结果披鱼鳞。
什么有嘴不讲话，什么无嘴闹喳喳，
什么有脚不走路，什么无脚走千家。
菩萨有嘴不讲话，铜锣无嘴闹喳喳，
财主有脚不走路，铜钱无脚走千家。

——摘自电影《刘三姐》

（三）科学性

民间游戏的科学性在于玩法规则能发展幼儿探索、感知、思维、创造、想象等认知，还对语言、数字、身体素质发展有很强的促进作用。比如"捏泥巴"，将泥巴捏成各种形状，发挥幼儿想象力与创造力。"数青蛙"，一只青蛙一张嘴，两只眼睛四条腿，发展了幼儿的认数能力。许多民间游戏是由童谣、儿歌、绕口令搭配一定规则而成，如儿歌"你拍一我拍一"，发挥了幼儿语言能力，情趣相搭，其乐无穷。

（四）传承性

幼儿民间游戏是幼儿学习和了解民族文化最有效的途径，胡伊青加在其著作《人：游戏者》中指出：仪式产生于游戏，诗歌诞生于游戏并繁荣于游戏，音乐和舞蹈则是纯粹的游戏。在整个文化进程中都有活跃着某种游戏因素，文化是在游戏中并作为游戏而产生和发展起来的，游戏则是带着民族遗传信息论"文化基因"。民间游戏从古至今，带有中华民族文化传统特色，体现出一代传承一代的特点，小小的游戏蕴含大至天伦的道德规范。如儿歌分果果："李小多呀嘛李小多，分果果，分果果，分到最后剩两个，一个大，一个小，一个大来一个小，大的分给张小弟，小的留给我自己。"体现了谦让、尊老爱幼的中华传统美德，古有孔融让梨，今有李小多分果果。

第二节　幼儿民间游戏指导与应用

一、幼儿民间游戏在幼儿园中的指导

（一）科学合理地选择民间游戏，保障游戏结构的完整性

对于幼儿园民间游戏而言，在其设计的过程中主要包括名称、年龄班级、游戏准备、游戏目标、游戏规则、游戏过程、游戏反思等几个阶段。通过民间游戏素材的研究，发现大多数游戏缺乏一套完整的游戏规则，寥寥数字便能完成一个游戏。因此，教师在游戏题材选取和游戏设计的过程中，要设计符合幼儿年龄成长需要的游戏规则，从而保证游戏整体完整性。从幼儿发展的角度进行考虑，从认知、技能和情感三个方面进行。对于游戏准备而言，主要包括游戏材料、游戏组织、游戏玩法三个方面，既要贴近幼儿的日常生活，又要与规则、内容紧密地结合。这样教师才能够把握游戏的整体概况，在游戏进行前进行充足的准备，根据幼儿的发展情况因人而异制定相应的娱乐游戏，从而充分发挥民间游戏自身的价值，实现幼儿的全面发展。

（二）多维度筛选民间游戏

社会在不断发展，生活方式、认知态度、风俗都在不断演变，民间游戏也因此具有一定时代的局限性。我们对收集到的第一手民间游戏资料，要进行进一步精心筛选和整理。在筛选时，要充分注意到游戏的思想性和教育性，选择一些积极健康的、寓教于乐的、适合幼儿年龄特点的民间游戏。

1. 强调科学性与教育意义

优秀的民间游戏是劳动人民在生产生活中的智慧的结晶，对于那些符合幼儿年龄发展特点、生动活泼、富有科学性的并且受到幼儿喜爱的民间游戏，可以结合当地的民间特色和幼儿园的环境特点，保持游戏原貌进行或者加以规范规则、增加难度甚至变换玩法，如打陀螺、老鹰捉小鸡、丢手绢等。对于一些内容、形式不符合社会主义核心价值观、不适合幼儿年龄特点的游戏，教师可以对此进行改编、重组、创新，让民间游戏既能够传承又能保持积极的教育意义。

2. 强调针对性和适应性

教师在选择开展民间游戏时，应选择符合幼儿的年龄特点的游戏，同时要根据不同环境、时间地点的变换及时更换游戏。从年龄层次上来说，小班幼儿适合不需要太多规则的游戏如好玩的皮球、猴子捞月、外婆桥等游戏，随着年龄的发展，幼儿对于事物的探索和规则的遵守远远大于小班幼儿，所以丢手绢、编花篮、水果蹲等更适合大班。

在户外游戏中，要根据季节选择民间游戏，如在炎热的夏天，民间游戏要选择运动量相对较小的项目如弹珠、抬轿子、老鼠偷粮食等；待到入秋则选择运动量稍微大一些的赶小猪、乌龟护蛋等项目；寒冷的冬天，可以选择运动量较大的项目，可以对幼儿进行热身，如跳绳、舞布龙、跳房子、丢手绢等。遇到刮风下雨等恶劣天气，把活动场所选择在室内，可选择一些不需要空间区域太大的甚至能在走廊上开展的游戏如划龙舟、抬花轿、抓石子等。

图9-2 "抬花轿"

教师可以根据幼儿游戏的熟练程度调节游戏的难易程度，以符合幼儿的个体发展水平、真正促进幼儿的发展。例：抬花轿、划龙舟游戏既发展了幼儿的臂力，又发展了幼儿配合合作能力，教师可以提醒幼儿变换角色，还可以适当增加游戏规则的多样化以增加难度；在抓石子等游戏中，对幼儿的平衡能力要求较高，教师可根据幼儿的能力水平调节游戏的难度。

3. 注意游戏的安全性

在选择运用民间游戏时，应对游戏的场地、材料、动作的设计等加强安全性的考虑。例：在"扔砖"游戏中，可利用废旧的木块、沙包等代替砖块；在玩"老鹰捉小鸡"或其他四散跑一类的游戏时，应选择松软的草地或塑胶地，以免擦伤、跌伤等。

（三）改编创新民间游戏

对民间游戏的改编和创新是教师对民间游戏的重新挖掘和理解，取其精华，去其糟粕，结合时代精神，结合当下社会生活特点，融入符合现下的材料和规则玩法，让民间游戏既保留传统的意味，又带着鲜明的时代特色。

1. 材 料

民间游戏中有些材料目前已经寻觅不到，或者基于安全的考虑，已经不适合幼儿使用。为此，可以寻找代替性材料，或者利用新型材料，如在挑竹签游戏中，竹签虽然常见，但是由于幼儿成长发展的差异性，幼儿园要考虑增加幼儿游戏的安全系数，将竹签换成塑料棒、泡沫棒。再如把皮球作为滚铁球的替代品，棋子作为滚珠的珠子代替品，废弃的奶粉桶作为舞龙舞狮的龙身代替品等。同时，还可以利用民间游戏材料创新游戏玩法。

2. 玩法和规则

民间游戏的玩法可以根据幼儿的年龄、体能、智力、爱好等需求对玩法和规则进行创新，教师可以根据幼儿在适应游戏阶段选择和决定游戏改编的程度。玩法决定方式，规则决定允许和禁止。比如"一二三木头人"游戏，小班幼儿适应了游戏规则听到"木头人"停止不动的规则，小班对于规则遵守不严格，游戏显示出更大的随意性。到了中班或者大班，规则意识增强，教师发现绝大多数幼儿已经能掌握玩法，并随着游戏的持续进行，幼儿逐渐产生倦怠，教师就要及时创新游戏规则，规定允许这样做，不允许那样做，如果违反规则，则有相应的措施。如当念到"木头人"将双脚站改成单脚并保持站立6～8秒，如将停止不动改为模仿小动物的姿态停止不动。教师需要根据实际情况对游戏的玩法和规则进行调整。

3. 语言改编

童谣通常伴随着民间游戏的开展，口口相传，寓教于乐，民间游戏也因此显得生动活泼而富有艺术审美。民间游戏的语言改编符合时下生活实际，体现幼儿所处的情境，展现民间游戏生生不息的活力。比如"你拍一我拍一"游戏，就有很多版本，如认识动物就有"一只孔雀穿花衣""一只公鸡喔喔啼""黄雀落在大门西"；如教导幼儿要守法文明、努力学习，养成良好习惯则有"常洗澡来常换衣""奏唱国歌要肃立""努力学习争第一""校服穿在星期一"；如为了朗朗上口押韵"一个小孩坐飞机"。

二、广西民间游戏

广西是多民族聚居的自治区，世居民族有壮族、汉族、瑶族、苗族、侗族、仫佬族、毛南族、回族、京族、彝族、水族、仡佬族等12个，另有满族等40多个其他民族。壮族是广西人数最多的少数民族。多民族融合的形成丰富了民间游戏生态，蕴含着浓厚的地域文化特色，每个民族因族群风俗习惯不同则产生不同的民间游戏；民间游戏也因为少数民族间杂居而带有多个民族的特点。在此介绍改编自壮族的民间幼儿游戏。

蚂拐舞。制作蚂拐（青蛙）头饰，模仿蚂拐跳跃、蹲下动作。

舞布龙。在长布（2～3米）上画出龙头龙尾，3人一组为龙头，其余4～5组为龙身、龙尾。由龙头带着龙身龙尾在操场上直行、拐弯，并做出扭动龙头、晃动龙头等舞龙动作。

图 9-3　舞布龙

玩绣球。用一只手抓住绣球绳子，以手腕、关节为轴心，顺时针或逆时针甩动绣球。抛接绣球，一人扮演哥，一群幼儿扮演刘三姐，将绣球抛给河对岸的刘三姐。

抢花炮。分上下两场，场地两端放篮子，教师做裁判，比赛开始，裁判将花炮（海洋球、纸球）向上抛，双方队员抢花炮，队员们相互合作、掩护，合力将花炮运到本队篮子中，另一队则拦截、抢夺阻拦对方放花炮进入篮子。规定时间内谁抢到最多则获胜。

背篓球。接力，每队3人，其中一人负责放球，一个负责背篓运球，一个负责将球取出来。每次只能运一个球。比赛有时间限制，在规定时间内取球最多则获胜。

赛龙舟。在地面上画两条平行的直线做起点和终点，幼儿3～5人蹲在起跑线上，双手拿两根竹竿在外做"龙舟"，比赛开始，按自己的口令动作一致向前划船，先到终点者获胜。

走板鞋。2～3人一组，在板鞋上脚步一致竞走。最快一组获胜。

踩高跷。幼儿踩在10厘米的高跷上竞走。

图 9-4　踩高跷道具

打陀螺。用绳子绕在木制陀螺上，在离地10厘米处一手拿陀螺一手猛地拉开陀螺绳子，绳子拉完后让陀螺在地上转动，在陀螺转动过程中继续用绳子抽打陀螺让其继续转动，以陀螺转动时间最长者获胜。

图9-5　打陀螺

此外，还有诸如滚铁环、斗鸡、打扁担、抛绣球、跳灯、乌龟护蛋、舞蝴蝶、赶小猪、独轮车、舞凳龙、独轮车、顶竹杠等民间幼儿游戏。

三、幼儿民间游戏在体育健康游戏中的应用

（一）游戏素材

体育类民间游戏以发展幼儿身体素质为目的，幼儿好动活泼，每天需要消耗大量的体力，多数民间幼儿游戏都属于这一类，体育类民间游戏受到幼儿的广泛喜爱。下面介绍几例经典体育类民间游戏。

123木头人——一个幼儿站在前方5米，其余5~6个幼儿站在与之相隔6米左右的平衡线上。前方幼儿一边拍手一边喊："123木头人，不许说话不许动。"其余幼儿要在前方幼儿念儿歌时候向前走动，念到最后一个字时，前方幼儿转头，其余幼儿不许动。当前方念到最后一个字时候，其余幼儿不许动，谁动谁就失败。直至后方幼儿触摸到前方幼儿，前方幼儿失败。

丢手绢——幼儿围成一个圆圈蹲下，指定一名幼儿做丢手绢者，其他幼儿唱歌："丢手绢，丢手绢，轻轻地放在小朋友的后面，大家不要告诉他，快点快点抓住他，快点快点抓住他，快点快点抓住他。"幼儿拿着手绢绕着圆圈跑，将手绢悄悄放在某一个幼儿身后，身后有手绢的幼儿随即站下来追逐丢手绢者。丢手绢者跑到放手绢的空位坐下仍然未被追上，则双方角色互换，游戏继续。

老鹰捉小鸡——老鹰捉小鸡，游戏开始时前先分角色，一人扮作母鸡，一人扮作老鹰，其余

的扮作小鸡。小鸡依次在母鸡后站成一队,母鸡挡在老鹰前保护小鸡,老鹰在母鸡的保护下捉住母鸡保护的小鸡。小鸡绕圈闪躲。

跳房子——用粉笔在地面上画出房子,房子里的格子一般是长方形、正方形、圆形、三角形,写上1～10的数字(数字可以更改)。准备沙包,第一个用沙包丢进数字"1"后单脚跳进数字为"1"第一格;然后单脚跳踢沙包进入数字为"2"格子,接着用双脚跳进数字为"2"的第二格。这样单脚、双脚地交替踢布沙袋,直到布沙袋踢到"10"算一次性过关,然后再从"1"重新跳起。若踢不对数字或者变换脚不对算失败,可在下一轮时,从失误格做起。几轮以后,以得分最多者为第一名,以此类推。

猜拳跳圈——每人一只圈,两人为一组。两人同时站在一端的起跑线上。游戏开始,两人划拳:石头、剪子、布,赢者把圈抛出去,然后跳进圈。游戏反复进行,先到目标者为胜。每赢一次,只能跳一步。抛圈的距离应以自己能跳进去为准,跳不进去则犯规,回到原处。借此练习幼儿立定跳远,培养目测力和判断力。

抬轿子——3人一组,2人当轿夫,1人当新娘。当轿夫的幼儿将右手握住自己的左手腕,再用左手握住对方的右手腕。蹲下,扮新娘的孩子分别将两只脚跨入两轿夫的双手臂之间,两只手分别搭在轿夫的肩上,轿夫立起,开始行走,而后换角色重新进行。

打陀螺——将陀螺旋放或抽到一定距离外的规定范围内,看谁放得准,看谁旋得久。也有先将一陀螺旋放后,其他人站在一定距离之外用旋转着的陀螺去打击之,看谁打得准,看谁旋得久。还有用鞭子抽着陀螺上斜坡,或抽陀螺越过各种障碍,看谁先到达终点的陀螺竞速比赛等。

跳竹竿——两个幼儿手拿竹竿面对面跪下,用竹竿同时分合敲击,另一个幼儿在中间看准竹竿的分合跳进或跳出。

图9-6　跳竹竿

扔沙包——在规定场地内两边都用沙包投掷站在中间的人，中间的人若被沙包打中则下场，只要用手接住"打手"们扔过来的沙包就能多一条"命"。

跳橡皮筋——也叫"跳胶"。由两人或多人拉着三四米长的皮筋固定，选取动作，跳错步伐者则出局。游戏升级则是将皮筋的高度随着玩家的完成度逐渐向上提升。首先是脚底，然后继为脚踝、小腿中央、膝盖、胯下、腰间、胳肢窝、肩膀、耳顶和头顶的位置。过了头顶的高度后，还有最后两个阶段，分别为头顶的高度再加上单掌手指散开时拇指与尾指间的距离，以及将手向上伸至最高时的位置。

图 9-7　跳橡皮筋

（二）选择与开发要求

1. 注意活动的安全性

许多民间游戏活动量大，动作幅度大，体能消耗大，幼儿园选择体育类民间游戏要充分考虑其安全性。例如在"扔沙包"的游戏中，原始的民间游戏是利用沙子包成沙袋，一人扔到另一个人身上，沙子的重量、幼儿为躲避沙包自由奔跑，都有一定的危险性。教师可以减少沙子的重量，另外在沙子外面包裹棉布或者泡沫，这样沙包既有重量又保证了安全。

2. 根据年龄特点选择相应的体育游戏

在民间游戏中选择体育游戏要考虑不同年龄阶段的体育游戏要求不同，同一个体育游戏在大中小班也可以适当调整难度。比如跳竹竿，小班的幼儿要求能单脚跳过即可，大班可以变换竹竿高低、宽窄来适应幼儿体育技能。

3. 符合全体参与性原则

民间游戏中，有一些有趣的体育游戏集体性和参与性较差，为了使幼儿能集体参与，教师应该在游戏中改编玩法，如增加环节、改变规则、增加难度等。

（三）案　例

案例1：

小班游戏——好玩的皮球

【活动目标】

培养幼儿参加体育活动的兴趣，增强幼儿身体素质。鼓励幼儿与同伴交流玩法，提高交往能力。

【活动准备】

皮球若干。粉笔画出终点线。

【活动过程】

教师在《健康歌》伴奏中出示皮球，启发幼儿：皮球可以如何玩？

1．幼儿自由拿球，尝试多种玩法，或拍打皮球，或滚动皮球，或反弹球，或你来拍我来接，或滚球过门。

2．教师使用讨论法，让幼儿讲述自己的玩法并为大家展示。

3．为幼儿出示皮球，提示幼儿还可以怎么样玩皮球，提醒可以与同伴商量。

4．教师提问："怎么样玩才能让每个小朋友都能滚动皮球，并且到达对面的终点。"

幼儿发表自己的意见，最后引导幼儿用接力的方式滚皮球，并设置分组，产生竞争。

5．每一组都到达终点后，伴随《健康歌》舞蹈结束本次游戏。

案例2：

中班游戏——打陀螺

【活动目标】

认识陀螺的构造，学会制作陀螺，提高动手操作能力，幼儿学会打陀螺技巧，锻炼幼儿体能协调能力。

【活动准备】

陀螺若干个、画笔、圆形瓶盖（供画圆用）、小木棒、火柴棍等。

【活动过程】

教师出示陀螺，询问幼儿玩过什么样的陀螺。幼儿争着说自己玩过的陀螺。有塑料的、会发光的、木头制作的、铁做的、纸做的。教师将幼儿分组，每组一个陀螺，让幼儿自行玩耍，并引导幼儿关注陀螺的构造。陀螺数量有限，不够一人一个玩耍，看着幼儿们心急又无奈，教师心知已经挑起幼儿的兴趣，适时拿出制作陀螺的用具，一张纸片和一根小木棒。

幼儿在教师的引导下开始自制陀螺。在制作的过程中发现有的陀螺转不起来，教师引导幼儿寻找原因，教师说："我们一起来看看你们做的陀螺与老师带来的陀螺有什么不同的地方？"提醒幼儿在制作过程中需要注意的事项，如制作陀螺的纸片太薄；圆孔不在纸片中心；小木棒转轴太长等。

教师指导幼儿制作陀螺，并用画笔装扮陀螺，制作完毕后相互欣赏班内幼儿的陀螺。幼儿制作完成后开始游戏，谁的陀螺转动最久谁就获胜。

案例3：

大班游戏——踩高跷

【活动目标】

促进幼儿身体平衡性，提高动作协调性、灵活性。感受与他人共同游戏的快乐。

【活动准备】

每人一双用坚硬的易拉罐制成的高跷。毛巾若干。

【活动过程】

教师带领幼儿做操热身，激发幼儿参与活动的兴趣，引导幼儿进入运动状态。

1. 幼儿自由玩高跷。一个人玩或者三三两两研究不同的玩法。让幼儿对高跷的性能和构造有较为足够的了解。解锁高跷玩法。教师鼓励玩得好的幼儿分享自己的玩法给他人尝试。

2. 踩高跷。两只脚踩在高跷上，两只手分别抓住固定在高跷上的绳子（或棍子），双脚交替往前走。走得稳的幼儿可以尝试越过障碍物。

3. 将障碍物一个接一个摆在地上形成一条直线或曲线。幼儿逐一通过，锻炼其平衡能力。

4. 合作游戏：过河送牛奶。两名幼儿各伸出一只手共同握住一瓶牛奶，从河一头（障碍物筑起一条宽宽的河）跨进河流，蹚过河流走到对岸，过程中牛奶不能松手。可以组成几个队伍比赛谁最快。

5. 结束前做放松运动，听音乐，擦汗。

四、幼儿民间游戏在益智游戏中的应用

（一）游戏素材

民间游戏中部分游戏可以培养幼儿的观察力、注意力、思维能力，幼儿好奇心很强，勇于探索大自然，喜欢发问，对新奇事物有无限的遐想。下面是经典民间益智类游戏介绍。

飞行棋——有飞行棋图纸，分为四种颜色，一个人一种颜色，由猜拳决定谁第一个投骰子，投到"6"方可起飞。而后根据投骰子的数字前进，如果投骰子步数刚刚好压中另一种颜色的飞机，就算打落对方飞机，让其回到飞机场上重新等待起飞。到终点时步数应该刚刚好，否则要返回继续走。

七巧板——由七块板子组成各种图形，可以是规则的三角形、正方形、长方形、菱形等，也可以是不规则图形，还可以是象形，如动植物、房子、数字、字母、车等日常所见之物。

华容道——通过移动各个棋子，帮助曹操从初始位置移到棋盘最下方中部，从出口逃走。不允许跨越棋子，还要设法用最少的步数将曹操移到出口。

数青蛙——分组开始游戏，3~4人一组。第一个人：一只青蛙一张嘴。第二个人：两只眼睛四条腿。第三个人：扑通扑通跳下水。第四个人：两只青蛙两张嘴。第一个人：四只眼睛八条腿……依次轮换，可以培养幼儿数数能力和反应能力。

（二）选择与开发要求

1. 符合当前的科学教育理念

过去的民间幼儿游戏是幼儿喜爱的娱乐活动，时代在不断变化，游戏的科学性被不断验证与实践。《幼儿园教育指导纲要（试行）》中强调，幼儿要全面发展，特别是对幼儿科学创造性的开发，要符合幼儿身心健康的发展要求。因此，教师在选择与开发科学游戏时要注重幼儿的想象力与创造力。

2. 玩法和规则符合科学要求

民间游戏内容丰富多彩，题材广泛多样，选择与开发民间游戏中的科学游戏，要注重游戏的科学性。要利用观察、测量、实验等方法进行游戏。

3. 注重材料选择丰富性，激发幼儿兴趣

民间游戏的取材方便，通常是生产生活中的日常用品。益智类游戏需要激发幼儿的好奇，进而开始探索，因此开发科学游戏中要尽量增加材料的多样性，可以随时收集民间游戏的材料，通过清洁、整理、改造、投放，使幼儿在科学游戏中体会更多乐趣。

（三）案　例

案例4：

小班游戏——猴子捞月

【活动目标】

让幼儿初步认识光的折射，培养幼儿勇于尝试的能力。

【活动准备】
月亮图片、水盆、水、手电筒、若干视频、若干猴子头饰。
【活动过程】
教师模仿猴子并让幼儿猜一猜这是什么动物：
1．一身毛，尾巴翘，不会走，只会跳。
2．上肢下肢都是手，有时爬来有时走，走时很像一个人，爬时又像一条狗。
同时做出猴子的动作，引导幼儿猜出谜底是"猴子"。
教师又让猜一猜另外一个谜语：
有时挂在山腰，有时挂在树梢，有时像个圆盘，有时像把镰刀。
拿出月亮的图片，引导幼儿猜出谜底是"月亮"。

观看"猴子捞月"的视频，观看到猴子讨论如何将月亮捞上来的时候，提问：如果小朋友是猴子的话，该怎么样把月亮捞上来呢？有什么好的方法呢？引发幼儿思考。

继续观看视频，当猴子用尾巴倒挂着一个接一个捞月亮，提问：猴子最后能捞上月亮吗？为什么呢？引发幼儿回答，水中的月亮是不能捞上来的。

教师引出本次游戏的重要部分，为什么水里的月亮捞不上来。是因为水里的月亮是天上月亮的倒影。

让幼儿围成一圈，打开手电筒，照射到水盆的水面上，观察水中手电筒照射出来光的倒影。这个倒影就好比"猴子捞月"中的月亮，水里的月亮是天上月亮的倒影，并非真实的月亮。让幼儿拨一拨水面，看看水面发生了什么变化，从波纹的起伏观察"碎掉的月亮"，幼儿玩得很开心，同时也认识了镜中花、水中月。

案例5：

中班游戏——纸筒传话

【活动准备】
传声纸筒若干个、纸团。
【活动目标】
了解空心纸筒会传递声音这一科学知识，了解空心与实心的区别。幼儿用传声筒做电话。幼儿能记得父母号码，懂得常用的紧急电话的用途，引导幼儿使用打电话时的礼貌用语。
【活动过程】
教师拿出传声筒让幼儿猜猜这是什么物品。幼儿摸摸看看，知道是纸做的但不知道是什么东西。教师引导一个幼儿将传声筒的一边放在耳边，另一边则悄悄地说话。而后问传声筒另一端的幼儿：听到了什么？幼儿准确地说出来教师所说的话，激发幼儿的探究兴趣，都想来玩一玩这神奇的传声筒。

幼儿非常好奇地玩起了传声筒，教师又拿起传声筒并把纸团塞进传声筒里面，再与幼儿进行悄悄话传声。结果幼儿却听不到，幼儿都好奇地做了这个试验，通过幼儿亲自观察体验，懂得了只有空心传声筒才能传声，而实心传声筒不能传递声音。有个别好奇的幼儿会咨询教师原因，教师解释是因为声音靠空气振动传递出去，而实心传声筒是固体，声音频率不够引起实心物体产生振动所以传递不了声音。

把传声筒当作电话，提问幼儿问题：有没有打过电话，给谁打过电话，知道父母或者是其他亲人的电话号码吗。幼儿都能回答出来之后，教师再引出还有一些电话在我们遇到困难的时候会想起它们，比如说失火了，要打119，遇到坏人了要打110，受伤了要拨打120。引导幼儿说出常用的一些急救电话。像这样的电话我们把它叫作"应急电话"。教师再引导幼儿模仿打电话的用语，在情境中学习如何使用礼貌用语。

案例6：

大班游戏——七巧板

【活动目标】

培养幼儿探索精神，发挥想象力和创造力，利用七巧板创造出不同的造型，体验七巧板的乐趣所在。

【活动准备】

七巧板若干（一面有图案，另一面无图案），模型若干，橡皮泥。

【活动过程】

教师拿出一套玩具七巧板，让幼儿说出七巧板的数量（7个）、形状、颜色、大小。

教师引导幼儿："这七个形状不同的木头，他本领可大了，可以像孙悟空一样'七十二变'，小朋友们，你们相信吗？"引发幼儿的兴趣，幼儿对孙悟空不陌生，而且对七十二变非常好奇。

教师先将七巧板尝试着变化出几个造型，让幼儿体会到七巧板的奇妙之处。教师发出指令，请大家拼出三角形、长方形、正方形这些简单的造型。同时引导幼儿往难度更高的家用物品如冰箱、电视、床铺；教师可以拿出背面有图案的七巧板引导幼儿拓展到难度更高的动植物或是抽象的物品。先使用有图案的，再使用没有图案的。进一步了解七巧板的玩法。

教师再拿出橡皮泥，让幼儿将七巧板按压在橡皮泥上，更加直观地让幼儿了解七巧板的形状，将立体七巧板和橡皮泥相结合，把它们造型立体化，变换出更丰富多彩的造型。

五、幼儿民间游戏在语言游戏中的应用

（一）游戏素材

民间语言游戏一般与童谣儿歌分不开，童谣加上一定的规则，就能编制成语言类游戏，也有利于培养幼儿活泼开朗的性格、适当的表演能力和节奏感，能够促进幼儿语言能力的提高和发展。

你拍一，我拍一——这个儿歌版本很多，朗朗上口，时有押韵。两人一组，交叉拍手，一边拍对方手掌，一边吟唱童谣。

儿歌：

版本1

你拍一，我拍一，一只孔雀穿花衣。
你拍二，我拍二，两只小鸭上河沿。
你拍三，我拍三，三只企鹅上冰山。
你拍四，我拍四，四只熊猫吃竹子。
你拍五，我拍五，五只小猫抓老鼠。
你拍六，我拍六，六只小猴打悠悠。
你拍七，我拍七，七只蝴蝶真美丽。
你拍八，我拍八，八只青蛙叫呱呱。
你拍九，我拍九，九只小鸟齐飞走。
你拍十，我拍十，十只小鸡捉虫子。

版本2

你拍一，我拍一，一个小孩坐飞机。
你拍二，我拍二，两个小孩梳小辫。
你拍三，我拍三，三个小孩吃饼干。
你拍四，我拍四，四个小孩写大字。
你拍五，我拍五，五个小孩在跳舞。
你拍六，我拍六，六个小孩拍皮球。
你拍七，我拍七，七个小孩猜谜语。
你拍八，我拍八，八个小孩吹喇叭。
你拍九，我拍九，九个小孩找朋友。
你拍十，我拍十，十个小孩立大志。

外婆桥——两人一前一后，后面幼儿将手搭在前面幼儿肩上，一边唱童谣，一边朝着同一个方向摇晃。

儿歌：摇啊摇，摇啊摇，摇到外婆桥，外婆给我蒸发糕，我对外婆哈哈笑。
摇啊摇，摇啊摇，摇到外婆桥，我给外婆拿苹果，外婆叫我好宝宝。

做豆腐——两人一组，双手拉手，相互做"推磨"，同时进行问答，如

果回答不出，则问答双方调换，游戏重新开始。可以训练幼儿认识亲属关系。

儿歌：推推磨，拉拉磨，你推我拉做豆腐。问：做好豆腐谁来吃？答：妈妈吃。问：妈妈不吃谁来吃？答：爸爸吃。问：爸爸不吃谁来吃？答：爷爷吃。问：爷爷不吃谁来吃？答：奶奶吃。

小老鼠上灯台——小老鼠，上灯台，偷油吃，下不来，叫奶奶，奶奶不应，叽里咕噜滚下来。

（二）选择与开发要求

1. 符合时代变化要求

民间游戏中的歌谣带有时代的特点和地域文化特色，由于时代变化，某些歌谣因为幼儿不能理解、不能结合生活中的事物吟唱，因而对幼儿的吸引力不大。教师在民间语言游戏的选择与开发中要根据现实生活或者是教育目的进行创作与改编。比如"拍手歌"：你拍一，我拍一，一个孔雀穿花衣；可以根据实际情况改成：你拍一，我拍一，清洁卫生常换衣。

2. 符合容易操作要求

民间语言游戏带有方言性、地域性特点，因此在民间游戏中的语言游戏的选择与开发中要注意语言游戏的操作性。教师指导可以较少，玩法简单，规则较少，易于幼儿自行操作。

（三）案 例

案例7：

小班游戏——外婆桥

【活动目标】

幼儿能大声朗诵童谣，提高语言表达能力；能与同伴游戏，体验合作；能学习礼仪礼节，激发对长辈的尊重与关爱。

【活动准备】

制作从家门走到外婆家路程的课件，小鸭子、牛、羊等头饰，外婆的头饰，若干椅子。

【活动过程】

教师提问幼儿是否去过其他亲人家里，比如外公外婆，或者是其他的亲戚朋友。得到幼儿的肯定回答之后，打开预先制作的课件，向幼儿展示课件里面的主人公明明到外婆家遇到的趣事，引起幼儿的兴趣。

用课件展示明明在去外婆家的路上遇到有趣的事，引导幼儿边唱童谣边体验,为更好掌握童谣内容做准备。明明在路上遇到一座桥,幼儿排排站一摇一晃唱着童谣"摇到外婆桥",引导幼儿用两张椅子搭建桥梁,或者是用其他方法设置阻碍。在路上遇到一群小鸭子,引导幼儿戴上鸭子头饰从桥下穿过,还遇到了一群小牛、小羊等。走到外婆家,幼儿拿出苹果赠与外婆,外婆拿出发糕还赠,让幼儿体验礼仪待客之道。提问幼儿:"外婆对我们这么好,我们除了拿苹果之外还应该如何表达对外婆的爱?"引发幼儿表达对长辈的尊敬和热爱之情,如亲亲外婆、拥抱外婆、端洗脚水或者拉拉小手等。

案例8:

中班游戏——点兵点将

【活动目标】

幼儿在游戏中体会童谣中的游戏规则,学习解放军遵纪守法、保家卫国的精神情怀。

【活动准备】

制作有解放军图片的课件、玩具枪、军帽。

【活动过程】

教师提问幼儿,有没有看过大阅兵,解放军叔叔威武的气概,引发幼儿对解放军的崇拜之情。进而提出要求,战士是要求非常严格的,绝对服从命令。如何服从命令呢?教师先用"一二三木头人"的小游戏说明规则。让说完"木头人"三个字时候,幼儿必须屏住呼吸不许动。

教师增加难度,让幼儿学习解放军的动作,敬礼、扛枪等。教师一边念儿歌"点兵点将,点到谁,谁人就是我的,小兵小将,大兵大将",一边用手指着幼儿,当念完儿歌"萝卜头子将"时,手指指到的幼儿必须摆出解放军的姿势。没有摆出姿势的幼儿默认就是念儿歌的幼儿的小兵。

六、幼儿民间游戏在艺术游戏中的应用

(一)游戏素材

小兔子乖乖——角色扮演狼、小兔子,兔妈妈交代小兔子乖乖待在家里,不要让大灰狼进来。大灰狼在门外唱歌:"小兔子乖乖,把门开开,快点开开,我要进来!"小兔子知道是大灰狼假扮兔子外婆骗开门,于是回答唱道:"不开不开我不开,妈妈没回来,谁来也不开!"

神笔马良——马良的神话故事引人入胜,准备毛笔和水写布(沾水显示,水干后字体消失),开始体会神奇的画笔,在水写布上作画、写字、等待水干的神奇现象。

手指作画——用颜料涂在手指上,在白纸、报纸或者墙上作画,拳头和手指就是画笔,比如握拳印出花蕊,手指印出花瓣。

编织——利用毛线编织成洋娃娃，将洋娃娃头发散下来，让幼儿为娃娃编辫子。或者是直接利用毛线描出花朵形状，再用胶水将毛线花朵粘在纸上。

折纸——用白纸折飞机、动物、花朵、房子等。

马兰开花——马兰开花二十一，二五六，二五七，二八二九三十一……九五六，九五七，九八九九一百一。

民谣歌曲改编——利用《茉莉花》《种太阳》等民谣改编舞蹈。

（二）选择与开发

1. 注意挖掘艺术游戏的内涵

民间艺术游戏具有独特文化背景，蕴含丰富的文化底蕴，民间艺术游戏可以多种开发，如在中秋节开展主题活动，小班可以开展泥工游戏"圆圆的月亮"，中班可以开展折纸活动"中秋月饼"，大班可以开展绘画活动"中秋大团圆"。

2. 直接选择艺术作品作为游戏材料

民间的艺术作品可以直接投入游戏材料的基础组成部分，许多民间艺术文化对于幼儿来说不能直接消化，可以用"固态"与"非固态"呈现。固态是直接投放艺术品作为游戏材料，比如泥塑；非固态是将民间艺术元素作为材料投放到游戏，如民族音乐、民族舞蹈动作，可以融入游戏中开展活动。

3. 注意与其他领域游戏的结合

民间艺术游戏，一般情况下不仅涉及艺术领域，还涉及科学、社会、体育、语言等。如"丢手绢"活动中，有童谣、音乐、社会合作等多种形式相配合，达到游戏的完整和科学性，实现了艺术有机整合。

（三）案　例

案例9：

小班游戏——丢手绢

【活动目标】

感受歌曲旋律，能边唱歌边遵守游戏规则游戏，提高幼儿的反应能力和手脚协调能力。

【活动准备】

《丢手绢》视频或歌曲、手绢。

【活动过程】

用视频放出《丢手绢》的歌曲，让幼儿认真看视频里面的幼儿如何玩这个游戏。走出户外，教师声情并茂地唱出《丢手绢》的歌曲，让幼儿用开火车的方法围成一个圆圈，面向圆心蹲下。指定一名幼儿做丢手绢者，在圈外跑，任意将手绢放在其中一个幼儿的背后，幼儿察觉到了马上起身追赶，如丢手绢者在被追上之前蹲到追赶者的空位，则游戏第二轮开始。教师在过程中注意规则的指导、歌曲的教学、安全的保障工作。

案例10：

中班游戏——漂亮的壮锦

【活动目标】

感受壮锦的色彩美，了解中国民间美术的用色特点。尝试用粘贴的方式表现虎头鞋，提高动手操作能力。

【活动准备】

投影仪，课件《美丽的壮锦》。壮锦织布、虎头鞋、布老虎、虎头帽。虎头鞋制作所使用的眼睛、鼻子等多种材料粘贴虎头。

【活动过程】

教师提问幼儿是否有见过刺绣，教师拿出一副壮锦，让幼儿欣赏并用手触摸。幼儿很好奇地上前来抚摸锦缎。教师向幼儿提问是否去过广西博物馆，并告知幼儿这是广西的传统织锦——壮锦。让幼儿观看课件视频，给幼儿欣赏壮锦的美丽。同时也播放布老虎、虎头帽、虎头鞋，看到这么多只老虎，幼儿很好奇。教师向幼儿出示了虎头鞋、虎头帽、布老虎，幼儿非常兴奋，纷纷要来拿老虎的各种玩具。教师趁机说："与其拿老师手上的老虎，不如我们自己来亲自做一个虎头鞋吧。"成功激发幼儿强烈的动手欲望。幼儿拿着虎头鞋制作的眼睛、鼻子等材料与幼儿一起操作。一边操作一边询问幼儿老虎是什么样子的，为什么会有虎头鞋呢？同时播放虎头鞋制作的录像，妈妈一针一线地做虎头鞋送给宝宝，代表了妈妈的美好祝愿，她希望宝宝不受到坏人的欺负和伤害，也希望宝宝长得像小老虎一样活泼可爱、虎头虎脑、勇猛健壮。

七、幼儿民间游戏在社会游戏中的应用

（一）游戏素材

过家家——模仿家庭生活，一人扮演父亲，一人扮演母亲，一人扮演小孩。父母为小孩做饭，洗衣服，梳辫子等，模仿家人生活状态。

推小车——一人扮演小车趴在地上，一人扮演推车人，两手握住"小车"的脚踝。一人用双手撑地，一人用双脚踩地。两个人一边念口令"一二一、一二一"一边向前走。锻炼幼儿协调能力。

挤油渣——5~6人靠在墙边，用肩部力量向中间挤压，被挤出来的人再往两旁继续向中间挤。

（二）选择与开发

1. 环境创设的丰富多样

《幼儿园工作规程》中指出："幼儿园应当有与其规模相适应的户外活动场地，配备必要的游戏和体育活动设施，创造条件开辟沙地、水池、种植园地等，并根据幼儿活动的需要绿化、美化园地。"民间游戏要创设丰富的活动环境，才能激发幼儿活动欲望。幼儿的性格差异、兴趣爱好、身体发育等因素，要求幼儿园在开展民间游戏时应采取灵活多样的活动方式，积极为幼儿创设良好的活动环境。幼儿园开展丰富、多样民间游戏有助于激发幼儿兴趣和需要，而且有利于幼儿积极性、主动性、创造性的培养，促进幼儿的身心健康发展。

2. 注重培养合作精神

很多民间游戏都是以团队的方式进行，因此教师在开发民间社会游戏时应注重培养良好的师幼关系和同伴关系，以激发幼儿合作意识。同时要掌握合作方法，游戏中提倡分工合作，遇到问题时，能协商解决，不能解决时，向教师请教或者是利用别的方法来解决。帮助制订游戏规则，让能力较强的幼儿帮助带领能力较弱的幼儿，双方都能提高和尽兴，从而提高合作能力。同时教师要注重正面评价，强化合作意愿。

3. 注重语言交流

民间游戏要注重增强幼儿利用语言解决现实问题的能力。在社会游戏中，利用语言交流来解决问题是非常重要的环节。幼儿处在角色扮演中，利用语言进行交流，教师帮助幼儿发挥语言作用在社会情境游戏中把握角色，鼓励幼儿利用语言去沟通，利用语言去解决在游戏过程中所遇到的难题。比如对于"角色"的争夺，每个幼儿的意愿不同，有的喜欢做"妈妈""爸爸"，有的喜欢做"爷爷""奶奶""孩子"等，要是同一个角色有多人争夺，那么语言在争夺中体现了重要的作用。幼儿既能表达自我，又能通过协商解决争端。教师要对这种解决问题的过程和结果给予重视和表扬，提高幼儿的自信心和成就感。

（三）案　例

案例11：

小班游戏——老狼老狼几点钟

【活动目标】

提高安全警惕意识，防患于未然。培养跑跳能力和反应能力。

182　幼儿游戏活动指导

【活动准备】

老狼头饰一个，小羊头饰若干，粉笔画房子。

【活动过程】

教师画出一个长方形做房子，请一名幼儿扮演老狼，其余幼儿扮演小羊。老狼转身背对小羊几米远。游戏开始，羊群跟在老狼身后走，问："老狼老狼几点钟啦？"老狼回答："3点钟了。"老狼回答后转身查看小羊，小羊不许走动，一旦走动，就会被老狼看到并抓住。老狼转头继续往前走，小羊紧跟在其后并继续问老狼："老狼老狼几点钟了？"老狼回答："天黑了！"老狼马上转身追赶小羊，小羊要躲避老狼的追捕赶快跑回到粉笔画的房子内才算安全，不能主动攻击老狼，如果被老狼抓住者下一轮做老狼。

幼儿熟悉了游戏规则之后，可以适当增加情节：比如老狼没抓住小羊，他走到房子门口，"叩叩叩"敲门。小羊问："谁呀？"老狼回答："我是外婆。"小羊仔细听声音："你的声音不像是外婆的声音。"把你的爪子给我看看。老狼伸爪子进门缝。小羊发现不是外婆，高声呼喊："不开不开我不开，外婆没回来，谁来也不开！"

【课后练习】

一、知识点识记练习

（一）单选题

1. 下列不属于民间游戏的是（　　）。

    A. 踢毽子

    B. 跳房子

    C. 老鹰抓小鸡

    D. 哈哈镜

2. 幼儿民间游戏的特点不包括（　　）。

    A. 简易性

    B. 地域性

    C. 民主性

    D. 传承性

3. 关于幼儿民间游戏在体育健康游戏中的应用，描述错误的是（　　）。

    A. 注意活动的安全性

    B. 根据年龄特点选择相应的体育游戏

    C. 根据地域特点选择相应的体育游戏

    D. 符合全体参与性原则

4. 幼儿民间游戏在益智游戏的应用中，应包含的游戏素材是（　　）。

A. 竹竿

B. 陀螺

C. 七巧板

D. 沙包

5. 很多民间游戏都是以团队的方式进行，因此教师在开发民间社会游戏时应注重培养良好的师幼关系和友好的（　　　），以激发幼儿合作意识。

A. 同伴关系

B. 亲子关系

C. 与游戏素材的关系

D. 与陌生人的关系

（二）简答题

1. 简述幼儿民间游戏的作用。
2. 简述民间游戏创新改编的形式。
3. 简述幼儿民间游戏的意义和作用。
4. 简述幼儿民间游戏在艺术游戏领域的应用。

二、实践性练习

创新改编一个适合在幼儿园小班，以体育游戏为主的民间游戏。

1. 说明游戏的准备。
2. 说明游戏的目标。
3. 说明游戏过程。
4. 说明游戏反思。
5. 集体性游戏。

微课资源与习题答案

第十章 民间游戏仿编创作

【目标导航】

能力目标：掌握创编民间游戏的方法。
知识目标：了解民间游戏仿编创作的准备工作、创编原则、创编方法与注意事项。
素质目标：具有根据时代变化对民间游戏进行创编、继续为幼儿教育服务的观念。

【问题导入】

民间游戏是流传于民众生活中的嬉戏娱乐活动，内容趣味性强，形式丰富多样，玩法简单易行。就如下面"芝麻开门"的游戏：

玩法：部分幼儿手拉手成一个大圆圈做山洞，几个幼儿在洞里钻来钻去。圈上的幼儿念儿歌："芝麻开门芝麻开门，嘭嘭嘭。"反复三遍。全体幼儿蹲下，被关在外面的幼儿与圈上的幼儿互换。

但在现实的生活中，我们发现大多数幼儿已经不再玩这样的游戏了。他们宁愿在家看着电视，或者手里抱着爸爸妈妈的手机。我们怎么样才能让室外的游戏变得更加有趣，吸引幼儿们的注意力呢？

其实我们不难发现，上述"芝麻开门"游戏的本身趣味性不足，也缺乏与时代的连接性，幼儿玩两三次就会觉得腻味了。

思考：我们应该怎么做才能够使这些宝贵的民间游戏再次进入幼儿的视野当中，发挥其应有的价值和作用呢？

一、民间游戏创编准备工作

（一）广泛搜集

幼儿教师要多渠道地搜集民间游戏，同时可以发动家长的力量。《幼儿园教育指导纲要（试行）》指出"家长是幼儿园教师的重要合作伙伴。"对于民间游戏的搜集，让家长参与其中既可加快搜集的进度与力度，又可让家长认识到这项工作的必要性以及深远意义，领悟到让孩子玩民间游戏既省钱，又能激发兴趣，还能让孩子多运动，使其身心得到发展。

（二）精心筛选

民间游戏数不胜数，但并不是每一种游戏都适合幼儿参与；适合幼儿参与的又不是每一种都适合教学使用。所以在筛选游戏时，要去掉那些内容危险的、孩子不感兴趣的、思想不健康的游戏，以"本土文化中优秀的、需要继承的、幼儿喜爱的、适合幼儿年龄特征的、教师能接受和理解的、利于幼儿终身发展的"为民间游戏开发标准。

二、民间游戏创编原则

（一）时代性

民间游戏历史悠久，其中传承的思想既有精华也有糟粕。教师在创编游戏时，必须去除其中一些落后的、不合时宜的思想内容，紧跟时代的步伐，符合当下的时代潮流。

（二）生活性

教师所选的游戏的内容与规则必须是相应年龄幼儿能够理解的，最好是与日常生活有关的。比如"炒黄豆"和"编花篮"这一类游戏，幼儿就可以在现实的生活中看到炒黄豆和编花篮的过程。

（三）安全性

确保幼儿在游戏中的安全是开展一切活动的前提。有些游戏本身就具有危险性，这类游戏在筛选时就应该去除，比如打弹弓、跳山羊等；有些游戏只是玩法和规则上存在一定的危险性，但可以通过改编解决。如游戏《砍白菜》，最原始的玩法是砍在幼儿的脖子上，这具有一定的危险性。老师可将砍"白菜"的部位换为腿部，那么安全性就大大提高了。

（四）科学性

游戏的改编一定要符合幼儿的身心发展水平，如果一整套游戏的运动量幼儿无法胜任，那么幼儿在游戏中感觉到的不是快乐而是疲惫，这就与游戏的精神相悖了。如果超出了幼儿的认知水平，一样是不可取的。如《跳房子》游戏中，可以让幼儿碰到奇数单脚跳，碰到偶数双脚跳，但是如果再加上加减乘除法在里面的话，显然超出了幼儿的认知范围。

（五）趣味性

教育的目的在游戏中是隐性的，必须要通过幼儿们对游戏的玩耍才可以实现。为了让幼儿能够心甘情愿地进行游戏，趣味性必不可少。这就要求教师在进行游戏创编的时候，要避免将游戏设计成为单调、死板、机械的运动，避免练习的枯燥重复。尽量将游戏创编得有情节、内容丰富多变，以此提高幼儿的主动性和积极性。

三、民间游戏创编方法

（一）改造游戏材料

民间游戏材料，除了包含游戏中使用的玩具外，还包括游戏进行中需要使用的道具，比如"踩高跷"游戏中的"高跷"，"瞎子摸鱼"游戏中使用的遮眼布。这些游戏材料同样也是民间游戏的重要组成部分，承载着民间集体的智慧，对幼儿了解民间文化以及各方面素质的发展都有着重要的意义。对民间游戏的游戏材料进行改造，就是为了将游戏材料中一些具有危险性、不符合幼儿发展水平以及不合时宜的材料变为符合当下社会发展、有益于幼儿身心发展的安全的游戏材料。

1. 替换

出于安全性、实用性等的考虑，幼儿教师必须对民间游戏中的某些材料进行替换。在替换的过程中，尽量采用生活中随处可见的安全的材料进行二次利用。

例如"踩高跷"这一流行于民间的群众性技艺表演。表演时，表演者脚上一般都会绑着"木跷"。传统的"木跷"重量较大且与地面的接触面小。幼儿用这样的道具进行游戏，容易发生意外。为了降低安全隐患，保障幼儿们的安全，幼儿教师需要对"木跷"进行改造。对于中班的幼儿，可以用低筒的易拉罐做"高跷"；对于大班的幼儿，可以用高筒的奶粉罐做"高跷"。如此，增大了高跷与地面的接触面，降低了危险事故发生的可能性，也使得废品变废为宝。具体操作时，先在易拉罐或奶粉罐的两端挖两个洞。之后将粗细合适的麻绳从低端穿到顶端，并做固定。当幼儿的两脚踩上去时，左右手各抓着一边绳子。如此，幼儿就可将绳子当作扶手，迈步向前走了。

又如"骑竹马"这一游戏，传统玩法是两人或两人以上，每人左手拿一长约1.5米的小棍当马骑，另一手则握30厘米长的小棍当武器，学骑马或骑马作战的动作。幼儿在游戏中互相交战、比武。这一游戏不但锻炼了幼儿们双手的协调性，也增进了幼儿们的团队合作精神。但是，游戏中的道具"小棍"如果用真正的木棍子或铁棍子制作而成，幼儿们玩游戏时的危险系数就会变大。所以，我们可以用一些软性的材料包裹在"小棍"的外部，或者用一些充气材料，如充气棒代替。

2. 美化

民间游戏材料不仅应具有功能性，也应具有审美价值。具有美丽外表的游戏材料，不但可以提高幼儿们的审美情趣，也可以增强幼儿们对于民间游戏的兴趣。

如民间游戏"纸飞机"中，所需的材料仅是一张纸，但幼儿教师组织了一次绘画课，让幼儿为自己的纸飞机穿上了美丽的外衣。如此一来，既提高了幼儿们对于游戏的兴趣，又锻炼了幼儿们动手的能力。纸飞机本身不知不觉就成了幼儿欣赏的对象，在自由活动中，幼儿们对于民间游戏"纸飞机"选择的频率明显增多。

又如民间游戏"竹竿舞"中，道具仅是几根竹子，幼儿玩多几次后，不免觉得乏味。幼儿教师可以提前组织幼儿们做一些花环，还可以用铃铛串成一条条小手链。玩竹竿舞的时候，花环为竹竿装饰，铃铛当手环带上。这样一来，简单的竹竿舞更具观赏性，而铃铛随着幼儿摇摆放出的悦耳铃声，又为此项游戏增加了更多的趣味性。

（二）创编游戏本身

游戏材料再精美也只是"锦上添花"，幼儿是否喜爱一个游戏，最重要的还是游戏内容本身。民间游戏是一笔宝贵的财富，但由于时代的发展其中有一些必须改变的内容。对民间游戏进行创编，就是要使游戏的趣味性和当代幼儿的发展相融合，使得古老的宝藏焕发出新的生命力。

在对民间游戏的组织过程中，我们发现有的游戏内容过于陈旧，需要替换；有的游戏内容过于单调，需要增添；有的游戏活动量太小，需要加大；有的游戏难度太大，不符合幼儿的年龄特点，需要降低。种种的问题都说明，对民间游戏进行创编是非常有必要的，我们将从以下几个方面入手。

1. 创编游戏内容

为了让民间游戏在幼儿园中得到更好的推广，创编时应使游戏兼具教育性与趣味性。同时，在创编时一定要考虑到幼儿的适应能力，实际的发展水平。

2. 拓展延伸法

人们生活的价值观、风俗习惯、时代背景都有机地融合在了民间游戏中，所以民间游戏并不是一个独立的个体。因此，我们可利用拓展延伸法进行民族民间游戏的开发。拓展是根据游戏的具体内容，在保持原有游戏结构完整的基础上，对游戏的内容进行适宜的拓展。通过此方法，可以引导幼儿在已有的知识领域和认知能力的基础上触类旁通地领悟知识、拓宽知识面，提高幼儿的认知能力。

游戏"石头剪刀布"，在传统的石头剪刀布游戏中，形式较为单一，为了满足幼儿对游戏创新的需求，增强游戏的丰富性、挑战性和趣味性，幼儿教师可引导幼儿用身体的不同部位来玩游戏，如用脚玩或用身体玩，这样，不但增添了游戏的趣味性，还体现了游戏的递进性和层次性，对游戏进行了提升和创新，拓展了游戏玩法。

又如"熊和石头人"游戏中，扮演"石头人"的幼儿们只能有两种状态，走或保持某一个固定的姿势。时间一久，幼儿不免失去了玩乐的兴趣。为此，幼儿教师可以把"石头人"随意的"走"变成模仿各种小动物姿态的"走"。如此一来，就可将走、跑、跳、爬、滚等各种基本动作有机地融于游戏之中，不仅激发了游戏的兴趣，更让幼儿充分地活动了身体。

【知识拓展1】

熊和石头人

游戏开始了，教师带着幼儿（小班）扮演大老虎走，幼儿们张牙舞爪地走得很认真，当"熊"猛地转过头时，"大老虎"们一个个变成了"石头"，一动也不动。游戏反复进行了几次，幼儿们渐渐没有了兴趣。教师灵机一动，弯下腰，两手撑地，对幼儿们说："哎呦！你们看，是谁来了？"幼儿七嘴八舌地说："是小乌龟！""是小蚂蚁！""是鳄鱼！"……幼儿们边说着，边模仿着爬了起来。游戏又进入了高潮！

3. 组合运用法

组合运用是将两个或两个以上的游戏或动作技能，根据本班幼儿的实际发展水平有机地通过组合或重组设计出一个新的游戏并加以运用。组合的形式是多种多样的，不同的游戏材料、不同年龄班的幼儿、不同动作技能、不同种类的游戏、不同的游戏方法或步骤、不同民族的游戏都可以进行组合。在游戏的开展过程中，可以是简单的联合、结合或混合，也可以是一种综合性的活动。

【知识拓展2】

老鹰捉小鸡

在游戏人员的参与形式上，我们将不同年龄班的幼儿进行混龄组合。老鹰和鸡妈妈的角色可以由中、大班的幼儿来扮演，小鸡的角色由小班的小朋友来扮演。幼儿教师启发老鹰通过发出指令来丰富游戏的玩法，如"抓××颜色的小鸡""抓排列顺数或倒数第×只小鸡"；或老鹰让鸡妈妈做挑水、砍柴、做饭、扫地等动作，如果做得不理想，小鸡就会被老鹰抓走。

评析：游戏参与人员采用"混龄组合"的形式，激发了中、大班幼儿表现的积极性；为不同年龄层次的幼儿安排不同的角色，在保证游戏顺利进行的前提下，也保证了对各年龄层幼儿的技能锻炼的针对性；游戏内容与幼儿的生活紧密地联系在一起，呈现出生活中熟悉的场景，增加了游戏的趣味性。

某一民间游戏所含的教育内容可能只是单方面的，但在保持游戏基本形式不变的前提下，不同的教育内容是可以融合的。如民间游戏"老狼，老狼几点钟"，玩法简单刺激，培养了幼儿的反应能力。但为了进一步增强游戏的教育性，可以尝试将数学活动有机地结合进去。

案例1：

大班数学活动教案——老狼老狼几点钟

【活动目的】

1．通过游戏较熟练分辨单数、双数，并知道单数、双数的排序规律。

2．体验数学活动的乐趣。

【活动准备】

1．小玩具若干，1～10的点卡1套，1～10的数卡1套。

2．不同颜色的垫子两块。

【活动过程】

一、第一次游戏，复习10以内单数、双数

1．教师："今天，我们来玩'老狼老狼几点钟'的游戏。游戏规则跟以前的有点不同。请小朋友仔细看、仔细听。"

2．教师扮老狼，报1点钟、3点钟、5点钟时回头，报2点钟、4点钟、6点钟时不回头。

3．提问："游戏规则有什么变化？老狼什么时候回头？什么时候不回头？"

4．根据幼儿回答，教师把数卡分放在两块垫子上，请幼儿找出"老狼"回头的规律。

5．游戏1～2遍。引导幼儿遵守游戏规则，即双数整点时跟着"老狼"走，单数整点时不动。

二、第二次游戏，练习正确、迅速地分辨10以内的单数、双数

1．介绍新的游戏规则："老狼"在回答时间的同时，任意抽取一张10以内的数字卡片，如抽出的是双数，幼儿就找一个朋友相抱；如抽出的是单数，幼儿则单独站立不动。

2．游戏2～3遍，要求幼儿逐步加快速度分辨单数、双数。

三、第三次游戏，感知单数、双数的排列规律

1．介绍新的游戏规则：教师扮老狼，幼儿分成红、绿两队进行比赛。"老狼"在回答的同时迅速翻出卡片，两队幼儿抢答是单数还是双数，并派代表按照"老狼"的要求来翻卡或回答问题。师幼共同检验正确与否，翻对或回答正确者即可得到一个小玩具。

2．出示1～10的数卡，按从小到大的顺序排列，在幼儿了解其排列顺序后将其反扣在垫子上。游戏开始，教师逐一提出要求：翻出所有的单数；翻出所有的双数；翻出比×大的单（双）数；翻出比×小的单（双）数；有没有比10大的双数，有没有比9大的单数，有没有比1小的单数，等等。

3. "老狼"翻出一张卡片，问幼儿："它的小邻居是几？大邻居呢？它们是单数还是双数？"

4. 统计玩具数量，确定游戏胜负。

评析：通过教师对游戏的仿编创作，"老狼老狼几点钟"这一原本注重于锻炼幼儿运动能力和反应能力的游戏就变成了学习数的游戏了。所以，不同游戏形式和内容的组合运用可以创编出一个新的有意义的游戏。

4. 自主改编

自主改编是在掌握一定知识和技能的基础上，自由、主动地对原有的知识进行改编，改编可以不受任何时间、地点、人物的限制。重新改编的过程，不但可以赋予民间游戏新的含义，而且更符合幼儿的身心特点，具有积极的教育意义。

幼儿教师们可根据当地的社会背景、民风、民俗，结合幼儿的生活经验和发展水平，大胆进行自主改编。

【知识拓展3】

花脸节[1]

"花脸节"是云南省丘北县彝族独有的传统节日，至今已有1000多年的历史。相传是彝族祖先为驱赶妖魔，在自己喜欢的人的脸上抹上锅底灰，抹得越黑代表着越吉祥、幸福。我们在保留传统抹花脸风俗意义的基础上，把游戏改编成更适合幼儿身心发展的新游戏。如把原料锅底灰改为稻草灰更具环保性，把本土彝族弦子舞融入游戏活动中，引导幼儿通过不同的方式体验抹花脸的乐趣，感受彝族同胞独特的民风民俗。

【知识拓展4】

揉儿揉儿团团[2]

如我们根据文山州广南县民间传说和童谣，大胆创编了壮族民间幼儿游戏——《揉儿揉儿团团》。

游戏的原始玩法是：幼儿手拉手围成圆圈，圈内站着一个幼儿扮演"张大哥"，周围幼儿边走边念："张大哥在圆圈中间睡觉"，当听到"张大哥"说："起啦，跑远远的，不要让我逮着你"时，所有幼儿四散跑开，被抓到者则充当张大哥的角色。在原始玩法的基础上，我们引导幼儿尝试改编游戏，如把"张大哥"的指令"跑"改为"爬""蹲走""骑马"等动作，其余幼儿根据"张大哥"的指令完成各种各样的新动作。这样既提高了幼儿基本动作的协调性

1、2 方志丽. 民族民间儿童游戏传承创新的方法[J]. 课程教材教学研究（幼教研究），2015（2）.

和灵活性，又让幼儿体验到民族民间游戏带来的快乐，还培养了幼儿的求异思维。

（三）改编游戏规则

规则是游戏的重要组成部分，没有规则的游戏是不存在的。民间游戏在幼儿园中的推广，不但可以增加幼儿对于民间文化的认知，也可以增强幼儿的规则意识，从小养成规范化的行为习惯。幼儿教师在组织民间游戏时，根据游戏的规则，对幼儿进行相应的指导，让幼儿在游戏中获得愉快体验并达到游戏目标。然而，我们发现绝大多数民间游戏并没有制订相对完善的游戏规则，教师如果不对游戏规则加以改变，在组织游戏时将会难以达到相应的目的。因此，我们可以通过一些方法，对游戏规则进行调整。

1. 调整难度，符合年龄特征

一些有年龄限制的游戏，教师若要组织年龄较小的幼儿玩，需要有针对性地对游戏规则进行适当调整。如老鹰捉小鸡的游戏，根据小班的特点，在小鸡摔倒在地时，老鹰暂时被鸡妈妈抱住，不再追逐小鸡，这样调整了规则，幼儿就有时间调整队伍，适应游戏，享受游戏带来的快乐心情。

又如在"盲人摸鱼"这个游戏当中，"鱼塘"的大小是需要根据幼儿年龄的大小来调整的。年龄小，"鱼塘"的范围也得小，年龄大，"鱼塘"的范围也得大。这样才不会出现因为"盲人"活动能力不足而抓不到"小鱼"，或者"盲人"过于容易抓到"小鱼"的状况。

2. 完善规则，增加安全性

在民间游戏"斗鸡"中，你撞我，我撞你，玩得不亦乐乎，但也有个现象，就是当一名幼儿撞倒另一名幼儿时，胜利的一方以及旁边观看的幼儿就会哈哈大笑甚至嘲笑，有时被撞倒的幼儿就会立即反击，不停的攻击与反击使游戏陷入混乱，失去了游戏原本的快乐和意义。鉴于这种情况，教师对游戏规则进行了改编，当有人被撞倒后，这个回合即为输，应稍做停顿后再开始游戏。对于旁边观看的幼儿，教师则引导他们为被撞倒的幼儿鼓励和加油，使游戏在安全、友好的氛围中进行。

3. 正确处理"竞争"与"趣味"的关系

游戏中，一定竞争的存在会加强孩子的积极性，但是过度强调竞争又会使游戏失去趣味。民间游戏大多具有竞争性，在对民间游戏进行改编时，要注意将竞争性过强的游戏变得更有趣味。

如拍纸牌等游戏，一方赢了，对方的纸牌就可以归自己。如此，失败者失去信心，增加挫败感，感受不到游戏的乐趣。恰当地改变游戏规则，尽可能让双方都感受到游戏的乐趣，这是游戏创编的目的所在。

4. 随时调整，切合幼儿游戏心态

民间游戏"老虎换山"的玩法是：两座"山上"的"老虎"趁中间"老虎"不注意的时候，

跑到对方的"山上",但每次只允许一座"山上"的"老虎"换山。游戏经过了几个来回后,幼儿已经适应了游戏环境,此时可以改变游戏规则。改变后游戏的玩法变为:两座"山上"的"老虎"同时跑向对面的"山上",不能被中间"老虎"抓到。如此一来可以保持幼儿对游戏的激情。所以,游戏的规则可以根据游戏的进展和幼儿的兴趣随时调整。

总之,在对民间游戏进行创编时,幼儿教师要根据以往的经验,结合幼儿的心态和实际发展情况制定相应的规则,从而充分发挥民间游戏自身的价值,实现幼儿的全面发展。

(四)改编童谣

童谣,可念可唱,常常出现在幼儿民间游戏中。幼儿在游戏中,边活动边唱或念童谣,不但增加了趣味性和教育性,也锻炼了语言的能力。但并不是所有幼儿民间游戏的童谣都适合直接使用。因为童谣自身带有一定的时代印记,随着社会的发展,有一些内容已经不再适应现今的幼儿学习。幼儿教师应根据教学目标和幼儿的年龄特征,对游戏中的童谣做适当的改编。改编的同时,要注意保持民族特色,保留传统文化的精髓,这样不仅可以丰富游戏的玩法,还能有意识地培养孩子的思维能力和语言表达能力。

在对童谣进行改编时,可从以下几个角度展开思考:

1. 确认内容贴近幼儿生活

童谣的改编必须贴近幼儿的生活。只有贴近幼儿的生活,幼儿才易理解其中的内容,才会对童谣感兴趣,继而激发其对于游戏的热情。如此一来,才能在吟诵童谣玩游戏时,真正地起到培养幼儿思维和语言能力的作用。

在小班游戏"拉大锯"中有这样的童谣:"拉大锯,扯大锯,姥姥家,唱大戏,接闺女,请女婿,小外孙也要去。今儿搭棚,明儿挂彩,羊肉包子往上摆,不吃不吃吃二百,二百不够加一百六。"

"唱大戏""接闺女""请女婿""今儿搭棚,明儿挂彩"这样的情景并不经常出现在幼儿的生活中且也不是幼儿在意的事情。因此可以将其改编为"拉大锯,扯大锯,我们一起游戏去,你一句,我一句,合在一起似戏剧"。改编后的童谣朗朗上口,可以让幼儿配合着童谣进行有节奏的动作,获得愉快的情绪体验,同时增进伙伴间的感情。

又如童谣《外婆桥》的原版:"摇啊摇,摇到外婆桥,外婆叫我好宝宝,我叫外婆洋泡泡,外婆骂我小搓佬,糖一包,果一包,又有圆子又有糕。"我们改编为:"摇啊摇,摇到外婆桥,外婆叫我好宝宝,给我泡杯高乐高,要我乖乖不乱跑,逗得外公乐陶陶。"原版当中描绘了外婆请外孙女吃糖时的欢乐情景,但由于生活水平的提高,"糖"与"果"已并不是难得的东西,所以这一份快乐幼儿不易体会。新编的童谣就把"糖"与"果"换成了当代幼儿喜欢的高乐高饮料。如此一来,幼儿更容易体会到其中的快乐。

2. 保证价值观的正确

游戏中的童谣同样承担着培养幼儿良好道德品质的作用，所以我们必须对童谣中不健康的内容进行删除和改编。

例如孩子在玩民间游戏《矮子长子》中的童谣是这么唱的"矮子中子长子，地野里插只皮夹子，拉开三只金戒指，你两只我一只，因为你是新娘子。"童谣中描写到孩子们捡到一个皮夹子，但是并没有寻找失主，而是"你两只我一只"自己将皮夹子中的金戒指给分了。这样一种对拾到物品的处理方式是错误的。如果将这一童谣教给幼儿们，势必会让幼儿们形成错误的价值观。改编后的童谣变成："矮子中子长子，地野里插只皮夹子，拉开三只金戒指，马上交给老夫子，老师讲我是好孩子。"改编后的童谣，为幼儿们树立了拾金不昧的正确价值观，这才符合幼儿游戏需促进幼儿身心发展的要求。

又比如在上文提到的童谣《外婆桥》的原版中，"洋泡泡"和"小搓佬"都是不好的词汇，所以在改编中也删除掉了这些词语。

3. 可增加内容的知识性

如童谣体育游戏"荷花荷花几月开"的原版："荷花荷花几月开？一月不开二月开。荷花荷花几月开？二月不开三月开。荷花荷花几月开？……六月荷花朵朵开。"改编时，可融入月份和植物开花的知识，变成："花儿花儿几月开？一月蜡梅正在开。花儿花儿几月开？二月杏花正在开。花儿花儿几月开？三月迎春花正在开。花儿花儿几月开？四月牡丹正在开。花儿花儿几月开？五月石榴正在开。花儿花儿几月开？六月荷花朵朵开。"

改编后的童谣，不但让幼儿们知道了荷花在六月开这个知识，同时还知道许多不同的花的开花时间。同时，这样一改编，游戏的玩法更为多样了，除了原有的体育游戏，还可成为表演游戏。知识和游戏相结合，寓教于乐，取得了良好的效果。

传统的拍手歌主要为"你拍一、我拍一，一个小孩坐飞机；你拍二，我拍二，两个小孩肚子饿；你拍三，我拍三，三个小孩爬高山……"在此基础上，江苏省海门市常乐幼儿园的教师巧妙嵌入了关于张謇为人处世的相关介绍，创编后的拍手歌内容具体如下："你拍一，我拍一，张謇先人记心里。状元张謇有主张，实业救国建纱厂。你拍二，我拍二，创业精神要牢记。张謇辞官兴工商，一路发展极兴旺。你拍三，我拍三，感恩精神存心间。实业教育同发展，回报家乡做贡献。……"

该拍手歌韵感较强，读起来朗朗上口，幼儿学习的热情较为高涨，此外，幼儿在游戏的过程中轻松了解张謇的更多事迹，其认知视野也得到了极大的开阔，很好地达到了创编传统民间游戏、丰富幼儿学识与见识的良好目的。

【知识拓展 5】

游戏"云娃娃"的创编

"扯轱辘圆"是山西大部分地区幼儿常爱玩的集体游戏之一，各家各

幼儿游戏活动指导

院的孩子走到一块空地上，互相手拉手，围成一个圆圈儿，一边走动转圈，一边唱歌；"吹泡泡"游戏中，大家一起手拉手边走边念儿歌后站成一个圆形，并在教师指令下或者幼儿自己儿歌的指令下做变大变小、变高变低的动作。

在这两个游戏中幼儿的行走、转圈、蹲起能力得到了锻炼，但其玩法单一，形式老套，内容单调，无法引起幼儿的浓厚兴趣，致使这些游戏在时代发展中被冷落，慢慢被遗忘。

根据《3—6岁幼儿学习与发展指南》中对小班幼儿各领域发展水平的目标与要求，结合幼儿实际能力水平，我们在创编新游戏的过程中采用"扯轱辘圆""吹泡泡"两个游戏的形式及游戏动作，并加入新的歌谣，进一步增加幼儿游戏的动作，丰富游戏内容。游戏中幼儿手拉手围成一个圈，根据儿歌的歌词做动作。"一群云娃娃"——幼儿手拉手转圈；"开心笑哈哈"——手拉手转圈；"风吹我变高"——幼儿手拉手举起来，双手举高，脚尖踮起；"雨来我落下"——所有幼儿手拉手蹲下；"七彩阳光里"——双手举起并抖动；"我们来变化"——手放开，所有幼儿360度原地转圈；"变成小鸟飞飞，变成小鸭嘎嘎，变成小猫喵喵，变成小兔跳跳"——幼儿根据儿歌做动作；"天黑要回家"——所有幼儿抱团；"明天再见吧"——所有幼儿做摆手的动作。此外，幼儿在游戏中还可以自己编歌谣、做更多自己喜欢的动作，游戏内容更加丰富。

评析：在新的游戏活动中，幼儿根据歌谣歌词做出不同的动作，"踮脚、手举高、跳跃、下蹲、胳膊摆动、转圈"等动作，幼儿的身体灵活性，协调性进一步提高；同时在游戏中可以帮助幼儿掌握一些常见动物的基本特征，提高幼儿的认知能力；儿歌的引用可渐渐增强幼儿的口语表达能力，锻炼幼儿根据歌词做动作的能力，从而培养幼儿的艺术表现力与创造能力。

四、民间游戏仿编创作注意事项

（一）民间游戏仿编创作大方向的把握

要解决这一问题，我们得先了解民间游戏活动的一般目标与核心目标。

1. 民间游戏一般目标

民间游戏活动的一般目标即指民间游戏活动的总目标和各年龄段分目标。这两个目标与《3—6岁幼儿学习与发展指南》中的大方向是一致的，所以幼儿民间游戏活动的开展必须以该文件为依据。

幼儿民间游戏活动的总目标以及各年龄段的目标

总目标	大班	中班	小班
1. 通过感受民间游戏的乐趣，萌发爱家乡的情感，增强幼儿对民间文化的认同感。 2. 喜欢参加民间游戏活动，学会玩常见的民间游戏，获得体能和智能的提升。 3. 尝试对民间游戏玩法、规则、组织进行探索，与他人共同游戏，积累合作竞争等经验，促进社会性品质的发展。	1. 热爱民间游戏活动，对民间文化有初步的认同感。 2. 喜欢参加合作竞争类民间游戏，获得细心、耐力、推理能力以及小肌肉精细动作的发展。 3. 能协商制定并遵守游戏规则，自主开展民间游戏活动。	1. 体验本土民间游戏的无穷乐趣，喜欢参加民间游戏活动。 2. 参与器械类游戏，获得平衡、协调、快速反应能力的发展。 3. 遵守游戏规则，尝试自主合作开展游戏活动。	1. 愿意参加民间游戏，对民间游戏感兴趣。 2. 获得倾听、表达、控制等能力的发展。 3. 体验集体游戏活动的快乐，遵守简单的游戏规则。

材料来源：李颖《幼儿民间游戏融入幼儿园课程的机制研究——以宁波市北仑区幼儿园为例》。

2. 民间游戏核心目标

民间游戏活动自身有其独特性，这种独特可体现在核心目标中。秦元东在其编著的《浙江幼儿民间游戏：现状与传承》一书中指出，幼儿民间游戏活动的核心目标是感受民间文化与萌发对民间文化的认同感以及创新幼儿民间游戏与提升创造力的品质。

感受民间文化与萌发对民间文化的认同感是幼儿民间游戏的首要核心目标。这是在全球多元化的背景下，为幼儿的健康成长奠定初步的文化根基，使得幼儿能在多元的文化中依旧保有中华民族的文化根基。又因幼儿园中的民间游戏是经过教师的筛选的，所以更能保证幼儿接受文化的安全性，使得幼儿在这个信息多而杂的文化背景下获得民间游戏中蕴藏的宝贵财富，进而萌生他们对于中华民族文化的认同。

创新幼儿民间游戏与提升创造力的品质，即指幼儿民间游戏是开放与灵活的，永远允许与鼓励幼儿不断创新游戏，包括游戏材料、玩法等。所以，虽然幼儿园中的民间游戏经过了教师的筛选、改编，但游戏的主体幼儿一样拥有创造的权利。而且，正是因为有了教师的支持与引导，幼儿在游戏中才能更好地发挥创造性。幼儿在参与这一类的游戏时会经过三个阶段。第一个阶段主要是接触、了解与学习新的游戏。在这一阶段中更多的是对游戏产生兴趣，并无创造力的应用。第二阶段是主动参与阶段，是在产生兴趣和熟悉游戏的基础上主动参与。第三阶段才是积极创造阶段。在这一阶段幼儿已经拥有了丰富的相关游戏经验，在教师的鼓励下能够更好地进行创新。所以，我们在创编民间游戏时，要多想办法吸引幼儿的注意力，让幼儿对游戏从不了解不喜欢到熟悉与喜欢，进而才能对游戏当中的材料、玩法提出自己的想法。

所以，对于民间游戏仿编创作时，必须契合民间游戏的一般目标与核心目标。

（二）民间游戏仿编创作中形式与内容的问题

教学目标的实现需要通过具体的教学活动来实施。幼儿教师在选择某种民间游戏实现教学目标之前，必须要思考清楚一个问题，即要借助的是这一民间游戏的形式还是内容。

每一个民间游戏对幼儿的发展价值都是有所侧重的。比如说，民间游戏"你拍一，我拍一"就对幼儿语言能力的发展较有好处；跳房子则是侧重于发展幼儿的走、跑、跳等动作；丢沙包游戏则可促进幼儿对规则的遵守以及合作、竞争能力的发展等。但在创编民间游戏时，并不一定要遵照其原有的发展价值，可以仅以民间游戏活动的形式为手段，对幼儿其他方面的能力进行发展，如对民间游戏"跳房子"的创编。

案例2：

大班数学活动——跳格子

【活动目标】

1．通过游戏进一步巩固提升空间方位的概念。

2．尝试按照方位语言的指令行动。

3．体验跳格子游戏的快乐。

【活动准备】

1．物质材料准备：两种颜色的泡沫板（白色36块和黑色36块），摆成8×9的格子；6个礼物（每个礼物盒上贴一个数字）、数字1～6一套；障碍物若干；小红旗；绿色和黄色箭头；红色手环。

2．知识经验准备：幼儿已有一定的前后、左右的空间方位认知。

【活动过程】

一、唤醒已有经验，展示各种玩法

1．回忆跳格子经验。

2．玩跳格子游戏，启发幼儿用不同的方式玩跳格子的游戏，并进行小结。

3．教师示范跳格子，提问："我刚刚是往哪个方向跳的？现在呢？"

二、按指令跳格子

1．第一次游戏：练习方位跳。

要求：（分两组进行方位跳）幼儿每人站一个白格，依据教师的指令进行方位跳的练习。

小结：可告知幼儿，通过在左右手做不同标记的方法区分方向。

2．第二次游戏：练习指令跳。

（1）提问："（出示红旗）看老师手上拿的是什么？它可能代表的是什么呢？这边有绿色的箭头，它又是代表的什么呢？"

（2）开展游戏：教师发指令："向×方向跳一格，向×方向跳两格，向×方向跳两格，向×方向跳一格……"

过渡：加大难度，改变起点和终点的位置。

要求：请两名幼儿来玩游戏，一名幼儿像老师一样发指令，另一名幼儿听指令跳格子到终点。幼儿可以跳一格也可以跳两格；可以向前跳向后跳；也可以向左向右跳，但是绝对不能斜着跳。

小结：在指令跳的时候，发口令的幼儿脑子里一定先清楚从起点到终点的路线，再发出正确的指令。终点在哪个方向，那就发指令往终点方向跳。

三、语言指令动作，玩跳格子寻宝

1．分组商量队名。

要求：分成两队，请每组幼儿商量自己队的队名。

2．介绍游戏规则。

游戏规则：每队游戏时需要一名幼儿发指令，一名幼儿寻宝；发指令的幼儿先抽任务卡，不能告诉同伴，否则为犯规，取消一次寻宝的机会。寻宝的幼儿听清楚指令，这次可以走2格也可以走1格。从白格出发只能走白格，从黑格出发只能走黑格；两队轮流进行，碰到陷阱要绕道走，不能从陷阱上走。哪队得到的礼物多，哪队就获胜。

3．用语言指令动作，玩游戏。

（1）两组轮流玩。

（2）其他幼儿和教师一起当裁判，如果犯规就要换另一组进行游戏。

小结：发指令的幼儿要说话清楚，寻宝的幼儿走的路线要正确，才能找到宝物。

评析："跳房子"这一民间游戏原来的玩法主要是发展幼儿的运动能力，但这一改编，就使得游戏的主要教学目标变为了发展幼儿的空间方位能力，而"跳房子"只是为完成这一教学目标而借鉴的形式。

所以，创编民间游戏时，内容和形式都可以借鉴。只要创编出的游戏依旧保有民间游戏的文化性，适合相应年龄段的幼儿玩耍，并能促进幼儿某方面能力的发展，那么选择内容还是形式其实并不是一个问题。

（三）民间游戏仿编创作中教育性超载的问题

游戏当中的教育性超载即指游戏的内容超出游戏对象的接受范围，或是由于游戏的形式过于繁杂而中断了游戏对象的游玩意愿。

1. 游戏内容过难

幼儿教师为了赋予民间游戏更多的教育功能，而将一些超出幼儿接受范围的内容融入创编后的游戏中，就会导致游戏教育性的超载。例如在"跳房子"游戏中，有教师对游戏做出了这样的改编：教师在"房子"里写入了不同的算式，要求中班幼儿进行运算，并根据运算得出结果的单双数确定单脚跳还是双脚跳。这样一来，就会出现因加减法超出该中班幼儿的能力范围而出现教育性的超载现象。为了避免这一种现象的产生，教师在创编民间游戏时，必须结合幼儿的实际情况来设计，不能为了教育而教育。

但要明确的一点是，游戏的目的是为了发展，如果内容过于简单就失去了促进发展的价值。那么到底要如何确定游戏的难度呢？这里就必须结合维果斯基的最近发展区理论来判断。"最近发展区理论指出幼儿在游戏中时，其能力水平往往更易处于最近发展区，因此当教育性虽超出了游戏者的现实水平但处于游戏者的最近发展区之内，也并不会出现教育性超载的现象。"这就要求教师在考虑到幼儿实际水平的同时要认真思考游戏中如何对幼儿引导的问题，最大限度上发挥教学的价值。

【知识拓展6】

> 维果斯基的"最近发展区理论"，认为学生的发展有两种水平：一种是学生的现有水平，指独立活动时所能达到的解决问题的水平；另一种是学生可能的发展水平，也就是通过教学所获得的潜力。两者之间的差异就是最近发展区。教学应着眼于学生的最近发展区，为学生提供带有难度的内容，调动学生的积极性，发挥其潜能，超越其最近发展区而达到下一发展阶段的水平，然后在此基础上进行下一个发展区的发展。

2. 游戏形式过于复杂

由于游戏的形式过于繁杂而中断了游戏对象的游玩意愿，就是教育性超载的表现。游戏形式的复杂常常表现在游戏规则过于繁琐。例如在某一寻宝游戏中，教师为了全方位锻炼幼儿的运动能力，将取得宝物前的任务设计得非常复杂：幼儿得先回答出三道知识性的题目才可以获得路线，然后在黑白格子上通过伙伴的方位指引通向宝物之地，到达宝物箱前还要经过钻山洞、过独木桥以及投球进篮三个项目。教师设计的意图是希望能综合锻炼幼儿各方面的能力，但这样的游戏即使是对大班的幼儿而言，脑力和体力的"运动量"都有些过大了。这样的改编，要么让幼儿感觉到筋疲力尽，要么让幼儿觉得困难重重不愿继续。究其根本，也是因为教师没有合理预计幼儿的实际水平，忽略了游戏的趣味性而过度看中了教育性。

所以为了避免在民间游戏的创编中出现教育性超载的问题，幼儿教师一定要结合幼儿的实际，避免游戏内容过难和形式过于复杂。

【课后练习】

一、知识点识记练习

（一）单选题

1. 民间游戏的创编准备工作包括（　　）。
   A. 精心筛选
   B. 材料准备

C. 游戏范本准备

D. 人员准备

2. 民间游戏创编原则不包括（　　）。

    A. 生活性

    B. 安全性

    C. 时代性

    D. 创新性

3. 民间游戏材料不仅应具有（　　），也应具有审美价值。

    A. 生活性

    B. 时代性

    C. 创新性

    D. 功能性

4. 为了让民间游戏在幼儿园中得到更好的推广，创编时应使游戏兼具（　　）与（　　）。

    A. 教育性、趣味性

    B. 时代性、创新性

    C. 功能性、教育性

    D. 价值观、趣味性

5. 改编游戏的规则不包括（　　）。

    A. 完善规则，增加安全性

    B. 调整难度，符合年龄特征

    C. 只追求趣味性

    D. 随时调整，切合幼儿游戏心态

（二）简答题

1. 简述幼儿游戏创编的原则和方法。
2. 如何带领幼儿一起设计游戏？
3. 简述民间游戏仿编创作应注意的事项。
4. 论述民间游戏仿编创作中教育性超载的问题。

二、实践性练习

1. 通过儿歌法创编一个大班游戏。
2. 通过模仿"123木头人"，仿编一个幼儿游戏，要求写清游戏的玩法和游戏规则。

微课资源与习题答案

参考文献

[1] [英]艾伦·麦克法兰.给莉莉的信——关于世界之道[M].管可秾,严潇潇,译.北京:商务印书馆,2013.

[2] 虞永平.怎么看 怎么评 怎么干——学前教育质量问题需要三思而笃行[N].中国教育报·学前教育周刊,2013-10-13.

[3] 董会芹,张文新.发展心理学研究的新视角——进化发展心理学[J].华东师范大学学报(教育科学版),2006(12).

[4] 刘晓东.幼儿文化与幼儿教育[M].北京:教育科学出版社,2006.

[5] 余纪元.《理想国》讲演录[M].2版.北京:中国人民大学出版社,2011.

[6] JOAN ALMON, EDWARD MILLER. The crisis in early education: a research-based case for more play and less pressure[EB/OL]. http://www. Alliance for childhood. org/ sites/ alliance for childhood. org/files/file/crisis_in_early_ed. pdf, 2014-2-3.

[7] 华爱华.通过活动区游戏来实施《指南》[A].李季湄,冯晓霞.《3—6岁幼儿学习与发展指南》解读[G].北京:人民教育出版社,2013.

[8] EDWARD MILLER, JOAN ALMON. Crisis in the kindergarten: why children need to play[M]. College Park, MD: Alliance for Childhood, 2009.

[9] STUART LESTER, WENDY RUSSELL. Children's right to play: an examination of the importance of play in the lives of children worldwide[M]. The Hague: Bernard van Leer Foundation, 2010.

[10] 李庆明."风乎舞雩,咏而归"——游戏哲学畅想[J].江苏教育学院学报(社会科学),2010(9).

[11] 丁海东.学前游戏论[M].济南:山东人民出版社,2001.

[12] 华爱华.幼儿游戏理论[M].2版.上海:上海教育出版社,2000.

[13] [英]珍妮特·莫伊雷斯.仅仅是游戏吗——游戏在早期幼儿教育中的作用与地位[M].刘焱,等,译.北京:北京师范大学出版社,2010.

[14] 周桂勋.游戏促进幼儿读写萌发的研究[D].济南:山东师范大学,2013.

[15] BRIAN SUTTON-SMITH. The ambiguity of play[M]. Cambridge: Harvard University Press, 1997.

[16] 刘晓东.解放幼儿[M].2版.南京:江苏教育出版社,2008.

[17] 毕迎春.巧为韵律活动选音乐[N].中国教育报·学前教育周刊,2013-1-17(03).

[18]　秦元东,王春燕.幼儿园区域活动新论：一种生态学的视角[M].北京：北京师范大学出版社,2008.

[19]　邱学青.幼儿游戏[M].4版.南京：江苏教育出版社,2008.

[20]　石筠弢.学前教育课程论[M].北京：北京师范大学出版社,1999.

[21]　陈帼眉.学前心理学[M].北京：北京师范大学出版社,2000.

[22]　姚梅林.幼儿教育心理学[M].北京：高等教育出版社,2002.

[23]　杨文尧.幼儿园活动设计与实践[M].北京：高等教育出版社,1999.

[24]　陆兰,刘超.幼儿科学教育与活动指导[M].北京：北京师范大学出版社,2014.

[25]　管旅华.《3—6岁幼儿学习与发展指南》案例式解读[M].上海：华东师范大学出版社,2013.

[26]　任书东.幼儿游戏创编与指导[M].长沙：湖南大学出版社,2014.

[27]　彭俊英.幼儿园游戏活动的组织与指导[M].北京：教育科学出版社,2014.

[28]　罗宇宸.幼儿园科学游戏选材与运用研究[D].重庆：重庆师范大学,2016.

[29]　丁亚红.民间游戏走进幼儿园[M].石家庄：河北大学出版社,2014.

[30]　智学,张建岁.民间游戏在幼儿园活动中的应用[M].北京：高等教育出版社,2012.

[31]　陈小琴.民间游戏在幼儿教育中的实践策略研究[J].宁夏大学学报,2013（11）.